Kevin Richardson
Tony Park

Der
Löwenflüsterer

Für Mandy,
die mir immer vertraut und
an das glaubt, was ich tue.
Danke.

Kevin Richardson
Tony Park

Der Löwenflüsterer

Mein Leben unter den Großkatzen Afrikas

Unimedica

Kevin Richardson mit Tony Park: Der Löwenflüsterer
Mein Leben unter den Großkatzen Afrikas

Titel der englischen Original-Ausgabe:
Part of the Pride - My Life Among the Big Cats of Africa
© 2009 Kevin Richardson with Tony Park, St. Martin's Press LLC, 175 Fifth Avenue,
New York, NY 10010 USA
Dieses Werk wurde im Auftrag von St. Martin's Press LLC durch die Literarische
Agentur Thomas Schlück GmbH, 30827 Garbsen, vermittelt.

1. deutsche Ausgabe 2012
2. deutsche Ausgabe 2012
3. deutsche Ausgabe 2012
ISBN 978-3-943309-34-8
Übersetzt von Gisela Kretzschmar

Herausgeber: Unimedica im Narayana Verlag GmbH, Blumenplatz 2,
79400 Kandern, Tel.: +49 7626 974970-0,
E-Mail: info@unimedica.de, www.loewenfluesterer.de & www.unimedica.de
© 2012 Narayana Verlag GmbH

Abbildungen:
Foto: Michael Swan, von Peru Productions (PP) S. 49 oben, 192 oben
Foto: Houston Haddon, zur Verfügung gestellt von PP S. 49 unten
Foto: Mandy Richardson, S. 50, 56, 146 unten, 152, 186, 187 unten, 190 oben
Foto: Tony Park, zur Verfügung gestellt von The Kingdom of the White Lion (KWL) S. 51
Foto: Adrian Wilkins, von The South African Lion Park (TSALP) S. 52 oben
Foto: Kevin Richardson, zur Verfügung gestellt von TSALP S. 52 unten, 188, 192 unten
Foto: Kevin Richardson, S. 54 oben,
Foto: Rodney Nombekana, von KWL S. 53, 189 oben/unten, 191 unten
Foto: Helga Jordaan, zur Verfügung gestellt von TSALP S. 54 unten, 55, 187 oben
Foto: Mark Hildyard, zur Verfügung gestellt von TSALP S. 185
Foto: Rodney Nombekana, zur Verfügung gestellt von PP S. 190 unten
Foto: zur Verfügung gestellt von PP S. 191 oben

Inhaltsverzeichnis

Danksagungen

Viele Leute haben mir im Laufe meines Lebens geholfen und mich unterstützt – manchmal auch, wenn ich es vielleicht gar nicht verdient hatte.

Danken möchte ich meiner Mutter Patricia Richardson, dass sie mich als verrückten Teenager ertragen und mir geholfen hat, Schule und Universität zu schaffen.

Rodney Fuhr gab mir Chancen, die mein Leben verändert haben, und ohne ihn hätte ich vielleicht nie die beglückenden und inspirierenden Erfahrungen gemacht, die mein Leben bis heute geprägt haben. Er und seine Frau Ilana haben mich wie ein Familienmitglied behandelt, und ich danke ihnen beiden.

Ich danke meiner Familie und meinen Freunden für all ihre Unterstützung und Hilfe, besonders Trevor und Corinne.

Stan, Judy und dem Rest der weitläufigen Schmidt-Familie danke ich dafür, dass sie mich immer wieder darin bestärkt haben, meinem Herzen und meinen Leidenschaften zu folgen.

Den Mitarbeitern und Kollegen des *South African Lion Parks* und des *Kingdom of the White Lion* danke ich für ihre Unterstützung und ihr Verständnis während der Dreharbeiten für die Dokumentarfilme und den Spielfilm *Der weiße Löwe*. Mein besonderer

Danksagungen

Dank gilt Ian Melass, Ebrahim Patel und Ian Fuhr für ihre unermüdliche Unterstützung und Beratung.

Tony und Nicola Park danke ich für ihre Hilfe beim Verfassen dieses Buches. Mein stundenlanges Geschwafel war bestimmt nicht leicht auszuhalten, und wenn ich richtig in Schwung war, haben sie manchmal sogar klaglos auf Essen und Getränke verzichtet.

Michael Flamini und dem Team von Martin's Press danke ich für ihr Interesse an meiner Geschichte. Es hat viel Spaß gemacht, mit euch allen zusammenzuarbeiten.

Auch wenn sie es nicht lesen können, möchte ich hier abschließend den vielen anderen Freunden danken, die ich auf meinem bisherigen Weg gefunden habe: Meinen „Brüdern" Tau und Napoleon; meinen „Mädels" Meg und Ami; dem kleinen Homer; allen meinen Löwen, Hyänen, Leoparden und den anderen Tieren und Vögeln, die Teil meines Lebens waren, sage ich meinen aufrichtigen Dank. Ich hoffe, ich konnte euer Leben genauso bereichern, wie ihr mein Leben bereichert habt.

Prolog

Tsavo

Sie nannten ihn Tsavo, nach dem Ort, wo menschenfressende Löwen beim Bau der Eisenbahn, die von Mombasa in Kenia mitten ins Herz des kolonialen Afrika führte, viele Arbeiter getötet hatten.

Tsavo stammte ursprünglich nicht aus dem Löwenpark, in dem ich arbeitete, und er hatte eine schwierige Jugend hinter sich. Er tat mir leid, denn man hatte ihm die Krallen gezogen, und ein Löwe ohne Krallen ist wie ein Mensch ohne Finger. Das Fressen fiel ihm unglaublich schwer, und seine Fußballen waren so vernarbt und voller Schwielen, dass er sich einen merkwürdigen Schongang angewöhnt hatte. Die Spuren, die er auf dem Boden hinterließ, waren kaum als Löwenspuren zu erkennen. Was man mit ihm gemacht hatte, hielt ich für eine Schande, und deshalb wollte ich seine Lebenssituation verbessern.

Er war etwa drei Jahre alt, aber schon ziemlich groß. Er muss damals ungefähr 180 Kilo gewogen haben und hatte eine schöne, üppige Mähne. Im Alter zwischen zwei und drei Jahren sind Löwen wie menschliche Teenager. Sie sind in die Pubertät gekommen, ihre Hormone spielen verrückt, und sie glauben, sie wüssten alles. Sie wollen keinen Rat annehmen und sind ständig auf Krawall gekämmt. Ich war in Tsavos Alter genauso.

Tsavie, wie ich ihn manchmal nannte, war im Grunde ein ganz freundlicher Kerl. Meist begrüßte ich ihn durch den Zaun, und wenn ich im Nachbargehege mit Tau und Napoleon – zwei jüngeren Löwen, die ich von klein auf kannte – Fußball spielte, rannte Tsavo immer am Zaun neben uns her.

Im Laufe der Monate, die Tsavo im *Lion Park* verbrachte, schlossen wir allmählich Freundschaft, aber trotzdem fand ich, dass irgendetwas mit diesem Löwen nicht ganz stimmte. Dann kam der achte Geburtstag meines Stiefneffen Nicholas, der mit einem sonntäglichen Familientreffen im *South African Lion Park* in Muldersdrift am nördlichen Stadtrand von Johannesburg gefeiert werden sollte. In meiner Kindheit lag der *Lion Park* noch weiter von den Stadtgrenzen entfernt, aber jetzt sind die Menschen den Löwen ziemlich nah auf den Pelz gerückt. Johannesburg hat sich immer breiter gemacht; teure Villenviertel, die von hohen Mauern umgeben sind, stehen jetzt dort, wo früher illegale Landbesetzer hausten, und von Jahr zu Jahr beanspruchen die Menschen mehr von den ehemals offenen, grasbewachsenen Steppen. Reiche Südafrikaner sind wegen der berüchtigten Kriminalität im Stadtzentrum in die gesicherten Außenbezirke gezogen; ihr Hauspersonal und die Gärtner leben in Slums aus Papphütten mit Blechdächern, wie sie auch gleich auf der anderen Straßenseite gegenüber dem Park zu finden sind.

Wer den *Lion Park* besucht, kann mit Löwenbabys spielen und die Hyänen, Geparde, Wildhunde, Leoparden und anderen Raubtiere aus der Nähe beobachten. Anschließend fahren die Besucher durch große Gehege, wo sie Löwen, Giraffen, Gnus und Impalas im offenen Gelände bewundern können. Man bekommt eine Kostprobe vom afrikanischen Busch, auch wenn man dabei den entfernten Verkehrslärm im Ohr hat und die Skyline von Johannesburg sehen kann. Meine Mutter, meine Schwester und mein Schwager, Neffen und Nichten sowie verschiedene Onkel und Tanten hatten sich alle in einen der Lastwagen gequetscht, die wir für Besichtigungsfahrten in den offenen Bereichen einsetzten. Diese Wagen waren wie mobile Käfige auf Rädern. Die Aufbauten bestanden aus einem starken Maschendraht, um die Menschen im Inneren vor den Löwen zu schützen – und umgekehrt. Nachdem wir kurz angehalten hatten, um Fotos von ein paar niedlichen Löwenbabys

zu machen, setzten wir unter meiner Führung die Tour durch den Rest des Parks fort.

Damals wusste ich einiges über Löwen, und wahrscheinlich glaubte ich, ich wüsste schon ziemlich viel über sie. Obwohl ich nicht in Vollzeit im Park arbeitete, genoss ich so viel Vertrauen, dass ich die Löwengehege betreten durfte. Im Gegensatz zu anderen Leuten, die mit gefährlichen Tieren arbeiteten, verzichtete ich darauf, mich mit einem Stock zu bewaffnen.

„Du hast 'ne Scheibe, Mann", sagten manche. Aber ich fand es nicht verrückt, dass ich keinen Stock benutzte, wenn ich eine Beziehung zu einem Tier aufbauen wollte. Ich galt schon damals als außergewöhnlich – eine Art Nonkonformist – und hatte den Ruf, im Umgang mit Tieren unkonventionelle Methoden zu benutzen. Mit Löwen wie Tau und Napoleon, die ich als meine Brüder betrachtete, hatte ich eine Beziehung entwickelt, die sich auf Vertrauen und Respekt gründete. Ich kannte sie, seit sie sechs oder sieben Monate alt gewesen waren, und ich hatte mich immer wie einer von ihnen verhalten, auf ihrer Ebene unten im Gras und nicht als ihr Herr und Meister, der mit einem Stock oder einer Peitsche in der Hand über ihnen stand.

Wenn man mit einem Tier arbeitet und dabei einen Stock benutzt, muss man den Stock sowieso irgendwann weglegen. „Und außerdem", hielt ich meinen Kritikern entgegen, „was nützt schon ein Stock, wenn ein Löwe es tatsächlich auf dich abgesehen hat?"

Es war einer dieser perfekten Herbsttage auf dem südafrikanischen Highveld. Der riesige blaue Himmel erstreckte sich ins Unendliche, die Sonne schien, und die Luft war kühl und frisch. Im Gras leuchtete immer noch etwas Grün, aber am Ende des langen, trockenen Winters würde alles goldgelb sein. Die ganze Familie genoss den Ausflug und beobachtete vom Lastwagen aus, wie Onkel Kevin zu Tau und Napoleon ins Gehege ging und mit seinen beiden Lieblingslöwen spielte. Ich umarmte sie, und wir rieben zur Begrüßung unsere Köpfe aneinander. Damit die Verwandtschaft noch etwas mehr zu sehen bekam, spielten wir außerdem eine Runde Fußball. Damals hielt ich es noch für wichtig, Besuchern eine gute Show zu bieten.

Wenn mich jemand fragt, wie es sich anfühlt, einen Löwen im Arm zu halten und ihm ganz nah zu sein, dann kommt mir als Erstes

immer das Wort „Kraft" in den Sinn, die schiere Kraft, die diese Geschöpfe ausstrahlen, besonders jetzt, wo Tau und Napoleon voll ausgewachsen sind.

Es ist so, als würde man bei einem Wagen mit einem V-8-Motor das Gaspedal durchtreten. Man braucht den Motor nicht in Aktion zu sehen, sondern man kann ihn fühlen und hören. Wenn man das Fell eines Löwen berührt, dann fühlt man in erster Linie pure Muskeln ohne ein einziges Gramm Fett. Und wenn der Löwe brüllt, dann spürt man die Schallwellen im eigenen Körper vibrieren.

Und dann ihr Gewicht. Sogar als Halbwüchsige waren Tau und Napoleon ziemlich schwer, aber jetzt wiegt jeder von ihnen rund 270 Kilo. Wenn man eine Pranke anzuheben versucht, dann versucht man damit gleichzeitig, diesen massiven Unterarm anzuheben, der ungefähr den gleichen Umfang hat wie die Pranke. Er ist schwer. Er ist stark genug, einen Kap-Büffel zu erlegen.

Wie ein Löwe riecht, hängt stark davon ab, was er getan und was er gefressen hat. Das Erstaunliche ist, dass Löwen nie baden. Sauber werden sie nur, wenn es wie aus Kübeln regnet, aber trotzdem stinken sie nicht. Sie haben einen einzigartigen Geruch, der mir so vertraut ist, dass ich ihn nur schwer beschreiben kann. Meine Frau Mandy sagt, ich sei dafür desensibilisiert – im Gegensatz zu ihr. Mir kommt es vor wie eine Mischung aus den Gerüchen verschiedener Haustiere, aber nicht unangenehm. Nicht beißend wie Katzenurin und auch nicht muffig wie ein nasser Hund.

Um ihr Fell in Topform zu halten, haben Löwen hinter den Ohren Drüsen, die eine ölige Substanz absondern. Diese schwarzen Haare hinter den Ohren, die man sieht, wenn man sich einen Löwen aus der Nähe anschaut, habe ich am liebsten, denn sie sind sehr weich, fast seidig. Die Haare auf dem Rücken sind derber und dichter, wie bei einem Hund, während das Fell auf dem Bauch und an der Unterseite der Beine weicher ist. Die Mähne eines Löwenmännchens ist drahtig – das muss sie sein, damit sie genügend Stand hat.

„Wie fühlt man sich, wenn man so mit einem Löwen umgehen kann wie du?", wollte einer meiner Verwandten wissen, so wie auch viele andere Leute im Park oder bei einem Drink diese Frage stellen.

Ich kann dazu eigentlich nur sagen, dass die Löwen meine Kumpel sind, und am Ende eines harten Arbeitstages ist es nett, mit sei-

nen Kumpels zusammenzusitzen, etwas zu trinken und miteinander zu plaudern. Wenn ich einen schlechten Tag hatte und mich am Ende wortlos eine Weile zu den Löwen setze, dann fühle ich mich anschließend wie neu aufgeladen – die Ampel steht wieder auf Grün und ich bin wieder funktionsfähig. Genauso geht es mir mit den Hyänen, den Leoparden und den anderen Tieren, mit denen ich zusammenlebe. Mandy sagt, ich bin dann jedes Mal ein neuer Mensch.

Nachdem ich die Show mit den verspielten Youngstern Tau und Napoleon eröffnet hatte, ging ich an den Außenzaun des Nachbargeheges, wo sich der größere, ältere Löwe Tsavo befand.

„Tsavie! Komm, Tsavie!", rief ich. Ich warf einen Blick über die Schulter und winkte meinen Angehörigen lächelnd zu.

Aber Tsavo reagierte nicht wie sonst, wenn ich ihn rief. Er kam nicht zum Zaun getrottet, sondern blieb im hinteren Teil seines Geheges. Sogar in dieser Anfangszeit meiner Arbeit mit Löwen hatte ich mir einige feste Umgangsregeln verordnet. Bei Tsavo lautete die Regel: Wenn er auf meinen Ruf hin nicht kam, dann ging ich nicht zu ihm ins Gehege, denn seine Reaktion zeigte mir, dass er ungestört sein wollte.

Aber nun war meine gesamte Familie da und beobachtete mich erwartungsvoll. Ich konnte schlecht zu ihnen zurückkehren und sagen: „Tut mir leid, Leute, aber die Show ist zu Ende." Nach meinen Possen mit Tau und Napoleon wäre das eine große Enttäuschung für alle gewesen.

„Komm, Tsavie."

Ich stand irgendwie unter Druck. Wenn andere Besucher in den *Lion Park* kamen, war das genauso. Damals wollte ich den Leuten gefallen und sie beeindrucken, wollte ihnen zeigen, welche Beziehung ich allmählich zu den Löwen aufbaute, und ihnen mehr über diese majestätischen Tiere vermitteln. Es gab Tage, an denen ich mich sogar mit meinen engen Freunden Tau und Napoleon vor Zuschauern unwohl fühlte, als würden sich auch die Löwen anders verhalten, weil wir ein Publikum hatten. Aber bisher hatte es nie einen Zwischenfall gegeben.

„Tsavie, Tsavie, Tsavie, komm mein Junge!"

Ich warf erneut einen Blick zurück, und sah immer noch die erwartungsvollen Augen meiner Verwandten auf mich gerichtet. Dies sollte der krönende Abschluss unserer Tour sein – ich mit

einem großen männlichen Löwen. Ich ging durch den ersten Zaun zum zweiten, öffnete dort das Tor und tat einen kühnen Schritt ins Gehege, obwohl ich mich dabei überhaupt nicht wohlfühlte.

Tsavo blieb am anderen Ende des Geheges und starrte mich an. Ich ging auf ihn zu, blieb aber nah am Zaun. Etwa auf halbem Weg zwischen dem Tor und dem Löwen rief ich noch einmal mit einer strengeren Stimme als zuvor: „Tsavo! Komm mein Junge!"

Er legte die Ohren nach hinten. Seine Gesichtshaut spannte sich, als er knurrte. Er warf sich in die Brust, wie Löwen es tun, wenn sie es ernst meinen. Es war so, als würde er auf seinen Zehenspitzen stehen, um noch größer und eindrucksvoller zu wirken, als er ohnehin schon war. Und dann stürmte er los.

Tsavo kam mit einem solchen Tempo auf mich zu, dass mich kein noch so schneller Sprint rechtzeitig aus dem Gehege gebracht hätte. Ich konnte nur stehen bleiben und abwarten. Später erfuhr ich, dass meine Familie die Szene für einen Teil der Show gehalten hatte. „Wow, das ist so cool", sagte eins der Kinder auf dem Lastwagen.

Tsavo stoppte ein paar Meter vor mir und wirbelte dabei eine Wolke aus Staub und losem Gras auf. Er stellte sich auf die Hinterbeine und erreichte damit eine Höhe von mehr als zwei Metern. Ich bin nicht besonders groß, und Tsavo stellte mich in den Schatten, als er mir die Sicht auf den Himmel nahm. Dann schlug er mir seine gewaltige, schwielige Pranke von oben ins Gesicht.

In meinen schwierigen Teenagerjahren hatte ich mich oft mit anderen geprügelt, aber dieser Hieb von Tsavo war heftiger als alle Schläge, die ich je eingesteckt hatte. Seine Pranke war so riesig und das Gewicht dahinter so gewaltig, dass ich das Gefühl hatte, als würden mich drei Fäuste gleichzeitig treffen. Explosionsartig schoss das Blut aus meiner Nase und spitzte mir über Schultern und Hemd. Unter der Kraft des Hiebs taumelte ich rückwärts, aber der Zaun hinter mir fing mich auf.

Ich weiß nicht mehr genau, was dann passierte – ob Tsavo mich zerrte oder ob ich mich über den Boden rollte, um dem, was nun kommen musste, zu entgehen – aber am Ende lag ich in der Mitte des Geheges auf dem Rücken und Tsavo stand über mir.

„Ich glaube, Kevin steckt in Schwierigkeiten", sagte meine Schwester Corinne auf dem Lastwagen zu meinem Schwager Trevor.

„Ach was, kein Problem. Kev weiß was er tut", beruhigte Trevor sie, denn er hatte nicht gesehen, dass mir das Blut aus dem Gesicht strömte. Sie hielten das Ganze immer noch für ein Spiel. Aber einen solchen Angriff hatte ich noch nie erlebt, die volle Wut und Kraft eines zornigen Löwen.

Tsavo begann mich zu beißen. Er senkte seine Fänge in mein Bein, und als er seinen Kopf zum nächsten Angriff hob, griff ich zu und schob die Haut seiner Wange zwischen seine Zähne, so dass er nicht noch einmal zubeißen konnte, ohne sich selbst zu verletzen. Ich hatte noch nie gehört, dass jemand so etwas getan hatte – es war rein instinktiv –, aber was machen Sie, wenn ein Löwe versucht, Sie zu fressen? Alles, was Ihnen einfällt.

Er war so schwer, dass ich mich nicht bewegen konnte, und eine Weile war es wie bei Tom und Jerry – eine Katze spielte mit einer Maus. Wenn sich die Maus bewegt, schlägt die Katze zu, aber wenn die Maus stillhält, verliert die Katze vorübergehend das Interesse. Doch obwohl ich starr dalag, griff Tsavo erneut an. Er biss in meinen Oberschenkel, in die Wade und in die Schulter, ließ jedoch immer wieder los, sobald ich ihm die Wangenhaut erneut ins Maul schob.

Tsavos Fangzähne standen so weit auseinander, dass mein Oberarm zwischen ihnen verschwand und die Zähne nur zu beiden Seiten am Muskel entlang schürften. Mein Bein war dagegen ein lohnenderes Ziel, und die scharfen Zahnspitzen bohrten sich erneut durch den Hosenstoff und die Haut ins Fleisch.

Ich lag blutüberströmt im Staub, und meine Verwandten kletterten nun von ihrem Lastwagen herunter und rannten schreiend zum Zaun. Inzwischen war ihnen klar, dass hier keine Show mehr ablief, sondern dass Onkel Kevin da drinnen wahrscheinlich sterben würde. Tsavo stand eine gefühlte Ewigkeit über mir, aber vielleicht waren es auch nur Sekunden.

Schließlich senkte der Löwe seinen gewaltigen, zotteligen Kopf über meinen Unterleib und schob einen seiner krummen gelben Zähne unter den stabilen Ledergürtel meiner Hose. Als er mich damit mühelos vom Boden hob, bog sich mein Rücken durch, und ich dachte: „Oh, Mist! Das war's dann wohl …"

Kapitel 1:

Der Vogelmensch von Orange Grove

Meine Kindheit wurde von Stichen beherrscht – der Art, mit denen der Arzt einen wieder zusammenflickt, nicht der, mit denen man sich vor Lachen auf dem Boden kugelt. Meine Mutter behauptete immer, ich sei auf einem Kollisionskurs mit dem Leben. Ganz schön clever, meine Mutter. Ich hatte immer etwas Wildes in mir, das weiß ich. Wenn ich auf meine frühe Kindheit zurückblicke, dann erkenne ich mühelos den mutigen Löwen, die kichernde Hyäne und den boshaften Elefanten in den Dingen, die ich damals angestellt habe.

Ich war gerne draußen, aber in meiner Kindheit war mein Stückchen Afrika auf ein paar Häuserblocks in Orange Grove beschränkt, ein Wohngebiet der Mittelklasse im Norden von Johannesburg. Es war die Zeit der Apartheid, in der ich zwischen ordentlichen Häuserreihen, geraden Straßen, gepflegten Gärten, bellenden Hunden und miauenden Katzen aufwuchs, nicht etwa in der hügeligen Savanne zwischen Herden von Gnus, trompetenden Elefanten und sich anpirschenden Löwen. Es war nichts weiter als ein Außenbezirk der Stadt, aber das Leben konnte dort genauso gefährlich sein wie im Busch.

Ständig erhielt meine Mutter Anrufe aus der Schule, die sie informierten, dass ich mich verletzt hatte, oder ich kam einfach mal wieder blutend nach Hause. Und da ich nie halbe Sachen machte, begnügte ich mich auch nicht mit ein paar kleinen Kratzern. Ich fiel durch Couchtische aus Glas, stürzte vom Fahrrad oder aus dem Baum und tat grundsätzlich all das, was Mütter aufschreien lässt.

„Am besten kaufen wir dem kleinen Kevin eine Nähmaschine, damit er sich selbst wieder zusammenflicken kann, was Patricia?", meinte der Arzt einmal scherzhaft zu meiner Mutter. Der Arzt und ich sahen uns so oft, dass wir wie Kumpel waren. Ich lachte und zuckte dann zusammen, als die gefürchtete Nadel wieder und wieder durch die Haut stach.

Eines er frühesten Missgeschicke, an die ich mich erinnern kann, passierte, als ich mit drei oder vier Jahren auf dem großen Rennrad unseres Nachbarn fuhr. Das war wohl der Beginn einer lebenslangen Liebesgeschichte mit gefährlichen Dingen und zweirädrigen Transportmöglichkeiten. Ich treibe Extremsport, fliege Ultraleichtflugzeuge, und ich spiele mit Löwen, um damit meinen Lebensunterhalt zu verdienen. Ich habe ein altes Triumph Bonneville Motorrad, Baujahr 1969, und fahre gerne Motorradrennen. Mein Held ist der italienische Motorradweltmeister Valentino Rossi, und auch wenn ich nicht so schnell fahren kann wie er, bin ich wahrscheinlich doch genauso oft gestürzt.

Ich wollte unbedingt dieses Rad fahren, und weil ich die Pedale noch nicht erreichte, erbarmte sich mein Nachbar und nahm mich auf eine Spritztour mit. Ich klammerte mich an den älteren Jungen und kreischte vor Begeisterung, als wir bergab immer mehr Fahrt gewannen und mir der Wind ins Gesicht blies. Aber ein anderes Kind aus der Nachbarschaft fand es witzig, uns mit seinen kleinen Karren den Weg zu verstellen und uns plattzumachen. Das klappte prima, und schon lagen wir auf der Nase. Keiner weiß wie, aber ich schaffte es dabei, mit meiner Zehe zwischen den Zahnkranz und die Kette zu geraten. Das Rad lag auf der Seite, und ich hing mit einem winzigen Hautstückchen daran, das kaum noch mit meiner Zehenspitze verbunden war.

„Was machen wir denn jetzt bloß?", jammerte der panische Fahrradbesitzer.

„Am besten ziehen wir ihn raus", schlug der boshafte kleine Mistkerl vor, der den Unfall verschuldet hatte. Auf eins, zwei, drei

packten mich die beiden anderen Jungs und zogen. Ich stieß einen durchdringen Schrei aus, und meine Zehenspitze war befreit – vom Fahrrad und auch von mir.

„Sie bewegt sich!", schrie der Missetäter und zeigte auf mein abgerissenes Zehenstück. Ich konnte es zwar nicht sehen, aber die anderen Jungs schworen, dass es hüpfte und sich wand wie der Schwanz, den ein Gecko abwirft, um einem Feind zu entkommen.

Während ich blutend am Boden lag, rannte mein Nachbar los, um Hilfe zu holen, und der Bengel, der mit seinem Karren den Unfall – und meine beträchtlichen Schmerzen – verursacht hatte, machte sich davon. Kurz darauf tauchte er mit einem Spaten in der Hand wieder auf. Mit seinen dünnen kleinen Armen hob er den Spaten über den Kopf und schmetterte ihn dann auf den Boden und auf meine abgerissene Zehe.

„Warum machst du das?", jammerte ich.

„Das Ding macht mich wahnsinnig. Es ist lebendig, Mann!" Erneut hob er den Spaten und schlug damit immer wieder auf den Boden, als würde er eine Schlange töten. Als er schließlich sicher war, dass er meine Zehe ins Jenseits befördert hatte, grub er ein Loch und versenkte das Beweisstück darin. Kurz darauf tauchte ein Mann von gegenüber auf und packte mich auf den Rücksitz seines brandneuen BMW. Es war ein *lekker* Auto, eine Edelkarosse, und ich blutete die feinen Lederbezüge voll.

„Okay, wo ist die Zehe?", fragte der Arzt im Johannesburg Hospital.

„Ähm, sie haben sie vergraben", erklärte ich ihm.

Mit dem Auftrag, die Zehe wieder auszugraben und ins Krankenhaus zu bringen, wurden die Jungs zurück nach Orange Grove geschickt. Aber auch wenn der südafrikanische Chirurg Dr. Christian Barnard mit seiner ersten erfolgreichen Herztransplantation Geschichte geschrieben hat, wäre es nicht mal dem geschicktesten Chirurgen der Welt möglich gewesen, das zermatschte, erdverkrustete Teil wieder anzunähen, das schließlich im Operationssaal abgeliefert wurde.

Ich bin 1974 in der Nightingale Clinic im Stadtzentrum von Johannesburg zur Welt gekommen, zwei Jahre bevor das Fernsehen

in Südafrika Einzug hielt, aber meine Familie bekam erst einen Fernseher, als ich acht Jahre alt war. Als wir das Gerät endlich hatten, waren wir so begeistert, dass wir sogar das Testbild anschauten, doch es ist kein Wunder, dass ich von klein auf lernte, mir meinen Nervenkitzel im Garten, auf der Straße und bei meinen Tieren zu holen.

Meine Mutter Patricia arbeitete als Fondsexpertin bei der Barclays Bank. Sie war als Tochter englischer Emigranten in Südafrika geboren. Was mein Vater Peter genau gemacht hat, weiß ich nicht, aber er war bei einem Pharmaunternehmen angestellt – ich glaube, in der Qualitätskontrolle. Er war früh in seinem Leben aus Reading in der südenglischen Grafschaft Berkshire nach Südafrika gekommen. Unsere Beziehung war sehr förmlich und distanziert. Er war ein schweigsamer Mann. Ich hatte keine Gelegenheit, ihm viele Fragen zu stellen, und wir haben auch nicht die üblichen Vater-und-Sohn-Sachen miteinander gemacht. Er starb, als ich zwölf oder dreizehn Jahre alt war. Wie die meisten Familien in Orange Grove lebten wir in einem ziemlich kleinen Backsteinhaus mit zwei Kinderzimmern, das in den vierziger Jahren gebaut worden war. Ich hatte einen älteren Bruder und zwei ältere Zwillingsschwestern. Die Ninth Avenue, an der unser Haus stand, verband die größeren Vororte von Johannesburg und war deshalb ziemlich stark befahren. Die Straßen waren asphaltiert und es gab Ampeln. Bevor ich alt genug für ein Fahrrad war – und später dann Autos stahl –, war mein rotes Skateboard mein wichtigstes Fortbewegungsmittel.

Meine Kindheit war nicht besonders privilegiert. Wir bekamen kein Taschengeld und hatten auch nicht viel Spielzeug. Wir veranstalteten unsere eigenen Trödelmärkte, sammelten Altkleider und Nippes und verkauften das Zeug an die Schwarzen, denen es noch schlechter ging als uns. Wir halfen auch den Nachbarn im Garten und wuschen Autos. Das wenige Geld, das ich dabei verdiente, ging meist für Süßigkeiten oder kleine Spielzeugautos drauf, und meine Träume waren eher bescheiden. Mein sehnlichster Wunsch war ein funkgesteuertes Auto, aber ich wusste, das würde ich mir niemals leisten können. Ich arbeitete hart und hatte schließlich genug für ein ferngesteuertes Auto gespart – eins von denen, die über ein Kabel mit der Steuerung verbunden sind. Ich war so enttäuscht.

Ich hatte davon geträumt, dass ich irgendwo stehen und beobachten würde, wie mein Auto durch das Zimmer flitzte, aber bei diesem Modell funktionierte das nicht. Das Kabel verhedderte sich dauernd an irgendwelchen Dingen, und ich musste meinem Auto überallhin folgen wie ein Hund an der Leine. Es war die Arme-Leute-Version eines echten funkgesteuerten Autos und ich hatte nicht viel Spaß daran.

Vielleicht wegen solcher Enttäuschungen oder auch, weil ich nicht jedes gewünschte Spielzeug oder Fahrrad bekam, entwickelte ich schon früh im Leben eine große Liebe zu Tieren, Reptilien und Insekten. Wer mich kennt, nimmt meist an, dass meine Mutter mir diese Leidenschaft vermittelt hat, aber sie interessiert sich eigentlich nicht besonders für Tiere. Es war mein schweigsamer, reservierter Vater, der unser erstes Haustier anschleppte – daran kann ich mich genau erinnern. Als ich ungefähr sechs Jahre alt war, kam er nach Hause und hatte ein winziges Kätzchen namens Tiger in seiner Lunchbox. Er sagte, er wolle uns etwas geben, für das wir sorgen konnten. Das Kätzchen hatte er auf einer Müllhalde gefunden.

Während meiner Kindheit sind wir nur einziges Mal als Familie gemeinsam in Urlaub gefahren, 1980 zu den Drakensburg Bergen in Natal. Später wurde das Geld bei uns so knapp, dass wir alle anderen Schulferien zu Hause verbrachten. Mein Bruder Gareth, meine Zwillingsschwestern Corrine und Candice und ich entwickelten die Theorie, dass unsere Eltern uns Haustiere als Ersatz für Urlaubsreisen schenkten. Nach Tiger, dem Kätzchen, gab es eine endlose Prozession von Papageien, Goldfischen und Hunden als Geburtstags- und Weihnachtsgeschenke. Und diese Tiere waren dann das Alibi dafür, dass wir nicht in Urlaub fahren konnten. Wahrscheinlich dachte mein Vater auch, sie würden uns davon ablenken, dass die Situation zu Hause immer schwieriger wurde, denn er hatte berufliche Probleme und war immer öfter betrunken.

Gewöhnlich hatten wir immer ungefähr vier Hunde, drei oder vier Katzen, die Goldfische und verschiedene Vogelarten wie Tauben, Webervögel, Mausvögel, Papageien und andere wilde Vögel. Ich brachte es außerdem zu braunen Hausschlangen und schließlich zu Anacondas. Bis vor Kurzem hatte ich eine Anaconda, die

über drei Meter lang war. Sie besaß sogar ihr eigenes kleines Haus auf dem Grundstück, wo ich jetzt lebe. Obwohl mein Vater sich mehr als meine Mutter für die Haustiere interessierte, kann ich mich nicht erinnern, dass er sich oft mit uns gemeinsam um sie kümmerte. Wie schon gesagt, er hatte ein Alkoholproblem. Er ging oft nicht zur Arbeit und wurde schließlich zurückgestuft. Aber auch dann schleppte er immer noch irgendwelche Streuner oder verletzten Tiere an, was mein Interesse weiter förderte. Auf seine Weise versuchte mein Vater offenbar, eine Beziehung zu uns aufzubauen, aber gleichzeitig wirkte er ständig sehr distanziert.

Einer meiner Mitschüler, Warren Lang, hielt Tauben – große weiße Fächerschwänze – und aus irgendeinem Grund musste er sie abgeben. Natürlich übernahm ich sie. Ohne irgendjemanden um Erlaubnis zu fragen, nahmen wir seinen Tauben-*Hok* (das Afrikaans-Wort für Käfig) auseinander und schafften die Einzelteile zu meinem Haus, das drei Blocks entfernt war. Dort bauten wir alles wieder zusammen und siedelten dann die Tauben um, eine nach der anderen.

Ich begann mit der Vogelzucht und hatte große Freude daran. Ich verbrachte Stunden mit meinen Tauben im *Hok*. Manchmal schlief ich sogar dort. Meine Mutter war davon weniger begeistert, aber ich fand das Leben im *Hok* ungemein spannend. Geduldig saß ich neben einer brütenden Taube und rechnete nach, wie lange es noch dauern würde, bis die Jungen schlüpften. Ich benahm mich wie ein werdender Vater, aber es reichte mir nicht, die Weibchen einfach zu beobachten und darauf zu warten, dass die Jungen schlüpften – ich wollte ein Teil ihres Lebens sein.

„Komm schon, schmeiß eins raus. Lass mich eins aufziehen", flehte ich die nistenden Mütter an. Wenn eine Taube zwei Eier hatte, bevorzugte sie oft das stärkere und fittere der beiden Jungen. Ich nahm dann das schwächere und versuchte es von Hand aufzuziehen.

Wo es Tauben gibt, da gibt es natürlich auch Mäuse und Ratten. Die Nager suchten am *Hok* nach Vogelfutter und nach Eiern, die aus dem Nest gefallen waren. Die Mäuse hausten unter den Ziegelsteinen unterhalb des *Hok*, und wenn ich einen dieser Ziegelsteine aus dem Boden nahm, konnte ich eine komplette Mäusefamilie mit ihren winzigen, rosigen Babys beobachten. Ich hatte dort drin mein eigenes Mini-Ökosystem, und es war faszinierend. Während mein Vater immer mehr trank und die Situation zu Hause immer schwieriger wurde, war der Taubenschlag meine Zuflucht.

Ich nutzte den *Hok* als Ausweichquartier und den Garten als Spielplatz. Ständig matschte ich im Abwasser herum, suchte Heimchen oder buddelte Würmer aus – alles, was ich in die Hände bekommen konnte. Als Kind will man eben alles fangen und sammeln und in einer Schachtel aufheben und nichts entkommen lassen.

Eine der wenigen Gelegenheiten, wo unsere Familie Orange Grove verließ, war der Besuch bei meinem Onkel in Fourways auf der nördlichen Seite von Johannesburg, nicht weit entfernt vom *Lion Park*, wo ich später arbeiten sollte. Es war immer eine Mordsfahrt, für die wir packen mussten, auch wenn wir gewöhnlich nur einen Tag blieben. Ich war unglaublich neidisch auf meinen Onkel, weil er einen Teich und Frösche in seinem Garten hatte. Zwar faszinierten mich meine Vögel und unsere anderen Haustiere, aber Frösche – Amphibien – waren eine völlig neue Unterart des Tierreichs.

Bei einem unserer Besuche sagte mein Onkel, ich könne einen Frosch mitnehmen, und ich hielt ihn für den besten Onkel der Welt. Ich nannte meinen kleinen Frosch *Paddatjie*, was auf Afrikaans kleiner Frosch heißt. Okay, bei Namen war ich nie besonders fantasievoll, aber nachdem das Fernsehen bei uns Einzug gehalten hatte, gab es eine Flut berühmter Namen. Die amerikanische Seifenoper *Dallas* war damals in Südafrika eine der beliebtesten Serien, und so nannten wir unseren Graupapagei J. R. nach dem von Larry Hagman dargestellten J. R. Ewing. Ich hatte auch einen knallbunten Papagei, der Madonna hieß.

Paddatjie war eine ganz gewöhnliche gefleckte Kröte, aber ich war hin und weg, weil ich dachte, ich hätte eine völlig neue Krötenart entdeckt. Ich baute ihm ein kleines Terrarium, das ich mit allen möglichen Dingen ausstattete, von denen ich glaubte, sie würden einem Frosch gefallen. Ich benutzte dazu einen Pappkarton mit Deckel, aber er konnte den Deckel abwerfen und herausspringen. Dann hüpfte er durchs Haus, und damals hielt ich ihn für besonders schlau und zäh, weil er sich nicht von unseren Hunden und Katzen fangen ließ. Inzwischen denke ich eher, dass sie alle wahr-

scheinlich mal ein Häppchen von *Paddatjie* probiert, ihn aber als absolut ungenießbar wieder ausgespuckt haben.

Ich war überzeugt, dass *Paddatjie* mich als seinen Freund betrachtete und aus seinem Karton hüpfte, um mich zu suchen und mit mir und meinem Papagei J. R. Ewing im Fernsehen Dallas anzuschauen. Ich glaube, ich konnte auch meine Familie davon überzeugen, und sie fand es zweifellos beeindruckend, wie ich schon als sehr kleines Kind mit Tieren umging. Ich fing Insekten für den Frosch und nahm ihn mit in den Garten, damit er auch erleben konnte, wie schön es draußen war, und nicht nur ein zwar robustes und intelligentes, aber doch den ganzen Tag eingesperrtes Amphibium war.

Ich lernte eine Menge durch *Paddatjie* – vor allem, dass ich nicht jedes Lebewesen, das ich aufhob oder ausgrub, vierundzwanzig Stunden am Tag in einem Karton halten musste. Aber auch wenn ich es gut fand, dass er hin und wieder seine Freiheit genießen konnte, war ich doch tief enttäuscht, als er eines Tages aus seiner Kiste hüpfte und endgültig verschwand.

Mehr Freude machte es mir natürlich, wenn ich meine Brieftauben fliegen ließ und sie tatsächlich zurückkehrten. Aber sogar im Taubenschlag konnte die Natur grausam sein. Einer unserer Rhodesian Ridgebacks, ein großer, wilder, sandfarbener Hund, und unser Labrador drangen in den *Hok* ein und töteten meine dreißig Tauben. Ich glaube, meine Mutter war insgeheim froh darüber, denn ich bin sicher, dass sie den Tauben schon lange den Tod wünschte. Aber ich hätte die Hunde am liebsten umgebracht.

Als ich älter wurde, trug mir mein Ruf einen Spitznamen ein – der Vogelmensch von Orange Grove. Jeder kranke oder verletzte Vogel wurde mir ins Haus gebracht. Ein paar geschäftstüchtige Kriminelle begannen sogar, junge Tauben aus den Nestern zu stehlen, um sie mir für fünf Bob (50 Cent) zu verkaufen. Das war viel Geld für mich, aber meist gelang es mir, ihnen den Vogel kostenlos oder im Austausch gegen etwas Essbares aus unserem Haus abzuschwatzen. Schwarzafrikaner, die solche Vögel anschleppten, taten es meist, weil sie Hunger hatten.

Ich habe unzählige Jungvögel gerettet, aufgezogen und später freigelassen. Zu meinen schönsten Augenblicken gehörte es, wenn

ein Vogel, den ich freigelassen hatte, zum Haus zurückkehrte oder sich wieder auf meine Schulter setzte. Ich stellte auch fest, dass es mir sehr viel mehr Spaß machte, Tiere freizulassen, als sie einzufangen. Also ließ ich auch meine Papageien aus ihren Käfigen frei. Einige flogen weg und kamen nie zurück, und obwohl ich in der Nachbarschaft Fahndungsplakate aufhängte, begriff ich allmählich, dass das zum Leben gehörte. Manchmal verließen einen Tiere und kehrten nicht zurück.

An einige Vögel kann ich mich noch genau erinnern. Mouse, der Mausvogel, dessen Name genauso originell war wie *Paddatjie* für einen Frosch, war irgendwo in der Wildnis aus dem Nest geworfen worden, denn er hatte einen deformierten Flügel. Deshalb konnte er nicht fliegen und war wirklich wie eine kleine Maus. Er lief überall mit mir hin und hatte einen besonderen Platz in meinem Leben, weil er ganz und gar von mir abhängig war. Ich empfand große Befriedigung bei dem Gedanken, dass er ohne meine Fürsorge wohl nicht überleben würde. Der Papagei J. R. hatte sein gesamtes Leben in einem Käfig verbracht, und als ich ihn zum ersten Mal herausließ, war das so, als würde jemand nach langer Zeit aus dem Gefängnis entlassen. Er wusste überhaupt nicht, was er mit sich anfangen sollte. Er rannte wie verrückt immer nur in Kreisen über den Boden. Er schien wie in Panik, weil er plötzlich so viel Platz um sich herum hatte. J. R. war ziemlich brutal und hat in manchen Finger gehackt, aber im Laufe der Zeit konnte ich ihn zähmen und beruhigen, und er wurde im Käfig wie auch draußen zu einem freundlichen und sanften Gefährten. So ein Graupapagei kann fünfzig bis sechzig Jahre alt werden, aber nachdem ich ihn von seinem Gefangenschaftstrauma befreit hatte, war ich am Boden zerstört, als er an einer Vogelgrippe starb. Es war immer hart für mich, wenn eines meiner Tiere starb. Mit zunehmendem Alter konnte ich zwar besser damit umgehen, aber manche Tiere haben für alle Zeiten einen Platz in meinem Herzen.

Ich wusste schon sehr früh, dass ich nicht damit zufrieden sein würde, meine Tiere nur anzuschauen. Ich wollte jedes einzelne genau kennen, eine Beziehung zu ihm aufbauen und die Grenzen

des Umgangs miteinander austesten. Ich war nicht grausam zu den Tieren, nur neugierig. Ich lernte, dass jeder Vogel und jedes andere Tier ein Individuum war. Im Taubenschlag stellte ich beispielsweise fest, dass der Vogel in der letzten Box mir in die Hand hackte, wenn ich versuchte, die Eier zu nehmen, während die Taube in der gegenüberliegenden Box zur Seite rückte und die Eier freigab, weil ich zu ihr eine bessere Beziehung hatte und sie toleranter war. Von diesem frühen Alter an habe ich mir immer Notizen gemacht, und ich führe auch heute noch akribisch über alles Buch, was meine Tiere und jeden Aspekt ihres Lebens angeht. Oft habe ich meine Vögel und die anderen Tiere stundenlang beobachtet. Ich konnte ziemlich gute Skizzen machen und schon früh einen recht naturgetreuen Gepard zeichnen, obwohl ich noch nie einen in natura gesehen hatte. Also begann ich, meine Tiere zu zeichnen. Ich zeichnete sie aus der Erinnerung und mit Hilfe von Büchern. Und indem ich sie zeichnete, verstand ich sie noch besser.

Meine Schwestern interessierten sich auch für Tiere, aber nicht so sehr wie ich. Mein Bruder mochte unsere Haustiere, war aber nicht so praktisch veranlagt wie ich. Ich war nie jemand, der ein Tier anschaute und sagte: „Das ist sehr schön." Stattdessen sagte ich: „Was mag wohl passieren, wenn ich dich anfasse? Wenn ich dich nur ein bisschen besser kennenlernen könnte, dann könnten wir mehr miteinander anfangen, als uns nur anzusehen. Kennst du mich, und erkennst du meine Stimme? Wenn nicht, frage ich mich, ob ich eine Beziehung zu dir aufbauen könnte?" Das waren die Fragen, die ich stellte.

Ich redete viel mit meinen Tauben. Sie kannten meine Stimme und kamen, wenn ich sie rief, was mir sehr gefiel. Ich konnte auch Dinge mit ihnen ausprobieren, und wie die Hunde und (manchmal) die Katzen, schenkten sie mir ihre bedingungslose Liebe. Die Tauben wollten nur etwas zu fressen und eine Streicheleinheit. „Kevin, komm sofort zum Abendessen runter", rief meine Mutter oft. „Wenn du jetzt nicht kommst, kannst du bei deinen Tauben schlafen." Manchmal tat ich das, denn es war einfach besser, mit ihnen im Taubenschlag zu sein, als nach drinnen zu gehen und die angespannte Stimmung zu ertragen, die zwischen meinen Eltern herrschte.

Ich versuchte sogar, eine Beziehung zu den Goldfischen zu entwickeln, die eigentlich nicht mir, sondern meinen Schwestern gehörten. Ich wollte irgendetwas mit den Fischen tun. Ich fand sie ziemlich amüsant, doch ich konnte mir gar nicht vorstellen, dass es irgendjemandem genügen würde, einfach die Fische im Aquarium anzustarren. Ich hielt meine Hand ins Wasser und war begeistert, wenn die Goldfische kamen und an meinem Finger saugten. Im Laufe der Zeit begriff ich allerdings, dass dieses Verhalten nichts mit Kommunikation zu tun hatte, sondern dass sie sich nur für die winzigen Luftblasen interessierten, die sich rund um meinen Finger bildeten. Mir wurde bald klar, dass es nicht mein Ding sein würde, Fische zu halten oder zu trainieren.

Aber ich versuchte, meinen Tieren manches beizubringen. Ich war fasziniert von den Geschichten über amerikanische Vogeltrainer, die ihre Papageien dazu bewegen konnten, Fahrrad zu fahren und alle möglichen Tricks zu zeigen. Und ich schaffte es immerhin, meinem Papagei J. R. vor seinem Tod noch das Bankdrücken mit einem Bleistift beizubringen.

Als Kind wollte ich Vogeltrainer, Tierarzt, Zoowärter oder Wildhüter werden. Jeder kleine Junge in Südafrika will Wildhüter werden, aber ich kannte die südafrikanischen Nationalparks und privaten Wildreservate nur aus den Erzählungen anderer Kinder. Der Krüger-Nationalpark ist weniger als dreihundert Meilen von Johannesburg entfernt, aber was mich anging, hätte er auch auf der anderen Seite des Mondes liegen können. Beim Show und Tell meldeten sich die Jungs aus meiner Klasse und berichteten über Löwen, Elefanten und andere wilde Tiere, die sie im Krüger-Nationalpark gesehen hatten, oder sie erzählten von ihrem Familienausflug zu den Pools in Warmbaths, was für die Leute von Orange Grove als feinstes Urlaubsziel galt. Ich wusste nichts über das weitere Afrika, die riesigen offenen Plains und das dornige Buschland mit seinen enormen Wildbeständen, nur was ich in Büchern gelesen oder im Fernsehen gesehen hatte. Für mich war Afrika mein Garten. Wenn ich an die Reihe kam, vor der Klasse über meine Erlebnisse zu berichten, sagte ich: „Na ja, … ähm, ich habe ein Vogelei gefunden."

Aber nachdem ich als Erstklässler den Zoo von Johannesburg besucht hatte, wollte ich kein Zoowärter mehr werden. Zoos waren damals ziemlich übel. Die Tiere wurden praktisch in Betonpferchen gehalten, und ich sah dort zum ersten Mal in meinem Leben einen Löwen, der in seinem winzigen Käfig ständig von einer Seite zu anderen lief, was ich wenig reizvoll fand. Der Besuch führte eindeutig nicht dazu, dass ich meine Vögel und Käfer hätte im Stich lassen und mit Großkatzen arbeiten wollen. Ich stand vor dem Betonpferch, schaute den König des Dschungels an und konnte nur denken: „Mann, so eine Schande, dass du hier enden musst!" Von da an hasste ich den Zoo. Er passte nicht zu dem, worum es in meinem kleinen Tierkönigreich in Orange Grove ging. Es gab niemanden, zumindest nicht für mich erkennbar, der Interesse daran hatte, den Löwen während seiner Gefangenschaft aktiv und aufmerksam zu halten.

Nachdem nun der Zoowärter von der Liste meiner Berufswünsche gestrichen war, überlegte ich, dass ich wohl gerne Tierarzt würde, denn dann könnte ich mit Tieren spielen und dabei gleichzeitig richtig Geld verdienen. Meine Noten in der Grundschule waren gut, und ich wurde zum Schülersprecher gewählt, auch wenn meine Eltern es nicht glauben wollten, denn zu Hause war ich ein ungehorsames Kind. Aber in der Schule wahrte ich eine engelsgleiche Fassade. Als ich mit stolzgeschwellter Brust nach Hause kam und meiner Familie die gute Neuigkeit verkündete, behaupteten sie, ich würde lügen. Sie glaubten mir erst, nachdem sie in der Schule gewesen waren und gesehen hatten, dass mein Name auf der großen Holztafel als letzter unter der Liste aller ehemaligen Schülersprecher stand. Danach waren sie sehr stolz auf mich. Glaube ich.

Obwohl ich in der Schule öffentlich den braven Jungen gab, trieb ich hinter den Kulissen und außerhalb des Unterrichts eine Menge Unfug. Als ich ungefähr zehn Jahre alt war und mitten in meiner Tierbefreiungsphase steckte, sorgte ich mich um das Wohlergehen einiger Frösche, die in einem Terrarium im Biologieraum standen. Ein Klassenkamerad und ich beschlossen, dass es ihnen in Freiheit bessergehen würde – das heißt, wir nahmen sie in Obhut, bis ich die richtige Zeit für gekommen hielt, sie freizulassen.

An einem Freitag halfen wir nach Schulschluss, den Biologieraum abzuschließen, achteten aber darauf, dass eins der Fenster nicht verriegelt wurde. Dann lungerten wir auf dem Schulgelände herum, bis alle einschließlich der Putzfrauen weg waren, und kletterten durch das Fenster ins Klassenzimmer. Am folgenden Montag brach die Hölle los, und alle redeten über die fehlenden Frösche. Einige dachten, sie seien von selbst entkommen, aber am Ende beschuldigte man zwei umweltbewusste Lehrer, was meinen Klassenkameraden und mich sehr erheiterte. Zu Hause redeten wir uns ein, dass es den Fröschen in einem Schuhkarton unter meinem Bett sehr viel besser ging als in ihrem artgerecht ausgestatteten Terrarium im Biologieraum. Dummerweise gab ich ihnen nicht annähernd genug Wasser, und sie starben. Das lehrte mich eine wichtige Lektion: Dass ein Tier im Käfig gehalten wird, heißt nicht zwangsläufig, dass es vernachlässigt wird.

Da unsere Familiensituation immer schlimmer wurde, wollte ich abends nie nach Hause gehen. Ich war so davon besessen, Tiere zu befreien, dass ich mich zu lächerlichen Extremen verstieg. Es reichte mir nicht, alle unsere Vögel freizulassen, sondern nach der Schule betätigte ich mich mit einem Freund als Nesträuber. Wir holten uns Jungvögel, nur um sie von Hand aufzuziehen und dann freizulassen. Wenn ich heute daran zurückdenke, ist mir klar, dass wir etwas Schreckliches taten, aber ich liebte Vögel so sehr, dass ich sie zu einem Teil meines Lebens machen wollte – sogar die wild lebenden. Ich kletterte auf eine Aloe und fand ein Turteltaubennest. Darin waren zwei Junge, und ich weiß noch, dass ich dachte, wenn ich eins von ihnen nehmen würde, könnte die Mutter das andere unmöglich verstoßen. In meinem kindlichen Denken tat ich etwas Gutes, indem ich die Vögel aufzog und sie dann in die Freiheit entließ. Das Problem war nur, dass ich mit meinem Eifer, wilde Tiere – drinnen – aufzuziehen, allmählich das ganze Haus in Beschlag nahm.

Mein Bruder und ich hatten ein gemeinsames Zimmer. Während seine Seite immer ordentlich aufgeräumt und pieksauber war, herrschte auf meiner ein heilloses Durcheinander. Heute bin ich ordentlicher, aber sobald mein Bruder damals ausgezogen war,

übernahm ich mit meinen Vögeln, Schlangen, Hunden, Katzen und Käfern das Kommando. Als meine Mutter, die Zwillinge und ich von einem abendlichen Ausgang nach Hause kamen, wartete vor dem Haus ein Wachmann der lokalen Sicherheitsfirma auf uns.

„Ihre Alarmanlage ist ausgelöst worden. Es hat einen Einbruch gegeben", sagte der Mann. Er schaute uns an und sein Gesicht war wie versteinert. „Fassen Sie drinnen nichts an, denn die Polizei ist unterwegs, um Fingerabdrücke zu nehmen. Machen Sie sich auf einen Schock gefasst. Das Haus ist durchwühlt worden, und ein Zimmer sieht wesentlich schlimmer aus als die anderen."

Nervös folgten wir unserer Mutter und dem Wachmann ins Haus und rechneten mit dem Schlimmsten.

„Alles in Ordnung", erklärte meine Mutter dem Mann und versuchte dabei, ihre Verlegenheit zu verbergen, indem sie kurz unser Haus und mein Zimmer inspizierte, das tatsächlich aussah, als sei es durchwühlt worden. „Alles ist genauso, wie wir es verlassen haben, auch Kevins Zimmer."

Mein Zimmer war ein Chaos, das gebe ich zu. Mitten in diesem Chaos hatte ich eine wachsende Sammlung von Grashüpfern und Heuschrecken, die ich unter meinem Bett hielt. Trotzdem versetzte mich das Zirpen der Heimchen, das in Sommernächten von draußen zu hören war, immer in Angst und Schrecken. Ich konnte nie ausmachen, welche Art von Monster direkt vor meinem Fenster dieses unglaubliche Spektakel veranstaltete. Als mein Vater erfuhr, dass ich mich vor diesem mysteriösen Geräusch fürchtete, ging er eines Abends mit mir nach draußen und sagte mir, dafür sei nur ein kleines schwarzes Heimchen verantwortlich. Wir konnten in der Dunkelheit keines finden, und ich war nicht vollständig überzeugt, aber als ich dasselbe Geräusch aus dem Schuhkarton unter meinem Bett hörte, begriff ich, dass mein Vater keinen Unsinn geredet hatte.

Ich denke, dass mein Vater trotz seiner Probleme einen guten Job hatte, vor allem, als ich noch kleiner war und wir einmal Urlaub in den Bergen machten. Ich bin sicher, manche Leute in Übersee denken, dass alle Weißen in Afrika über eine kleine Armee von Bediensteten verfügen, aber wir hatten in guten Zeiten nur

ein einziges Dienstmädchen, das wir entlassen mussten, als mein Vater weniger Geld bekam. Meine Mutter musste sich dann selbst um den Haushalt kümmern, wenn sie abends von der Arbeit kam, und als mein Vater immer mehr trank, stand sie zunehmend unter Stress.

Auch wenn es nicht gut um ihn stand, war mein Vater uns Kindern gegenüber doch immer noch eine Autorität, und wenn wir ungehorsam waren, setzte es Hiebe mit seinem dicken Ledergürtel. Mit diesem Gürtel sorgte er auch dafür, dass einer von uns redete, wenn wir etwas ausgefressen hatten, zu dem sich niemand bekennen wollte. Das klingt hart, aber so lagen die Dinge in meiner Kindheit.

Mein Bruder Gareth war ein Tugendbolzen, der seine Nase ständig in irgendein Buch steckte. Ich las Bücher über Vögel und Tiere, aber er verschlang Romane ebenso wie Sachbücher. Er lernte fleißig und arbeitet heute als Tierarzt in Großbritannien. Ich war der ungezogene Racker, der immer Unsinn im Sinn hatte und dauernd mit irgendwelchen Verletzungen nach Hause kam.

Gareth und ich waren wie Hund und Katze. Er war zwar vier Jahre älter als ich, aber ich war körperbetonter und lebhafter als er. Dafür fand er immer eine Möglichkeit, mir zu zeigen, dass er klüger als ich und mir überlegen war. Er verhöhnte mich und hielt mir vor, dass er eines Tages Tierarzt sein würde, während ich ein Nichtsnutz war und bleiben würde. Das endete dann in einer ausgewachsenen Prügelei. Ich kann mich zwar selbst nicht mehr daran erinnern, aber mein Freund Dave erzählt heute noch die Geschichte über den Tag, an dem er dachte, ich würde Gareth umbringen. Ich habe keine Ahnung mehr, was den Streit ausgelöst hat, aber es war eine dieser Hollywood-Schlägereien, die in unserem Kinderzimmer begann und sich dann durch Wohnzimmer und Küche bis in den Vorgarten zog. In unserem Zimmer gab es ein schweres altes Messinggewicht, und offenbar hatte ich es mit in den Garten genommen. Dave sagt, er musste mich von Gareth herunterzerren, weil ich ihm sonst mit diesem Gewicht den Schädel eingeschlagen hätte. Vermutlich war ich damals so wütend, dass ich die Sache später verdrängt habe.

Ich interessierte mich nicht nur für Tiere, sondern wollte auch immer ganz genau wissen, wie irgendwelche mechanischen Vorrichtungen funktionierten. Eine Sache, die mich faszinierte, war die Toilette. Wahrscheinlich finden alle kleinen Kinder dieses lustige Teil spannend, über das die Erwachsenen ihre Witze machen, und ich wollte wissen, wie es funktionierte. Also beschloss ich eines Tages, als ich noch ziemlich klein war, einen Blick in dieses gurgelnde Ding auf der Rückseite der Toilette zu werfen, das nach dem Abziehen immer so seltsame Geräusche machte. Ich schaffte es, den schweren Porzellandeckel zu verschieben, aber meine Kraft reichte nicht, um ihn ordentlich herunterzuheben. Er rutschte mir aus den Händen und landete in der Toilettenschüssel. Beides ging zu Bruch.

Als mein Vater von der Arbeit nach Hause kam, mussten meine Geschwister und ich uns in einer Reihe aufstellen, die Hosen runterlassen und uns über den großen Küchentisch beugen. Mein Vater öffnete seinen Gürtel und zog ihn aus den Schlingen an seiner Hose. Dann ließ er Wasser in die Küchenspüle laufen, bis sie zur Hälfte gefüllt war. Wir konnten hören, was er tat, und kannten den Grund, auch wenn wir uns nicht umzudrehen wagten, als er den Ledergürtel ins Wasser tauchte. Wenn er nass war, das wussten wir aus schmerzlicher Erfahrung, taten die Hiebe mit dem Gürtel besonders weh. Wir hörten Vaters Schritte auf dem Küchenboden, während er hinter uns auf und ab ging und wir zitternd warteten.

„Also, wer war das?", fragte er.

„Ich kann es wirklich nicht gewesen sein, Dad", flötete ich. „Ich meine, ich bin ja nicht mal stark genug, den Deckel von der Toilette zu heben."

Mein Bruder und meine Schwestern beschuldigten sich gegenseitig, aber am Ende konnte ich meinen Vater überzeugen, dass ich einfach nicht genug Kraft hatte, um eine solche Zerstörung anzurichten. Alle anderen bezogen ihre Hiebe mit dem nassen Gürtel. Ich war damals ein Schlingel, aber später wurde ich zu einem Monster.

Kapitel 2:

Ein Schurke

Während ich dieses Buch schreibe, denkt die Verwaltung der südafrikanischen Nationalparks darüber nach, das Erlegen von Elefanten im Krüger-Nationalpark wieder zu erlauben. Obwohl der Park jetzt bis über die Grenze ins benachbarte Mosambik reicht und damit zum Greater Limpopo Transfrontier Park geworden ist, bleibt das Gelände doch begrenzt. Früher konnten die Elefanten in Afrika frei über riesige offene Savannen ziehen, aber heutzutage haben Landwirtschaft, wachsende Städte und andere Arten der Landnutzung ihre Lebensräume überwiegend auf die Nationalparks und Wildreservate beschränkt. Experten sind der Ansicht, dass im Krüger-Nationalpark das Ökosystem durch Überweidung leiden wird, sofern man die Zahl der Elefanten nicht beschränkt. Ausgewachsene Elefantenbullen fressen zwischen hundertachtzig und zweihundertsiebzig Kilo Grünzeug pro Tag und legen große Bäume um, damit sie auch an die Wurzeln und Blätter kommen, die sie sonst nicht erreichen würden. Das hat zwar einige Vorteile für die Umwelt, beispielsweise dass dadurch für kleinere Tiere Wege zum Wasser freigelegt werden und dass rund um die Stämme der umgelegten Bäume Mikroökosysteme entstehen können, aber wenn es in einem begrenzten Gebiet zu viele Elefanten gibt, dann zerstören sie ihre Umgebung schneller als sie sich regenerieren kann.

Was immer man davon halten mag, dass Tiere gezielt und geplant getötet werden, um die Populationen zu begrenzen, die bisherigen Erfahrungen haben den für die Nationalparks zuständigen Behörden gezeigt, dass der humanste Weg zur Begrenzung der Elefantenzahl darin besteht, jeweils eine komplette Herde aus einem Gebiet zu beseitigen. Proteste aus der Bevölkerung haben Anfang der achtziger Jahre dazu geführt, dass man einige junge männliche Elefanten aus den betreffenden Herden leben ließ. Diese jungen Bullen wurden in andere Nationalparks umgesiedelt, beispielsweise nach Pilansberg nahe dem Sun City Hotel-und-Kasino-Komplex und nach Hluhluwe-Imfolozi in KwaZulu Natal.

Elefanten sind soziale Wesen und die Jungtiere wachsen in einem Familienverband auf, wo sie lernen, wie man lebt und sich verhält. Die Umsiedlung einzelner Jungbullen wurde zwar mit den besten Absichten vorgenommen, erwies sich jedoch als katastrophal. In ihrer neuen Heimat fehlten den Tieren die Disziplin der älteren Bullen und die Lebenslektionen der Elefantenmütter. Sie drehten durch, begannen andere Tiere und Fahrzeuge anzugreifen, und in Einzelfällen versuchten die jungen Bullen sogar sexuelle Übergriffe auf Rhinozerosse. Allein in Hluhluwe-Imfolozi töteten sie achtunddreißig Rhinos. Um die Situation unter Kontrolle zu bekommen, mussten ältere Elefantenbullen in den Reservaten angesiedelt werden, die den Jungspunden Manieren beibrachten.

Als ich die High-School besuchte, war ich wie einer dieser jungen, verwaisten Elefantenbullen.

Ich war ungefähr zwölf Jahre alt, als ich an einem Freitag nach der Schule noch bei einem Freund gewesen war und spät nach Hause kam. Das war nicht ungewöhnlich, denn ich ging so ungern nach Hause, dass ich mich von den Familien einiger Freunde fast schon hatte adoptieren lassen.

Mein Vater war arbeitslos und hing immer öfter zu Hause rum. Aber jetzt wartete mein Onkel draußen vor dem Haus auf mich, der Onkel, der mir *Paddatjie* gegeben hatte. Ich wusste sofort, dass etwas nicht stimmte, denn wir sahen ihn höchstens zwei oder drei Mal im Jahr. Meine Schwestern arbeiteten nach der Schule beide in einem Dion-Laden. Mein Onkel fing mich am Tor ab und sagte: „Komm, wir holen deine Schwestern ab." Auf dem Weg zum Laden ließ er die Katze aus dem Sack und erklärte schonungslos: „Kevin, dein Vater ist gestorben."

Ich wusste, dass mein Vater an diesem Tag ein Vorstellungsgespräch haben sollte, und dazu gehörte eine medizinische Untersuchung am Morgen, um sicher zu sein, dass er fit war. Mein Bruder Gareth war zu Hause gewesen, und mein Vater hatte ihm gesagt, er würde sich noch etwas hinlegen. Er hatte meinen Bruder offenbar gebeten, ihm eine Suppe zu machen, und während Gareth damit in der Küche beschäftigt war, starb mein Vater, im Wohnzimmer auf der Couch liegend, an einer Lungenembolie. Äußerlich hatte er nie krank gewirkt, obwohl er rauchte wie ein Ketzer und wir alle wussten, dass er zu viel trank.

Mein erster Gedanke war: „Oh nein, was soll denn jetzt werden?" Aber dann – auch wenn ich mich schäme, es zuzugeben – empfand ich so etwas wie Erleichterung. Drei Jahre vor seinem Tod war mein Vater arbeitslos geworden und hatte ernsthaft mit dem Saufen begonnen. Seitdem hatten meine Geschwister und ich ihn gemieden, auch wenn er unser Vater war. Ich weiß, es klingt seltsam, schrecklich sogar, aber als ich von seinem Tod erfuhr, dachte ich, wir könnten jetzt wieder wie eine Familie zusammenleben. Es war fast so, als hätte er nicht mehr zu uns gehört, sondern sei nur noch eine Last gewesen. Auch für meine Mutter war es eine gewisse Erleichterung. Mein Vater war zwar nie gewalttätig, aber ihre Beziehung war sehr angespannt gewesen, und als er starb, hatte sie die Familie schon einige Jahre alleine ernährt.

Wenn ich einen Löwen seit seiner Geburt oder seit seiner frühesten Kindheit kenne und viel Zeit mit ihm als Jungtier verbracht habe, dann ist meine Beziehung zu dem erwachsenen Tier sehr viel besser. Wie das Sprichwort sagte: „Was man sät, das wird man ernten." Ich denke, mit Vätern und Söhnen ist es genauso. Ein Vater, der während der Kindheit viel Zeit mit seinem Sohn verbringt, wird mit ihm später eine bessere Beziehung haben als einer, der sich erst später für ihn interessiert und dem Teenager dann sagt: „Hallo, wie geht's, Kumpel, lass uns einen drauf machen und Freunde sein."

Sogar wenn mein Vater nicht gestorben wäre und es eine große Veränderung in seinem Leben gegeben hätte – vielleicht ein neuer Job – und wenn er uns Kindern dann mehr Aufmerksamkeit geschenkt hätte, wäre es wahrscheinlich doch zu spät gewesen, um zu verhindern, dass ich mich so benahm, wie ich es in den folgenden Jahren tat. Die einzige starke Rolle, die er in meinem Leben gespielt hatte, die Rolle des strengen Zuchtmeisters, war mit seinem Tod endgültig dahin.

Ohne meinen Vater kehrte für eine gewisse Zeit mehr Ruhe in unserer Familie ein, aber es gab nun auch niemanden mehr, der mich irgendwie unter Kontrolle gehabt hätte. Im Laufe der Zeit, noch bevor der Trauerprozess abgeschlossen war, begann ich die Grenzen meiner neuen Situation auszutesten. Meine Leistungen in der High-School waren bisher ganz gut gewesen, aber nun fing ich an zu trinken und abends auszugehen – *jolling* nannten wir das.

Der Personalausweis meines Bruders, ein Dokument, das jeder Volljährige in Südafrika bei sich tragen musste, war in die Waschmaschine geraten, und als Gareth einen neuen Ausweis beantragte, schaffte ich es, mir den alten, teilweise ruinierten unter den Nagel zu reißen. Ich steckte ein Passfoto von mir in die Waschmaschine und klebte es dann sorgfältig auf die Stelle, wo das alte Foto meines Bruders gewesen war. Dasselbe machte ich mit seinem Führerschein. Im Grund stahl ich seine Identität und wurde Gareth Richardson, achtzehn Jahre alt, was mir erlaubte, Auto zu fahren, Alkohol zu trinken und in Nachtclubs zu gehen.

Ich fuhr schon mit vierzehn Jahren Auto, und das war teilweise die Schuld meiner Mutter, wenn auch unbeabsichtigt. Ich hatte schon früh gelernt, die Freundlichkeit anderer Menschen auszunutzen, und meine Mutter war das hauptsächliche Opfer. Weil ich Auto fahren lernen wollte, ließ sie mich zunächst die Einfahrt rauf- und runterfahren, vorwärts und rückwärts, und so lernte ich auch, Schaltknüppel, Kupplung, Bremse und Gaspedal zu bedienen. „Mom, wenn ich das Auto wasche, lässt du mich dann auf der Straße fahren?", nervte ich sie, obwohl ich immer noch nicht alt genug war, um offiziell auf öffentlichen Straßen Fahrunterricht nehmen zu dürfen.

Als mein Vater noch lebte, war meine Mutter mit dem Bus zur Arbeit gefahren und hatte nie das Auto benutzt, aber nun musste sie wieder selbst fahren lernen. Sie sparte eisern und kaufte schließlich einen schicken kleinen gelben Mini Clubman. Meine Schwestern waren alt genug, um – legal – fahren zu lernen, und so klemmten wir uns alle in den Mini, um gemeinsam zu üben. Wir suchten uns eine stille Seitenstraße oder einen Parkplatz, und meine Schwestern und ich brachten meiner Mutter bei, wie man rückwärts einparkt. Sie brauchte zehn Anläufe, um ihren Führerschein zu bekommen, und wir alle jubelten, als sie es endlich geschafft hatte.

Sobald ich fahren konnte, wurde mir schnell klar, dass es eine feine Sache für mich sein würde, mir abends, wenn alle im Haus schliefen, das Auto auszuleihen. Ich hatte zwei Kumpel, Dave und Dino, mit denen ich die Gegend unsicher machte. Dave war Jude, Dino Italiener und ich war englischer Abstammung, und damit waren wir repräsentativ für die Zusammensetzung der Schüler in Highlands North, unserer öffentlichen High-School. Außerdem gab es hier noch ziemlich viele libanesische Kinder, und unsere Schüler hatten den verdienten Ruf, in viele Schlägereien verwickelt zu sein, sowohl mit den Schülern anderer Schulen als auch untereinander. Dino war ein Hüne, über einsachtzig groß, und Rugbyspieler, was uns sehr zustatten kam, wenn ich Moms Auto nehmen wollte. Dave und Dino kamen dann nach Einbruch der Dunkelheit und warteten draußen auf mich. Ich schlich mich in Moms Zimmer, um mich zu überzeugen, dass sie fest schlief. Anschließend traf ich die Jungs draußen.

„Die Luft ist rein", sagte ich.

Unsere Einfahrt war ziemlich steil und führte vom Haus weg bergauf. Zur Straße war sie durch ein schweres Stahltor gesichert, das wir zu dritt vorsichtig anheben und in der Führungsschiene zur Seite schieben mussten, damit es nicht quietschte. Ich konnte es nicht riskieren, den Motor schon in der Einfahrt anzulassen, denn das hätte vielleicht meine Mutter oder meine Schwestern aufgeweckt. Also bildeten Dave, Dino und ich ein Gedränge wie beim

Rugby und schoben das Auto den Berg hinauf und auf die Straße. Ohne Dino hätten wir das nicht geschafft. Dann ließ ich den Wagen die Straße runterrollen, und sobald wir weit genug vom Haus entfernt waren, startete ich den Motor. Anschließend war Fahren und Party angesagt. Ich bretterte mit Vollgas los, rammte die Räder über Bordsteinkanten und schob meine Grenzen als Fahrer immer weiter hinaus.

„Komm Kevin, fahr mit mir einkaufen", forderte mich meine Mutter an einem Samstagmorgen auf, als ich noch im Bett lag.

Verkatert rollte ich mich herum und rieb mir die Augen. In meinem Mund hatte ich einen Geschmack, der an den Boden von J. R.´s Käfig erinnerte, und in meinem Kopf pochte es, weil ich zu viel billigen Brandy getrunken hatte. „Wenn ich mit dir einkaufen fahre, Mom, dann musst du mir aber Geld geben, damit ich heute Abend *jolling* gehen kann", murmelte ich.

Sie gab nach, und auf dem Weg zum Supermarkt schaute sie immer wieder auf das Armaturenbrett. „Kevin, ich glaube, mit dem Auto stimmt was nicht. Ich habe gestern getankt, und jetzt steht die Anzeige nur noch auf halb voll."

„Ja, Mom, ich weiß schon." Ich kurbelte das Fenster runter, um frische Luft zu bekommen, rülpste und hoffte, sie würde meine Alkoholfahne nicht riechen. Trotz meines Katers arbeitete mein Gehirn auf Hochtouren. „Ich habe ein kleines Loch im Tank gefunden und es auch schon repariert. Da ich das für dich getan habe, können wir heute Nachmittag fahren?"

Mom glaubte alles, was ihr geliebtes Nesthäkchen ihr erzählte. Um neun Uhr lag sie im Bett, um zehn war ich mit meinen Kumpels im Club. Wir frequentierten Orte wie das Balalaika in Sandton, das Bella Napoli, das Dome und das Summit, das ein Strip-Club war. Ende der achtziger Jahre waren die Discos groß. Es gab zwar nicht die Techno- und Drogenszene wie heute, aber wir tranken alles, was wir in unsere dreckigen kleinen Pfoten bekamen. Wir kauften das billigste Zeug, das uns am schnellsten besoffen machte. Unsere Spezialität war eine Zweiliterflasche Cola mit Zuckerrohrschnaps – Spook oder Diesel wurde das Zeug genannt. Damit ließen wir uns volllaufen, und dann beschwatzten wir die Mädchen in den Clubs, uns Bier auszugeben. Ich bin zwar nie ein echter Raucher gewesen, habe aber an Zigaretten gezogen, nur damit es sich im Kopf drehte. Ich habe auch Dope probiert, doch davon wurde ich nur hungrig und müde. Und ich wollte auf keinen Fall den Fresskick kriegen, mich vollstopfen und um zehn Uhr im Bett liegen. Ich wollte nur ausgehen, feiern und Sex haben.

Wenn wir in keinen Club gingen, dann besuchten wir irgendeine Hausparty. Die reichen Kids aus Sandton, Parkhurst und Rosebank besserten ihr Taschengeld auf eine besonders trickreiche Weise auf: Während ihre Eltern in Übersee Urlaub machten, veranstalteten sie Partys, für die sie Eintritt verlangten. Sobald man drinnen war, gab es kostenlos Alkohol und jede Menge Frauen. An den Abenden, wo ich es nicht riskieren konnte, den Mini zu nehmen, gingen wir zu Fuß oder fuhren per Anhalter durch die ganze Stadt und machten die Nacht durch. Heute könnte ich mir wegen der hohen Kriminalität nicht mehr vorstellen, das in Johannesburg zu tun.

Wir waren unbesiegbar, und nicht mal die Polizei konnte uns aufhalten. Eines Tages wurde ich ohne erkennbaren Grund von einem Polizisten angehalten, als ich einen Freund zu einem Wochenend-Rugbyspiel fuhr. Der Polizist wollte meinen Führerschein sehen, und ich zeigte ihm meinen falschen Personalausweis. Ich sagte ihm, mein Führerschein sei ebenfalls in der Waschmaschine gelandet und in einem noch wesentlich schlimmeren Zustand als mein Personalausweis, sodass ich einen neuen beantragt hätte, der aber noch nicht fertig sei. Er gab sich mit dieser Ausrede nicht zufrieden und sagte mir, ich, Gareth Richardson, hätte mich am kommenden Montag mit einem gültigen Führerschein in der örtlichen Polizeistation zu melden. Wieder zu Hause rief ich meinen Bruder an, der in Onderstepoort Tiermedizin studierte. Zum Glück hatte er vor, für ein paar Tage nach Hause zu kommen.

„Wie geht's, Bruderherz?", fragte ich ihn ungewohnt freundlich. „Weißt du was? Du musst dich am Montag bei der Polizei melden."

„Warum?"

„Weil du du bist und ich du bin, aber das echte Du muss beweisen, dass du das echte Du bist ... der Polizei. In Ordnung?"

Erstaunlicherweise tat mir Gareth den Gefallen, was ich ihm hoch anrechnete. Ich stand in seiner Schuld, aber irgendwie glaube

ich nicht, dass ich mich je angemessen revanchiert habe. Ich habe die Gutmütigkeit meiner Familie missbraucht und sogar meine Schwester Corinne ausgenutzt, die aus irgendeinem Grund oft zu mir hielt, wenn ich mal wieder Mist gebaut hatte. Ich überredete sie, Dave und mich im Mini mitzunehmen, als sie zur Arbeit in einem Restaurant nach Sandton City fuhr. Ich sagte ihr, wir wollten ins Kino gehen. Sie ließ uns am Einkaufszentrum aussteigen und ging zur Arbeit, aber wenig später kreuzte ich im Restaurant auf und bat sie um die Autoschlüssel, weil ich angeblich meine Jacke im Auto gelassen hatte.

Ich stieg ins Auto und ließ den Motor an. Während der nächsten zwei Stunden – die Zeit, die wir angeblich im Kino verbrachten – jagte ich den Mini in halsbrecherischem Tempo kreuz und quer durch die Außenbezirke von Johannesburg. Ich wusste, dass die Zeit gerade noch reichte, um den Wagen zurückzubringen, bevor sie Verdacht schöpfte, und so hatte ich das Gaspedal immer noch durchgedrückt, als wir am Einkaufszentrum ankamen. Die Reifen quietschten auf der glatten Betonoberfläche der Auffahrt zum Parkhaus, und bei jeder Bremsschwelle verloren alle vier Räder den Bodenkontakt.

Mein Bruder Gareth hatte sich vor einiger Zeit den Mini ausgeliehen und war damit gegen eine Ziegelmauer gefahren. Meine Mutter ließ mich den Wagen gelegentlich fahren, wenn ich ihn dafür reparierte. Aber ich hatte nicht das Geld für die richtigen Ersatzteile und deshalb eine völlig neue Front – linker und rechter Kotflügel, Motorhaube und Grill – aus Glasfaser organisiert. Als Dave und ich über die letzte Bremsschwelle im Parkhaus bretterten und der Mini anschließend auf die Federung krachte, löste sich diese Front und flog herunter. Ich ließ den Wagen ausrollen und setzte ihn in die Parkbucht, in der er vorher gestanden hatte.

Corinne, die sich schon gewundert hatte, wo wir blieben, betrat den Parkplatz genau in dem Moment, als ich die Front wieder befestigte. „Kevin, was machst du denn da?"

„Ähm, ich zeige Dave den Motor, Schwesterchen."

Der Mini war das Auto, das ich am liebsten für unsere nächtlichen Ausflüge auslieh, aber wenn er zugeparkt war, konnte ich auch

31

noch einen alten 1979er Toyota Corolla nehmen, den die Familie nach dem Tod meiner Großmutter geerbt hatte, oder den 1980er babyblauen Mazda 323 meines Vaters. Doch in dem Mazda ließen wir uns nicht gerne sehen. Ich war daran gewöhnt, alle anderen Autos zu fahren, aber eines Abends hatte meine Schwester Candice, die damals eine Ausbildung zur Krankenschwester machte, ihren Fiat 131 Mirafiori in der Einfahrt stehen lassen und war dann zu Fuß zu ihrem Freund gegangen.

Als Dino zu unserem gewohnten abendlichen Ausflug erschien, gingen wir nach draußen und füllten uns mit unserem üblichen Cocktail von Spook und Diesel ab. Wir schütteten das Zeug schnell und massenhaft in uns rein, um uns schleunigst in einen Zustand von Entspannung, Selbstvertrauen und Euphorie zu versetzen. Ich zeigte auf den kastenförmigen roten Italiener und sagte: „Komm, heute nehmen wir den."

Es regnete an diesem Abend, und die Straßen waren rutschig, aber weil ich den Fiat noch nie gefahren hatte, wollte ich ausprobieren, was er hergab. Wie üblich schoben wir ihn aus der Einfahrt und ein Stück die Straße runter, bevor ich den Motor anließ. Nur acht Kilometer weiter, auf der Straße nach Sandringham, holte ich das Letzte aus ihm raus.

Während Dino mich anstachelte, drückte ich das Gaspedal bis zum Boden durch. Ich beobachtete, wie die Tachonadel auf siebzig, achtzig, neunzig und schließlich hundert Stundenkilometer kletterte. Der Wagen hatte ein Automatikgetriebe, was ich hasste, aber ich ließ den Motor auf höchsten Touren kreischen, bis die Automatik in die nächste Übersetzung sprang. Das Auto war mir genauso egal wie die Gefühle meiner Mutter oder meiner Schwester. Ich habe die Arglosigkeit und Gutmütigkeit meiner Familie damals gnadenlos ausgenutzt. Ich bin nicht stolz darauf, aber so war ich eben.

„Schneller!"

Ich ging vom Gas, damit die Automatik einen Gang zurückschaltete, und trat dann wieder voll durch. Die Straße wurde abschüssig, und ich brüllte vor Begeisterung, als die Tachonadel über die 170-Kilometer-Marke hinausging. Wir flogen über die Fahrbahn, und das Regenwasser zischte wie eine Kobra unter den dünnen, kleinen Rädern des Fiats.

Am Fuß des Hügels befand sich eine Senke. Selbst wenn ich Zeit gehabt hätte, zu bremsen, hätte ich es nicht getan. Als ich den tiefsten Punkt erreichte, schlug die Federung durch, und ich verlor die Kontrolle. Wegen der hohen Geschwindigkeit, und weil der Asphalt so rutschig war, drehte sich das Auto dreimal um die eigene Achse. Das Straßenbild wirbelte schwindelerregend vor unseren Augen. Dann krachten wir gegen den Bordstein, und der Wagen kippte um.

Ich hatte Glück oder einen Schutzengel, denn wir verfehlten einen Laternenpfahl nur um wenige Zentimeter. Hätten wir ihn getroffen, wären wir tot gewesen. Am Ende lag der Wagen auf der Beifahrerseite. Ich konnte mich einen Moment vor Verblüffung nicht rühren, aber Dino kletterte über meinen Schoß und durch das Fenster auf der Fahrerseite nach draußen. Das Auto war klein, und er war ein kräftiger Kerl. Während ich noch im Wagen saß, setzte er ihn wieder auf seine Räder. Kopfschüttelnd blickte ich auf, und er schlug die offen stehende Motorhaube mit einem dumpfen Aufprall zu.

Dann hämmerte er auf das Dach des Autos. „Los, Kevin, komm schon!"

„Mann, die Kiste ist platt", antwortete ich. „Wir sind am Ende. Diesmal werden wir auffliegen."

Dino stieg ein und ließ nicht mit sich reden. „Vorwärts!"

Wir waren so besoffen, dass Dino mir einredete, wir könnten die Schrammen vom Auto abwaschen. Wir suchten und fanden eine Tankstelle, deren Besitzer uns den Fiat mitten in der Nacht waschen ließ. Da standen wir nun, zwei betrunkene Teenager, die versuchten, Kratzer vom Lack zu waschen. Wir wurden ziemlich schnell wieder nüchtern.

Wir schlichen mit dem lahmenden Gefährt nach Hause, und ich nahm allen Mut zusammen, um meiner Mutter zu beichten, was passiert war. Ich klopfte an ihre Schlafzimmertür und öffnete sie.

„Ma, ich hab Candices Auto zu Schrott gefahren."

Noch im Halbschlaf murmelte sie: „Geh wieder ins Bett, Kevin, du hast geträumt."

„Nein Ma, du hast mich nicht verstanden. Ich hab das Auto gestohlen und einen Unfall damit gebaut."

Mom wurde wach. „Kevin, ich bring dich um!"

Sogar in diesem beschämenden Augenblick folgten Dino und ich noch einem Plan. Wir hatten vorher beschlossen, dass wir auf die Tränendrüsen drücken würden, sobald die Kacke am Dampfen war. Mom kanzelte uns ab, und ich fing an zu schluchzen, sagte ihr, wie leid es mir tat, und dass ich so was doch nicht gewollt hatte. Meine Schwester Corrine, mit der ich mich immer super verstanden hatte, setzte sich für uns ein, auch wenn ich nicht weiß, warum sie das tat.

Wir bekamen lebenslangen Stubenarrest aufgebrummt und mussten beide Teilzeitjobs annehmen, um die Autoreparatur bezahlen zu können. Dino kassierte eine Tracht Prügel, die sein alter Herr auch mir am liebsten verpasst hätte. Gott weiß, ich hatte sie verdient.

Wie nicht anders zu erwarten, sackten meine Leistungen in der Schule während dieser rebellischen Jahre dramatisch ab. Drei oder vier Abende pro Woche war ich unterwegs, soff mir die Hucke voll und wachte am nächsten Morgen verkatert auf. Auch um meine Tiere kümmerte ich mich nicht mehr. Die meisten waren inzwischen tot – aufgrund ihres Alters, nicht weil ich sie vernachlässigt hätte –, oder ich hatte sie in meinem Befreiungswahn ausgesetzt, und weil Mom Mühe hatte, mit dem Geld über die Runden zu kommen, gab es in unserem Haushalt damals nur noch ein paar Hunde und ein oder zwei Vögel.

Eine Weile versuchte ich, ein braver Junge zu sein. In einem Jahr kaufte ich meiner Mutter zum Geburtstag einen Teddybären, aber am Abend vorher ließ ich mich so volllaufen, dass ich es irgendwie schaffte, über den Bären zu kotzen. Ich torkelte ins Bad, immer noch stockbesoffen, und versuchte ihn zu säubern, aber natürlich war er auch danach nicht mehr als Geschenk geeignet.

Mein Onkel versuchte mir ins Gewissen zu reden und erzählte mir, ich sei nun der Mann im Haus, weil mein Bruder ja an der Veterinärschule studierte, und ähnlichen Kram. Ich wusste, dass er mich am liebsten verprügelt hätte, aber weil er so ein netter Kerl war, konnte er sich dazu nicht überwinden. Wahrscheinlich hätte ich eine Tracht Prügel gebraucht, aber er kam mit mir nicht weiter, und er und Mom dachten, aus mir würde nie was werden.

Wenn ich nicht die Schule schwänzte, zettelte ich dort Raufereien an. Die Disziplin in der Schule war ein Witz, und auch wenn wir gelegentlich ein paar Schläge mit dem Rohrstock bekamen oder nachsitzen mussten, nahmen wir solche Strafen nicht ernst. Ich wusste immer, was richtig und falsch war, und obwohl meine Noten in der High-School zu wünschen übrig ließen, reichte es, um mich durchzumogeln.

Wir spielten liebend gerne Rugby in der Schule, und auch wenn das Spiel als solches die Leute nicht aggressiv macht, puschten wir uns vorher gegenseitig hoch und protzten, wie wir unsere Gegner fertig machen würden. Ohne eine Vaterfigur, die mir Grenzen gesetzt hätte, spielte ich mich immer weiter auf. Meine Freunde hatten natürlich Väter und bekamen ihre Abreibungen. Wenn ich es mir im Nachhinein überlege, dann war wohl ich derjenige, der einen schlechten Einfluss auf sie hatte, nicht umgekehrt.

Das einzige positive Ventil für meinen Verdruss war Fahrrad fahren. Nachmittags schnappte ich mir mein Rad und fuhr vierzig oder fünfzig Kilometer am Tag. Ich radelte quer durch die Stadt, um Mädchen zu besuchen, die auf der anderen Seite wohnten, und am Wochenende veranstaltete ich mit meinen Freunden Radrennen über hundert Kilometer. Ich fuhr gerne schnell – und das tue heute noch. Meine Mutter bestand darauf, dass ich bei Einbruch der Dunkelheit zu Hause war, und wenn ich ein Mädchen besucht hatte, das in der Nähe der Rennstrecke von Kyalami wohnte, beeilte ich mich, rechtzeitig heimzukommen. Einmal fetzte ich die Straße entlang, als ein Polizist, der am Wegrand stand, mich anhielt.

„Du bist achtzig Stundenkilometer gefahren, aber hier sind nur sechzig erlaubt", sagte er. „Ist dir klar, dass du zu schnell gefahren bist?"

„Nein, ist es nicht. Und außerdem bin ich mit dem Rad unterwegs, also, was wollen Sie dagegen tun?"

Er zuckte mit den Schultern, und ich raste weiter.

Als meine Freunde und ich älter wurden, schafften wir es hin und wieder, aus Orange Grove wegzukommen, und sei es nur für ein Wochenende. Dinos Familie hatte ein Ferienhaus am Bronkhorstspruit Dam ungefähr fünfzig Kilometer östlich von Pretoria. Bei einem unserer Besuche dort fanden wir einen Graureiher, der sich in Angelleinen verfangen hatte. Ein paar Typen waren offenbar nach einem nächtlichen Saufgelage ins Bett gegangen und hatten ihre Angeln, die mit Ködern aus Maisbrei versehen waren, im Uferbereich stecken lassen. Es war Winter und das Wasser war eiskalt. Wir konnten sehen, dass der Vogel noch lebte – gerade noch – und ich entschied, dass Dino der Richtige war, ins Wasser zu gehen und ihn zu befreien.

„Wieso ich?"

„Ich verstehe was von Vögeln. Also bin ich derjenige, der ihn verarzten wird, und deshalb muss ich hier am Ufer bereitstehen und ihn dir abnehmen, wenn du mit ihm aus dem Wasser kommst." Immerhin war ich der Vogelmensch von Orange Grove.

„Okay."

Dino schwamm in den eisigen Stausee hinaus und konnte den Vogel befreien, der fast tot war, weil er die ganze Nacht in dem kalten Wasser verbracht hatte. Dino klapperte mit den Zähnen und zitterte am ganzen Körper, knapp vor der Unterkühlung, und so hielt ich es für das Beste, wenn wir alle drei eine heiße Dusche nehmen würden. Wir gingen also in den Toilettenblock des Campingplatzes, zogen uns aus und quetschten uns in die Duschkabine. Ich drehte das heiße Wasser auf, und Dino und ich hielten den Vogel fest. Ich hatte keine Ahnung, ob das jetzt richtig war, und gerade als ich dachte, der Reiher könnte vielleicht durch diese extreme Behandlung sterben, erwachte er plötzlich wieder zum Leben.

Ein Graureiher ist ein großer Vogel, ungefähr einen Meter hoch, und er wirkt noch wesentlich größer, wenn er seine Schwingen ausbreitet und anfängt, mit seinem sehr langen Schnabel um sich zu hacken. Dino und ich rangelten miteinander, um die Tür der Duschkabine zu öffnen und den Angriffen des spitzen Schnabels zu entgehen. Der Reiher folgte uns und jagte uns durch den Umkleideraum, schlug mit seinen Flügeln und krächzte wie verrückt. Wir versuchten, ihn nach draußen zu treiben, und er versuchte, uns umzubringen, was ich nicht unbedingt für ein Zeichen von Dankbarkeit hielt. Schließlich hatten wir ihn in eine Ecke gedrängt und jagten ihn danach mit wedelnden Armen und selber krächzend aus der Tür. Manchmal frage ich mich, ob es in Südafrika Leute gibt, die Geschichten darüber erzählen, wie sie beim Camping waren

und einen Graureiher aus dem Toilettenblock rennen sahen, verfolgt von zwei nackten Teenagern.

Aber das war nicht die einzige Gelegenheit, bei der ein paar nackte Teenager Eindruck auf die wilden Tiere Afrikas machten. Einmal zelteten wir drei im Retiefskloof der Magaliesberg Berge. Wir wurden für ein Wochenende dort abgesetzt und sorgten unverzüglich für Chaos. Diese Art von wildem Campen gibt es heute in den Nationalparks nicht mehr, wahrscheinlich wegen genau der Sachen, die Leute wie wir dort angestellt haben.

Wir wollten in einem unberührten Wasserloch nackt baden. Das Wetter war warm und sonnig, und wir machten uns einen Spaß daraus, mit dem nackten Hinterteil über ausgewaschene, glatt polierte Felsbrocken ins Wasser zu rutschen. Während wir dort herumalberten, sahen wir, wie ein Trupp Paviane auf den Felsen direkt über uns herumkletterte.

„*Wah-hoo*", schrie einer der Paviane seinen Warnruf.

„*Wah-hoo*", begannen wir alle zurückzurufen, um sie zu ärgern.

Wir hielten das für einen Riesenspaß, aber die Paviane ließen sich nicht beeindrucken. Neben mir im Wasser gab es einen Platsch.

„Was war das?"

„Mist, jemand wirft mit Steinen nach uns", sagte einer der anderen Jungs.

Während wir aus dem Wasser kletterten und uns nach unseren Kleidern umsahen, regneten Steine und kleine Felsbrocken auf uns herab. Ich schlüpfte in meine Shorts und blickte mich dabei um. Es waren die Paviane. Sie griffen uns an und kamen jetzt den Abhang herunter. Ich hatte Geschichten darüber gehört, wie Pavianmännchen bei Kämpfen Leoparden zerrissen hatten, und war deshalb jetzt ziemlich besorgt.

Während die Paviane zu uns aufschlossen, blieben zwei von ihnen stehen, krümmten den Rücken und schissen sich in die Hände.

„Oh, nein! Scheiße!" Und genau die prasselte jetzt in der zweiten Runde des Kampfes der Paviane gegen die Teenager auf uns ein. Ich hatte davon gehört, dass Primaten im Zoo sich so verhielten, aber nicht in der Wildnis. Diese Paviane verhöhnten uns, und so ergriffen wir die Flucht, während ihre Stinkbomben in den Bäumen hinter uns landeten. Wenn sie uns die Lektion hatten erteilen

wollen, andere respektvoll zu behandeln, dann war der Erfolg nicht von langer Dauer, denn wenig später fanden wir an einem Bach ein Dutzend Flaschen Bier, die irgendwelche afrikanischen Camper zum Kühlen ins Wasser gestellt hatten. Wir machten uns mit unserem flüssigen Manna heimlich davon und soffen uns anschließend lachend um den Verstand.

Der Autounfall war ein Warnsignal gewesen, aber erst als ich meiner ersten richtigen Vaterfigur begegnete, begann ich, mich wieder ernsthaft der Schule und meinen Tieren zuzuwenden. Der Mann hieß Stan Schmidt, und für meine Freunde und mich war er ein Gott. Außerdem hatte er eine sehr hübsche Tochter namens Lisa, in die ich mich verliebte. Stan Schmidt war ein prominenter südafrikanischer Karatemeister und Gründer der *South African Japan Karate Association*. Jeder Junge kannte ihn, und wir alle verehrten ihn.

„Du kannst unmöglich mit der Tochter von Stan Schmidt ausgehen", warnte mich einer meiner Kumpel, als ich ihm sagte, wer Lisas Vater war. „Mann, Stan wird dir einen gewaltigen Tritt in den Hintern geben, wenn du mit seiner Tochter irgendwelche Mätzchen machst."

Aber Stan war nicht der Mensch, für den die Leute ihn hielten. Er hat mir nie gedroht. Er und seine Frau Judy setzten sich manchmal zu mir und redeten mit mir über meine Pläne und Vorhaben und das Leben im Allgemeinen. Ich unterhielt mich stundenlang mit Stan und verbrachte allmählich mehr Zeit mit Lisa und ihrer Familie als mit meiner eigenen. Der Einfluss der Schmidts führte dazu, dass ich in der Schule intensiver zu arbeiten begann und nun sogar in die Kirche ging! Das war eine der Bedingungen dafür, dass ich mit Lisa ausgehen durfte. Aus irgendeinem Grund vertrauten sie mir, und ich wurde schließlich ruhiger.

Es war alles eine Frage des Respekts. Ich glaube, bis zu diesem Zeitpunkt hatte ich niemanden respektiert. Stan respektierte ich nicht nur wegen seiner Leistungen, sondern auch als Menschen. Wenn er etwas sagte, dann hörte ich zu.

Stan und Judy fachten auch mein Interesse für Tiere wieder an. Als ich Lisa kennenlernte, hatte ich nach dem Tod von J. R.

mit Rebecca bereits einen neuen Graupapagei. Ich überzeugte die Schmidts, dass Vögel gute Haustiere waren, und sie kauften einen Ara. Stan musste zu Karateturnieren ins Ausland reisen, und ich durfte die Familie begleiten. Meine erste Auslandsreise. Wir besuchten nicht nur Karateturniere, sondern auch Vogelausstellungen. Ich reiste mit ihnen quer durch die Vereinigten Staaten, und wieder zurück in Südafrika zeigten sie mir Orte, wo ich noch nie gewesen war, beispielsweise Kapstadt, den Krüger-Nationalpark und den Pilansberg-Nationalpark.

Wie die Begegnungen mit den Pavianen und dem Reiher gezeigt hatten, sprach zunächst nichts dafür, dass ich einen besonderen Zugang zu Tieren hatte, die größer als Papageien und Frösche waren. Bei einem Ausflug mit den Schmidts zu einem kleinen Wildreservat beschloss ich, allein ein Stück in den Busch hineinzugehen. Ich genoss die Einsamkeit und die Geräusche und Gerüche des Buschlandes, die eine nette Abwechslung darstellten.

Irgendetwas raschelte vor mir. Ich erstarrte. Durch die Büsche erkannte ich die Silhouette eines großen Tieres. Ich hörte etwas, das wie das Grollen eines Löwen klang. Ich drehte mich um und rannte.

Zweige schlugen gegen meine nackte Haut und zerkratzten sie. Mein Herz hämmerte, während ich die Beine in die Hand nahm und Fersengeld gab. Als ich mich in sicherer Entfernung wähnte, blieb ich keuchend stehen und wagte einen Blick zurück. Ungefähr hundert Meter entfernt sah ich einen Kudu-Bullen – eine große Antilope –, der mich anstarrte. Er hatte in der entgegengesetzten Richtung ungefähr dieselbe Entfernung zurückgelegt wie ich, nachdem wir uns gegenseitig zu Tode erschreckt hatten.

Bei einer anderen Gelegenheit, als ich alleine unterwegs war, sah ich einen toten Reiher im seichten Wasser eines Flusses liegen. Neugierig wie immer wollte ich den Vogel untersuchen, um herauszufinden, woran er gestorben war. Ich zog an einem Flügel, und er zog zurück. Erschrocken machte ich einen Schritt nach hinten. Er muss noch leben, dachte ich, obwohl der Vogel jetzt wieder regungslos dalag. Vorsichtig trat ich noch einmal näher heran und griff erneut nach dem Flügel. Er begann zurückzuziehen, und nun zerrte ich energischer. Ich schrie laut auf, als der Kopf eines

Krokodils aus dem Wasser kam, das den Vogel, den es gerade getötet hatte, unmissverständlich für sich beanspruchte.

In dem Maße wie ich selbst ruhiger wurde, wuchs meine Sammlung von Haustieren wieder. Ein paar Jahre zuvor hatte ich einen Kumpel begleitet, als er eine Anaconda kaufte.

Damals war Annabelle, so nannte er die Schlange, weniger als einen Meter lang gewesen. Als ich sechzehn war, rief er mich eines Tages an, erzählte mir, dass er ins Ausland ziehen würde und fragte mich, ob ich Annabelle übernehmen wollte. Ich hatte beide eine Weile nicht gesehen und Annabelle als kleine Schlange in Erinnerung. Als ich meinen Kumpel nun zu Hause besuchte, konnte ich nur noch erschrocken ausrufen: „Annabelle, meine Güte, bist du gewachsen!" Sie war drei Meter lang. Annabelle war unersättlich, und so musste ich nun unablässig Küken und Ratten herbeischaffen.

Ich erneuerte meinen Ruf als Vogelmensch, und die Leute kamen scharenweise mit verwaisten Küken, Katzen und Hunden an. Als die Zwillinge nicht mehr bei uns wohnten, zogen Mom und ich in ein Stadthaus nach Buccleuch, nördlich von Johannesburg. Wir sahen uns dort aber nur selten, weil ich viel Zeit mit Lisa verbrachte. Ich war auch weniger mit Dino und David zusammen, was sich positiv auf meine Leistungen in der Schule auswirkte. Lisa machte keine halben Sachen, ob sie nun tanzte, lernte oder mit mir stritt, und ihr Lerneifer färbte auf mich ab.

In der neunten Klasse, ein Jahr vor dem High-School-Abschluss und der Immatrikulation, hatte ich ein Vorstellungsgespräch an der Pretoria University. Ich wollte dort Tiermedizin studieren.

Ich zog mein schickstes Hemd an, band mir eine Krawatte um und fuhr im Mini nach Pretoria. Obwohl ich immer noch nicht alt genug für den Führerschein war, verzichtete Mom inzwischen auf ihre Einwände und hatte angefangen, mir den Wagen zu überlassen. Die Fahrt dauerte ungefähr eine Stunde und führte durch das damals offene Ackerland, das Johannesburg von der südafrikanischen Hauptstadt trennte.

Bei der Universität angekommen musste ich warten und mich zu meinen nervösen Altersgenossen setzen, die ebenfalls Tierärzte

werden wollten. Als mein Name aufgerufen wurde, ging ich in den Raum und setze mich vor das Gremium von vier Fakultätsdekanen, drei Männer und eine Frau.

„Was meinen Sie, welche Rolle Ihre schulischen Leistungen bei Ihrer Eignung als Kandidat für das Studium der Tiermedizin spielen?", fragte mich einer der männlichen Dekane.

„Ich denke, die Noten werden zu wichtig genommen", sagte ich. Ich wollte nicht unverschämt sein, sondern sprach nur meine Überzeugung aus. „Ich finde, man achtet zu wenig darauf, ob die Kandidaten mit Tieren umgehen können. Ich glaube, viele Tierärzte studieren fünf oder sechs Jahre, arbeiten anschließend sechs Monate in ihrem Beruf und stellen dann fest, dass sie nicht mit Tieren umgehen können und für den Beruf nicht geeignet sind. Ich bin wirklich der Meinung, die Zulassung zu den Veterinärwissenschaften sollte einen praktischen Teil beinhalten, damit Sie sehen können, wie die Studenten mit den Tieren arbeiten. Die Theorie ist zwar wichtig, aber wenn man von dem, was man tut, begeistert ist, dann wird man auch entsprechend lernen und ein guter Tierarzt werden."

Na ja, ich wurde nicht angenommen. Die richtige Antwort wäre eindeutig gewesen: „Ja, die Noten sind sehr wichtig, und ich werde alles daran setzen, im Abschlusszeugnis nur Einser zu haben."

Für die Zulassung brauchte ich im letzten Schuljahr außerdem einen Zweierdurchschnitt in Mathematik und Naturwissenschaften, den ich nicht schaffte. Aber das war nicht so schlimm, denn mein Abschlusszeugnis reichte aus, um mich für ein Studium zum Bachelor of Science mit Hauptfach Zoologie einzuschreiben. Da die Studiengänge in Zoologie und Tiermedizin in den ersten Semestern sehr ähnlich sind, wusste ich, dass ich mich im zweiten Studienjahr noch einmal für Tiermedizin bewerben konnte.

Ich genoss das Studentenleben, nicht jedoch alle Fächer, die ich zu studieren hatte, beispielsweise Chemie und Botanik. Außerdem fand ich bald heraus, dass ich zwar in Südafrika lebte, wo es die größten und interessantesten Säugetiere der Welt gab, in meinem Studium über diese Tiere aber nichts erfahren würde. Wir lernten eine Menge über Meeresmollusken und Nematoden – Würmer –, aber nichts über Löwen, Hyänen und Elefanten.

Ein Schurke

Als mein zweites Bewerbungsgespräch für das Studium der Tiermedizin anstand, saß ich wieder vor den Dekanen. „Also", fragte mich einer von ihnen, „für wie wichtig halten Sie die Prüfungsnoten für Ihre Eignung zum Studium der Tiermedizin?"

Ich konnte nicht anders. Ich gab noch einmal dieselbe Antwort und betonte, es sei auch wichtig, dass man eine Beziehung zu Tieren aufbauen könne. Diesmal schienen meine Argumente besser anzukommen; die Mitglieder des Gremiums nickten und lächelten, während ich sprach. Ich dachte, ich hätte es geschafft, ich hätte bestanden. Aber ich hatte mich getäuscht, und ich war stinkwütend. Am Ende schmiss ich mein Studium komplett und verließ die Universität.

Mein Schwager arbeitete als Immobilienmakler und bot mir einen Job an. „Scheiß auf die Universität", dachte ich, „ich geh jetzt raus in die Welt, werde reich und kaufe mir meinen eigenen Wildpark mit meinen eigenen Tieren."

Eine Weile war ich ganz glücklich, aber Lisas Schwager Mark, mit dem ich mich gut verstand, redete mir eines Tages ins Gewissen: „Hör mal, Kev, Immobilien kannst du noch dein Leben lang verkaufen, wenn das wirklich dein Traumjob ist, aber nur jetzt hast du die Chance, dein Studium abzuschließen. Du hast den Grips dafür, aber du musst dich schon reinknien."

Er hatte Recht. Wenn es mir beim Verkauf von Häusern und Grundstücken primär ums Geld ging – und darum ging es mir – dann reichte das nicht aus. Nur als echter Immobilienmakler, der das Land liebt und es mit Begeisterung verkauft, macht man den Job auch wirklich gut. Ich ging zurück zur Uni und machte meinen Abschluss als Bachelor of Science.

Zwei Jahre lang studierte ich Zoologie, aber im dritten Jahr hatte ich die Nase voll von Seeigeln und Würmern. Offenbar musste man sich Jahre mit ihnen beschäftigen, bevor die Dozenten einem interessantere Themen wie Elefanten oder Löwen anboten. Da ich nicht die Möglichkeit hatte, mich noch einmal für das Studium der Tiermedizin zu bewerben, beschloss ich, das Hauptfach zu wechseln, und wählte Anatomie und Physiologie. Paradoxerweise arbeitete ich dann in meinem zweiten Jahr Physiologie mit genau den Tieren, von denen ich angenommen hatte, sie würden mir im Zoologiestudium begegnen. Wir untersuchten Wirbeltiere, alles von Ratten über Paviane bis zu Eulen, um den Aufbau ihrer Skelette und Muskeln zu lernen. Es war faszinierend, und der Dozent war brillant.

Mark, der mich bewogen hatte, zur Universität zurückzukehren, besaß ein Fitnessstudio in Morningside und entwickelte gerade ein neues Konzept, das gut zu meiner Qualifikation passte. Er vertrat die wohlbegründete Theorie, dass es vor einer geplanten Operation sinnvoll sein könnte, die Muskulatur im betroffenen Körperteil vorzubereiten, um nach der Operation, wenn der Patient wieder zum Training kam, den Prozess der Rehabilitation zu beschleunigen. Das schien eine gute berufliche Perspektive für mich zu sein. Tiere würden weiterhin zu meinem Leben gehören, aber ich dachte, da ich es als Kind nicht nötig gehabt hatte, aus meiner Beziehung zu ihnen Geld zu machen, hatte ich das auch als Erwachsener nicht nötig.

Obschon ich eng mit Mark befreundet war und mich auch mit den anderen Mitgliedern von Lisas Familie gut verstand, ging meine Beziehung zu Lisa nach fünfeinhalb Jahren für mich völlig überraschend in die Brüche. Lisa war genauso eigensinnig wie ich, und auch wenn wir uns in aller Freundschaft trennten und bis heute Freunde geblieben sind, mussten wir einsehen, dass wir nicht den Rest unseres Lebens miteinander verbringen konnten. Ich schloss mein Studium ab und hatte einen interessanten Job in Aussicht, aber da mein Liebesleben nun plötzlich in Scherben lag, brauchte ich einen klaren Schnitt und einen Tapetenwechsel. Wie so viele Südafrikaner beschloss ich, meine Heimat zu verlassen, um in England zu leben und zu arbeiten. Ich reiste im Dezember 1996 ab und dachte mir, wenn ich einen Winter in Großbritannien überleben könnte, dann würde ich alles überleben können.

Kapitel 3:

Brüder

England war grässlich. Ich konnte es nicht ausstehen.

Ich arbeitete in einer Bar und in einem CD-Laden, stellte aber bald fest, dass das nicht mein Ding war. Ich schaute mir einige Fitnessstudios an, aber die einzige Arbeit, die sie mir anzubieten hatten, war persönliches Training, und das interessierte mich nicht. Wenn ich morgens aufwachte, war es dunkel, und am Nachmittag war es stockfinster. Dazwischen grau in grau.

Ich wohnte in einem schäbigen kleinen Teil von London in der Nähe der U-Bahn-Haltestelle Kensington Olympia. Mein Apartment war düster, schmuddelig und nur über eine Treppe zu erreichen, die von der Straße nach unten führte. Als ich es zum ersten Mal betrat, fiel mir gleich der muffige Geruch von Feuchtigkeit auf. Am Ende teilte ich mein Schlafzimmer mit zwei anderen Jungs, und nebenan schliefen drei oder vier italienische Mädchen. Es gab nur ein einziges Bad und eine kleine Küche für uns alle, und wenn ich mal allein sein wollte, musste ich raus in die Kälte. Mein Anteil an der Miete für diese erbärmliche Bleibe betrug achtzig Pfund pro Woche, und damit war der größte Teil meiner Einkünfte dahin. Anfangs dachte ich noch, ich könnte mit dem Leben in London, in dieser Unterkunft, irgendwie zurechtkommen, aber dann fand ich es nur noch entsetzlich. Ich wollte weg, aber meine südafrikanischen Kumpel in Großbritannien drängten mich, zu bleiben und auf den Sommer zu warten, der angeblich traumhaft schön sein sollte.

„Ich lebe nicht dafür, auf den Sommer zu warten. Ich lebe für jetzt", erwiderte ich. Wahrscheinlich hatten sie recht, dass ich bei relativ warmem Wetter einen Sinneswandel erleben würde, aber nach zwei Monaten war ich pleite und fühlte mich so elend, dass ich heimkehrte. Es ist seltsam, wie Entscheidungen ein Leben ändern können. Wäre ich im Sommer nach England gekommen und hätte es gemocht, dann wäre ich vielleicht geblieben und hätte einen Job gefunden, der mir gefallen hätte, aber ich hätte nie Rodney Fuhr getroffen, der in meinem Leben eine so große Rolle spielen sollte.

Als ich das Terminal des damals noch Jan Smuts International Airport genannten Flughafens verließ, tat es gut, die Sonne wieder zu sehen und zu spüren, wie mich der warme, feuchte Mantel des afrikanischen Sommers wieder zum Leben erweckte. Viele Südafrikaner leben wie mein Bruder im Ausland. Manche verlassen Afrika wegen der Kriminalität in unserem Land, was schlimm ist, während andere mehr Geld verdienen oder ihren Kindern eine bessere Zukunft schaffen wollen. Trotz aller Probleme werden viele von ihnen Afrika wahrscheinlich vermissen und würden lieber heute als morgen zurückkehren. Ich jedenfalls war glücklich, wieder zu Hause zu sein, und ich genoss es, nach den Wochen voll von tristem Grau und kaltem Winterregen nun wieder einen blauen Himmel über mir zu sehen. Ich hatte auch die Bewegungsfreiheit, die es in Afrika gab, früher für selbstverständlich gehalten – das Gefühl, nicht auf engstem Raum mit anderen zusammengepfercht zu sein, ist ein Genuss.

Ich arbeitete wieder als Physiotherapeut im Fitnessstudio, und meine Lage besserte sich. Mom hatte einen neuen Partner gefunden und war aus dem Stadthaus ausgezogen, sodass ich es für mich alleine hatte. Ich fand eine neue Freundin, Michelle, und von dem Geld, das ich verdiente, kaufte ich mein erstes Motorrad – ein Kawasaki ZX7 Ninja Superbike – und fuhr damit an den Wochenenden durch die Gegend. Aber eines Tages holten mich die

Erfahrungen meiner früheren Jahre wieder ein: Auf dem Weg zur Arbeit geriet ich eines Tages in eine Öllache, und weil ich nur Shorts und ein T-Shirt trug, war ich mit Abschürfungen übersät und endete als wandelnde Kruste. Es tat höllisch weh.

Rodney Fuhr war ins Studio gekommen, um etwas für sein Knie zu tun, und ich bin sicher, dass er nicht begeistert war, als ich ihm als Trainer zugeteilt wurde. Rodney gehört zu den Leuten, die sich nie mit der zweiten Garnitur zufriedengeben. Ich behandelte Rodney genau wie meine anderen Klienten, fragte ihn nach seinen Knieproblemen, ließ ihn auf die Waage steigen, maß seine Größe, berechnete sein Körperfett und bewertete seine Fitness. Er war achtundfünfzig Jahre alt, hatte graumelierte lockige Haare, einen Schnurrbart und eine olivfarbene Haut. Ich fand, dass er für einen Mann von Ende fünfzig ziemlich gut in Form war. Er schien ein eher stiller Typ zu sein, fühlte sich unter zu vielen Fremden vielleicht unwohl und hatte sich womöglich auch darüber geärgert, dass sich nicht der Chef selbst um ihn kümmerte, sondern ein Youngster wie ich. Während der ersten Trainingsstunden redeten wir fast ausschließlich darüber, welche Übungen er machen sollte. Ich entwickelte einen Trainingsplan für ihn und half ihm, an seinem Knie zu arbeiten und die Muskeln in diesem Bereich allmählich zu stärken. Ich erfuhr allerdings, dass er ein erfolgreicher Geschäftsmann war, Eigentümer der Supermart -Kette für Bekleidung und Nonfood-Artikel in Südafrika.

Ich zog damals gerade einen Kapbrillenvogel von Hand auf, einen Winzling, der bei einem der heftigen Stürme, die zu Beginn der sommerlichen Regensaison über das Highveld fegen, aus dem Nest gefallen war. Der Gärtner des Fitnessstudios hatte ihn mir gebracht.

„*Baas*, ich weiß nicht, was ich mit diesem Ding machen soll", hatte er gesagt und mir das winzige Küken in seinen großen, schwieligen Händen gezeigt. Sogar am Arbeitsplatz und als Erwachsener galt ich immer noch als der Vogelmensch von Orange Grove. Ich zog den Kapbrillenvogel auf, bis er flügge wurde, und auch als er fliegen konnte, kam er immer noch zu mir und flatterte ins Studio, wenn ich ihn rief.

Während Rodney seine Beine gegen meine Hände stemmte und den Widerstand nutzte, um seine Muskeln zu stärken, begannen die Schranken zwischen uns zu fallen. Rodney fragte mich über den Vogel und meine Tierliebe aus, und ich erfuhr, dass er verrückt nach wilden Tieren war, vor allem nach Löwen. Rodney sponserte Ende der siebziger und während der achtziger Jahre mit einem Teil seines Vermögens eine Löwenforschungsstation im Savuti-Gebiet des Chobe National Park von Botswana.

Savuti ist ein extrem karger, heißer, sandiger Teil von Afrika, wo es zu einer bestimmten Jahreszeit viele Zebras und Gnus gibt, die ein Festmahl für die dort lebenden Löwen sind. Weil außerdem riesige Elefantenherden in der Gegend umherziehen, haben die Löwen dort auch gelernt, diese mächtigen Geschöpfe zu jagen. Ich hatte Dokumentarfilme wie *Eternal Enemies* von Dereck Joubert über die Löwen und Hyänen in Savuti gesehen, ohne zu ahnen, dass der Mann, um dessen Knie ich mich kümmerte, einmal Jouberts Arbeitgeber gewesen war. Rodney hatte auch Forschungsarbeiten von Chris McBride und anderen bekannten afrikanischen Tierforschern finanziert. Rodney hatte Dereck Joubert offenbar zu seinem ersten Durchbruch als Tierfilmer verholfen, aber während Joubert ein berühmter Dokumentarfilmer wurde, hatten er und Rodney sich über einem Filmprojekt zerstritten, das später in meinem Leben noch eine große Rolle spielen sollte.

Rodney hatte immer einen dramatischen Spielfilm machen wollen, der auf dem Leben eines Löwen basierte und in der Wildnis aufgenommenes Bildmaterial verwendete. Einige der von ihm finanzierten Leute hatten auch den Auftrag gehabt, Bildmaterial für Dokumentarfilme und das Spielfilmprojekt zu sammeln. Rodney hatte jedoch gelernt, dass manche Szenen einfach zu schwierig waren, um sie mit wild lebenden Tieren zu drehen, und er hatte deshalb den *Lion Park* in Johannesburg besucht, um Bildmaterial über Löwenbabys zu organisieren. Die Forschungsstation war eine teure Angelegenheit, und Rodney gab zu, dass er sich mit der Anschaffung von immer mehr Ausrüstung – darunter mehrere Flugzeuge – für seine Forscher und Filmemacher übernommen hatte. Sein Unternehmen hatte darunter gelitten, und so hatte er sich schließlich aus der Forschungsstation zurückgezogen und sein Filmprojekt vorübergehend eingemottet.

Brüder

Als ich Rodney kennenlernte, war er gerade dabei, sein Wirtschaftsimperium neu aufzubauen. 1998 kam er eines Tages ins Fitnessstudio und strahlte von einem Ohr zum anderen. „Weißt du was, Kev? Der *Lion Park* steht zum Verkauf, und wir haben unser Gebot abgegeben. Und weißt du was? Wir haben ihn gekauft!" Rodney wollte eine neue Forschungsstation in Sambia, nördlich von Botswana und Simbabwe, auf die Beine stellen und hatte vor, dort Land zu kaufen. Ergänzend zu dem Bildmaterial, das in der Wildnis aufgenommen worden war, besaß er jetzt eine passende Sammlung von „Extras" – Löwen und verschiedene andere Tierarten in einer bekannten Touristenattraktion am Rande von Johannesburg. Wie ich außerdem erfuhr, hatte Rodney schon lange eine Schwäche für den *Lion Park*, weil er dort seine Frau Ilana kennengelernt hatte.

„Du solltest dir die Löwen einmal ansehen. Wann immer du willst", sagte mir Rodney während unserer gewohnten Trainingsstunde.

Ich war mir nicht sicher, ob er das ernst meinte, auch wenn ich wusste, dass Rodney, obwohl er ein erfolgreicher Geschäftsmann ist, seine Reichtümer gerne mit Leuten teilt, die seine Leidenschaften teilen. Wenn er ein Flugzeug besitzt und feststellt, dass man gerne fliegt, dann besteht er darauf, einem den Pilotensitz zu überlassen. Wenn man Spaß daran hat, ist er glücklich. Zufällig kannte ich auch den von Rodney ernannten neuen Manager des Parks, Richard, den Rodney durch einen Freund von mir in Südafrika kennengelernt hatte.

Die meisten meiner Klienten waren berufstätig und bevorzugten deshalb Termine am frühen Morgen oder am späten Nachmittag außerhalb der Kernarbeitszeiten, sodass ich tagsüber viel Freizeit hatte. Ich beschloss, Rodney beim Wort zu nehmen und fuhr eines Tages über die R 512 von Johannesburg nach Muldersdrift. Ich war nur einmal als Kind dort gewesen und staunte deshalb, wie nah der Park jetzt an der Stadt lag. Damals hatte ich den Eindruck gewonnen, dass er sich mitten in der Walachei befand. Vermutlich war es damals auch so gewesen, aber in der Zwischenzeit hatten die Vorstädte ihrer Tentakel immer weiter ausgestreckt. Trotzdem nahm der Park eine gewaltige Fläche ein. Von der Straße aus sah ich Gnus grasen.

Auf dem Parkplatz und in der Rezeption tummelte sich eine Mischung aus einheimischen Familien und Touristen, die mit den Jungtieren spielen und Afrikas König der Tiere durch ihre Autofenster aus der Nähe sehen wollten. Ich traf Richard und er führte mich von den Hauptgehegen weg zu den Löwenbabys, deren Besuch mir Rodney nachdrücklich ans Herz gelegt hatte.

Die ersten waren einige gerade drei Wochen alte Weibchen. Die unglaublich niedlichen Winzlinge befanden sich in einer Box. Im weiteren Verlauf meiner privaten Tour kamen wir zu einem anderen Gehege mit zwei älteren Welpen. Mit ihren sechs oder sieben Monaten hatten sie ein Alter erreicht, in dem die Besucher des Parks sie nicht mehr streicheln konnten, und sie waren groß – sehr viel größer, als ich erwartet hatte. Einer hieß Napoleon, und der andere, noch namenlose, hatte ungewöhnlich helle Augen.

Die gängige Meinung – oder vielleicht der Aberglaube – unter Löwenhaltern besagt, wie ich später lernte, dass man nie einem Löwen mit hellen Augen trauen sollte. Wie vieles, was die Leute mir in den folgenden Jahren über Löwen erzählten, und vieles, was gängige Meinung ist, erwies sich auch dieser kluge Rat als Blödsinn.

Ich konnte es damals noch nicht wissen, aber diese beiden jungen Löwen sollten meine besten Freunde – meine Brüder – werden.

Richard gab mir Instruktionen, bevor ich das Gehege mit Napoleon und seinem namenlosen Bruder betrat.

„Schau ihnen nicht in die Augen.

Dreh ihnen nicht den Rücken zu.

Du darfst dich nicht bücken oder hinknien, sonst steigen sie dir auf den Rücken.

Du darfst nicht laufen.

Mach keine plötzlichen Bewegungen.

Schrei nicht. Rede leise und ruhig mit ihnen."

Das war eine lange Liste von Dingen, die ich beachten musste, aber ich ging unbesorgt mit Richard ins Gehege. Er ist ein großer, kräftiger Kerl, und ich habe mich bei meinem ersten Besuch ziemlich zurückgehalten. Ich habe die Löwen gestreichelt, vorsichtig, denn obwohl noch jung, waren sie doch sehr groß und einschüchternd. Wahrscheinlich ging es mir damals nicht anders als den

meisten Besuchern des *Lion Parks*. Ich dachte: „Wow, was für ein Erlebnis", aber nachdem es vorbei war, musste mein Leben weitergehen. Ich hatte einen tollen Tag gehabt, und ich denke, ich war ein wenig traurig, dass das Leben tatsächlich wie gewohnt weitergehen musste.

Als ich Rodney wiedersah, erzählte ich ihm von meinem Besuch. „Ich war im Park, und Mann, diese Löwen sind ja so hinreißend."

Rodney spürte, dass der Besuch mich beeindruckt hatte. „Du musst wieder hin und mehr Zeit mit ihnen verbringen. Besuch sie, so oft du Lust dazu hast, jeden Tag, wenn du willst."

Er war begeistert, dass mir der Besuch im Park Spaß gemacht hatte. Und er brauchte sein Angebot nicht zu wiederholen. Ich fuhr immer öfter hin. Im ersten Monat besuchte ich den Park zweimal pro Woche. Ich traf mich dort mit Richard, und er nahm mich jedes Mal auf eine andere Runde mit, bei der ich hinter die Kulissen schauen konnte. Als ich sah, wie die erwachsenen Löwen mit einem Pferdebein gefüttert wurden, konnte ich zum ersten Mal aus der Nähe beobachten, wie Großkatzen in eine Fressorgie geraten, wie sie ihre Beute mit den Krallen auseinanderreißen und die stacheligen Papillen auf der Zunge benutzen, um die Haut vom Fleisch zu lecken und das Fleisch von den Knochen zu lösen. Es war faszinierend.

Richard sagte mir, ein ausgewachsener männlicher Löwe könne 180 bis 250 Kilo wiegen. In der Wildnis verlassen junge männliche Tiere ihre Familie oder ihr Rudel, wenn sie etwa zwei Jahre alt sind. Sobald sie geschlechtsreif werden, versuchen sie, ihr eigenes Rudel zu übernehmen. Ich erfuhr, dass männliche Löwen, anders als gemeinhin angenommen, sich aktiv an der Jagd beteiligen und sie nicht allein den weiblichen Tieren überlassen. Ich fragte mich, wie es sich wohl anfühlen würde, einem dieser gewaltigen Tiere nahe genug zu kommen, um mit den Händen durch seine lange, dunkle Mähne zu fahren.

Im Camp Eins des *Lion Parks* können die Besucher im eigenen Auto auf einer Straße durch das Löwengehege fahren. Als ich meine Besuche im Park begann, fuhr ich einen Opel Kadett, einen kompakten Kleinwagen. Ich hielt an, um einige Löwen zu beob-

achten, die unter einem Baum faulenzten, und ein großes männliches Tier erhob sich und kam langsam durch das gelbe Gras auf mich zu. Ich schluckte hart und spürte, wie mein Herz schneller zu klopfen begann, während es sich näherte. Ich glaube, bis zu diesem Moment war mir noch nicht klar gewesen, wie groß ein Löwe wirklich ist. Sein schöner Kopf mit der gewaltigen Mähne war höher als das Dach meines Autos, und er blickte durch das Fenster auf mich herab.

Als er brüllte, vibrierte das Auto. Es war wie die Szene in dem Film *Jurassic Park*, wo der Tyrannosaurus Rex auf die Leute atmet, die in einem Geländewagen sitzen. Es war im wahrsten Sinne des Wortes Ehrfurcht gebietend.

Nachdem ich den Park ungefähr einen Monat lang regelmäßig besucht hatte, ließ mich Richard allein in das Gehege mit Napoleon und seinem helläugigen Bruder gehen. Als ich zum ersten Mal ohne Begleitung durch das Tor trat, dachte ich, diese beiden halbwüchsigen Löwen würden mich umbringen. Der immer noch namenlose Helläugige war streitsüchtig. Er starrte mich mit seinen durchdringenden, erbarmungslosen Augen an, warf sich dann auf mich und traktierte mich mit seinen Zähnen, Krallen und Pranken, die schon jetzt die Größe von Untertassen hatten. „Mist", dachte ich, „der Kerl will mich fressen!" Heute weiß ich, dass er einfach nur spielen wollte.

Aber dieses Spiel glich eher einer Misshandlung. Als der Helläugige seine Kiefer um meine Hand schloss und begann, seine nadelspitzen Zähne in mein Fleisch zu senken, hatte ich das Gefühl, er würde mir die Hand abreißen. Aber so gerne ich mit diesen beiden Löwen zusammen war, hielt ich es doch für besser, ihnen nichts aufzuzwingen. Ich machte lieber gute Miene zum bösen Spiel und hielt ihr Reißen und Beißen aus, bis sie genug davon hatten.

„Mensch Richard, ist das nicht doch gefährlich?", fragte ich eines Tages mit einem Blick auf meine frischen Kratzer und mein zerrissenes Hemd. Die Hemden kaufte ich inzwischen beim Discounter, weil mindestens eins pro Woche in Fetzen ging.

„Keine Ahnung, Kev", erwiderte er.

„Na klasse", dachte ich, „und du bist der Experte. Einfach super." Was die Löwenhaltung anging, war Richard damals vermutlich kein größerer Experte als ich.

Richard ging weiterhin zu den beiden jungen Löwen ins Gehege, und da ich nie einer Herausforderung widerstehen konnte, ging ich ebenfalls hinein. Aber ich gebe zu, dass mir die Sache nicht ganz geheuer war, denn auch wenn manche Freunde und Verwandte das Gegenteil behaupten, bin ich keineswegs lebensmüde.

„Du solltest dem Kerl mit den hellen Augen einen Namen geben", meinte Richard eines Tages, als ich die Fetzen meines zerrissenen Hemdes inspizierte. Ich hatte kurzfristig Overalls getragen, wenn ich zu den Löwen hineinging, aber es war so heiß, dass ich schon bald zu meinen Billighemden zurückgekehrt war.

Ich war mir nicht sicher, ob Richard seinen Vorschlag ernst gemeint hatte, und so wartete ich, bis Rodney zur nächsten Übungsstunde ins Fitnessstudio kam. Rodney freute sich offenkundig darüber, dass ich meine Zeit so gerne mit den Löwen verbrachte, aber da sie nun einmal ihm gehörten, bat ich ihn um seine Erlaubnis für die Namensgebung. Sie wurde mir mit dem größten Vergnügen erteilt.

Es sollte kein abgedroschener Name wie Savuti oder Serengeti sein. Nachdem ich mir stundenlang den Kopf darüber zerbrochen hatte, entschied ich mich für Tau, was in der Tswana-Sprache Löwe bedeutet. Ich war schon etwas anspruchsvoller als bei der Auswahl des Namens für meinen Frosch. Tau war ein guter, starker, origineller Name, und ich war stolz darauf. Später erfuhr ich allerdings, dass der Ausdruck Tau in fast jedem zweiten Namen von Safari-Hütten oder -Lagern in Südafrika vorkommt.

Während einer Übungsstunde im Fitnessstudio erwähnte Rodney, dass viele seiner Führungskräfte bei Supermart nicht fit, übergewichtig oder schlecht in Form waren. Er fragte mich, ob ich nicht Lust auf einen festen Job bei ihm hätte, um mich einen Teil des Tages als privater Trainer um ihn und seine Belegschaft zu kümmern und den Rest des Tages Freizeit zu haben, die ich im *Lion Park* verbringen konnte.

Ich war nicht besonders scharf darauf, als privater Trainer zu arbeiten, und hatte mich in England von solchen Jobs bewusst ferngehalten, aber Rodneys Angebot reizte mich trotzdem. Erstens würde ich ihm etwas zurückgeben können, und zweitens würde es meinen täglichen Besuchen bei seinen Löwen einen förmlichen Rahmen verleihen. Ich verbrachte mehr und mehr Zeit mit Tau und Napoleon, und mir wurde nun klar, dass ich dabei war, eine enge Beziehung zu den rasch wachsenden Jungtieren aufzubauen. Ich hatte nicht nur einem von ihnen seinen Namen gegeben, sondern auch zwei von den weiblichen Löwenbabys, die ich gesehen hatte, als ich zum ersten Mal meinen Jungs begegnete: Sie hießen nun Maditau und Tabby.

Wenn Tau und Napoleon genug davon hatten, mich zu beißen und zu kratzen, setzte ich mich täglich zwei bis drei Stunden zu ihnen ins Gehege und beobachtete sie einfach nur. Es ging mir nicht darum, die allseits akzeptierten Regeln des Umgangs mit Löwen zu brechen, aber ich hatte festgestellt, dass die Regel, man dürfe sich in der Gegenwart von Löwen nicht setzen oder hocken, mir Probleme bereitete, nicht zuletzt im Hinblick auf meine Garderobe. Ich hatte den Eindruck, wenn die Löwen an mir hochsprangen oder mich mit ihren Krallen traktierten, dann versuchten sie, mich auf ihre Ebene herunterzuziehen. Nachdem wir eine Weile näher am Boden gespielt hatten, ließen sie schließlich von mir ab, und wir saßen dann still nebeneinander im Gras, aber ohne uns zu berühren.

Während wir dort saßen, begann ich darüber nachzudenken, inwiefern sie sich ähnlich waren und worin sie sich voneinander unterschieden. Napoleon kam mir vor wie ein lange verlorener Bruder, mein Seelengefährte, der in einem Löwenkörper gefangen war. Er ist königlich, selbstsicher, sieht auf eine ungeschliffene Art gut aus und ist extrem leidenschaftlich veranlagt. Er ist ein Löwe, der handelt, ohne vorher viel nachzudenken. Kommt Ihnen das bekannt vor? Tau ist ebenfalls, aber auf andere Weise, mein Seelengefährte. Er ist ein Löwe, den die Leute in seinen jüngeren Jahren nicht so sehr mochten, weil er eine komplizierte Persönlichkeit hat. Doch ich wusste, dass er nur etwas Verständnis, Geduld und Liebe brauchte. Tau ist sich nie sicher, was die Leute vorhaben, und deshalb immer ein wenig reserviert. Er springt nicht einfach mitten ins Feuer. Seine schüchterne Art, die im Gegensatz zu seinen kristallklaren Augen steht, ist das, was die Menschen so faszinierend an ihm finden. Wenn Tau schlecht gelaunt ist, kann man, anders als bei Napoleon, nichts dagegen tun. Er braucht Zeit, genau wie ich, wenn ich schlechte Laune habe. Nichts hasse ich mehr, als wenn irgendjemand meint, er könnte meine Stimmung bessern. Es dauert eine Weile, bevor Tau sauer wird, aber wenn es soweit ist, sollte man ihm nicht in die Quere kommen. Er bringt einen um, und stellt erst später Fragen.

Als Rodney erfuhr, wie viel Zeit ich im Park verbrachte, bot er mir an, dafür ebenso zu zahlen wie für das private Training. Damals gab es gerade einige Änderungen im Management, und ich denke, er brauchte jemanden in der Belegschaft, den er kannte. Ich wurde als Betreuer eingestellt, der sich um das Wohlbefinden der Tiere und um Anregungen für sie kümmern sollte. Mein Job bestand hauptsächlich darin, dafür zu sorgen, dass die Tiere beschäftigt und zufrieden waren. Ehrlich gesagt, ich war mir nicht ganz sicher, was diese Arbeitsplatzbeschreibung bedeutete, aber ich wusste, dass sie beinhaltete, mit Tau und Napoleon zusammen zu sein, und das genügte mir. Bisher hatte ich nachmittags immer noch mit Klienten im Fitnessstudio gearbeitet, aber die neue Vereinbarung sah so aus, dass ich vormittags Rodneys Supermart-Mitarbeiter trainierte und meine Nachmittage komplett im *Lion Park* verbrachte.

Ich glaubte damals und bin auch heute noch davon überzeugt, dass es wichtig ist, Tieren in der Gefangenschaft Anregungen zu bieten und sie zu beschäftigen, und das entspricht auch meinen eigenen Bedürfnissen. Ich bin ein aktiver Mensch und muss immer etwas zu tun haben. Ich könnte nie ein Tierpfleger sein, der draußen vor dem Gehege steht und das Tor nur öffnet, wenn der Wagen mit dem Futter kommt. Ich besuchte alle Tiere im Park regelmäßig jeden Tag, prüfte ihre Gehege, schaute nach, ob sie genug Futter und Wasser hatten und überlegte, was verbessert werden konnte.

Als ich offiziell im Park zu arbeiten begann, war Richard schon nicht mehr da, und ein neuer Manager, Ian Melass, richtete sich gerade ein. Ich verstand mich gut mit ihm. Ich bin sicher, dass viele Leute im Park nicht wussten, was sie von mir halten sollten. Hier war ich der „Informant" des obersten Chefs, der eine Menge Zeit

bei den Löwen im Gehege verbrachte und eine Beziehung zu ihnen aufbaute. Darüber hat manch einer bestimmt die Stirn gerunzelt.

Alex, ein Löwentrainer aus England, gehörte zweifellos zu denen, die meine Methoden unorthodox fanden. Richard hatte ihn eingestellt, bevor er den Park verließ. Alex betrat das Löwengehege grundsätzlich nur mit einem Stock bewaffnet, wie es in seiner Heimat üblich und auch generell für Trainer akzeptierte Praxis war. Aber Tau und Napoleon waren nicht an Leute mit Stöcken gewöhnt, mochte es nun akzeptierte Praxis sein oder nicht.

Tau konnte Alex nicht leiden, und Alex zog es vor, nicht mit ihm zu arbeiten. Er vertrat die Meinung, mit Tau könne man nicht arbeiten, und der Park solle ihn deshalb verkaufen. Man könne Tau wegen seiner hellen Augen nicht trauen. Tau und Napoleon wuchsen gerade mächtig und bekamen ihre Mähnen. Sie waren keine Jungtiere mehr, und einige Leute fürchteten allmählich um meine Sicherheit. Sie machten sich Sorgen, weil ich vor den Löwen in die Hocke ging und fanden es unglaublich, dass ich angefangen hatte, ihnen Fleischstücke mit der Hand zu füttern und sie Wasser aus meinen Händen trinken ließ. Das gehörte ebenfalls zu den Dingen, die man nie mit Löwen machen sollte, aber ich tat es schon seit Monaten.

Rodney, der damals fast eine Art Vater für mich geworden war, nahm mich eines Tages im Park beiseite. „Ich habe von einigen Dingen gehört, die du mit den Löwen machst, Kevin, und ich bin besorgt. Du rollst dich beim Spielen mit ihnen auf dem Boden rum ... ist das nicht vielleicht zu viel körperliche Nähe?"

„Rod, ich sitze nur bei ihnen, das ist alles", erwiderte ich und verschwieg damit ein paar Kleinigkeiten wie die, dass ich ihnen ins Maul griff, sie bei den Fangzähnen packte und an ihren Zungen zog.

„Und wenn sie nun eines Tages ernsthaft über dich herfallen?"

Andere Leute hielten mich für völlig durchgeknallt, wenn sie sahen, wie ich mit Taus Zähnen spielte und an seiner Zunge zog.

Um den anderen Trainern gegenüber fair zu sein, muss ich auf einen Unterschied zwischen ihnen und mir hinweisen: Ich trainierte weder Tau und Napoleon noch irgendwelche anderen Tiere mit dem Ziel, sie für Film- oder Fernsehaufnahmen fit zu machen oder ihnen irgendetwas Besonderes beizubringen. Ich baute einfach eine Beziehung zu vielen Bewohnern des *Lion Parks* auf, und im Verlauf dieses Prozesses wurde das Verhältnis zwischen Tau, Napoleon und mir immer enger – fast so, als wären wir drei Brüder. Ich tat das alles, weil ich es wollte, und weil ich dachte, es würde ihnen Spaß machen – nicht um ihnen irgendwelche Tricks für die Kamera beizubringen.

Der *Lion Park* bekam eine Anfrage von einer Werbefirma, die für eine Fernsehwerbung einen Löwen mit einer gut entwickelten Mähne suchte.

Tau und Napoleon waren damals unsere ältesten männlichen Löwen, und Ian, der mit dem Klienten verhandelt hatte, fragte mich, ob ich mit von der Partie sein wollte.

„Was meinst du?", wollte er wissen. „Du hast eine gute Beziehung zu Tau und Napoleon. Glaubst du, du könntest einen von ihnen dazu bringen, von links nach rechts vor der Kamera herzugehen?"

Das klang ziemlich einfach. Richard, der frühere Manager, hatte zwar ebenfalls begonnen, eine Beziehung zu Napoleon aufzubauen, aber nachdem er den Park verlassen hatte, ging nur noch ich zu den beiden Jungs ins Gehege, und Alex, der Trainer, hatte ja schon erklärt, dass er nicht mit Tau arbeiten wollte.

Und so arbeitete ich also an einem Filmset mit Tau und Napoleon als Star und Double.

Als der große Tag gekommen war, fühlte ich mich gar nicht mehr so sicher, dass es einfach sein würde, doch sobald die Kameraleute sich in einem löwensicheren Käfig eingerichtet hatten, rief ich Tau, und er ging von links nach rechts vor der Kamera her. „Guter Junge, toll gemacht, Tau", sagte ich, kraulte ihn, nahm seinen großen Kopf mit der dicken Mähne in die Arme und bot ihm mit der Hand ein Stück Fleisch an.

Ich hatte die Löwen nicht darauf abgerichtet, auf Futterangebote zu reagieren – ich hatte sie überhaupt nicht abgerichtet. Meist war ich gar nicht in der Nähe, wenn sie gefüttert wurden, und so war Tau nicht etwa zu mir gekommen, weil er mich mit Futter in Verbindung brachte. Er war gekommen, weil ich ihn gerufen hatte, und als Bonus bekam er ein Stück Fleisch. Die Filmleute waren

Ein Foto für die Pressemappe zum Film *der weiße Löwe*. Thor benimmt sich vor der Kamera vollkommen natürlich.

Eins der vielen niedlichen Löwenbabys, die im Film den Titelhelden „Letsatsi" gespielt haben.

Eine kurze Zahninspektion. „Alles in Ordnung, Gandalf, aber in Zukunft solltest du Zahnseide benutzen."

Das sind die Momente mit den Löwen, die ich wirklich liebe. Tabby und ich verstehen uns ohne Worte und sind beide im Einklang mit den Gedanken des anderen.

„Sag aaaaah!" Zahnkontrolle bei der gefleckten Hyäne Shanzi.

Zutritt zur Höhle des Löwen. Die Mutter (Maditau) ist keinen halben Meter von ihren neugeborenen Jungen entfernt.

Sie rennt ...

Sie springt ...

Sie schlägt zu! Das dürfen nur wenige Löwinnen mit mir machen. Meg und ich haben eine besondere Beziehung, die es uns ermöglicht, wie Löwen zu spielen. Wir tun das jetzt seit sieben Jahren– ohne Zähne, ohne Krallen, nur ausgelassenes Spiel!

Der weiße Animatronic - Löwe hat keine Ahnung, was ihm bevorsteht. Thunder wird ihn gleich vernichtend schlagen. Drei Kameras filmen eine Kampfszene zwischen „Letsatsi" und „Kudzindza" für *Der weiße Löwe*.

Nicht nur die großen Raubtiere haben mein Herz erobert. Kein anderes Tier bringt mir soviel Zuneigung entgegen wie Nandi, Das Schakal-Weibchen. Sie hält mich für ihren Seelengefährten. Schakale sind ihrem Partner ein Leben lang treu!

Hier breche ich mit meinem Bruder Tau einige Regeln. 1) Geh niemals zu einem Löwen ins Gehege, wenn du verletzt bist (mein rechtes Bein ist gebrochen, deshalb der Moon-Boot), 2) Setz dich in Gegenwart eines Löwen niemals hin, und 3) Versuche nie, einem Löwen etwas wegzunehmen.

Teil des Rudels

glücklich, und der Rest des Tages verlief absolut planmäßig. Napoleon mischte ebenfalls mit, und es wurden einige Szenen gefilmt, in denen beide Löwen gemeinsam vor der Kamera herliefen.

Die Leute versuchen mich immer in eine Schublade zu stecken, aber ich passe in keine der stereotypen Vorstellungen von einem Löwentrainer. Ich habe seit diesen ersten Filmaufnahmen mit Löwen bei vielen anderen Werbespots, Dokumentarfilmen und Spielfilmen mitgewirkt, aber ich halte mich nicht für einen „Löwen-Cowboy". Ich bin auch kein *leeu boer*, wie man in Afrikaans den Löwenfarmer nennt – jemand, der Löwen für Zoos oder die Jagd züchtet – obwohl ich schon Löwenwelpen aufgezogen habe. Ich habe zwar einige Jahre Zoologie studiert, bin aber trotzdem kein Zoologe, und auch wenn ich mein Leben lang Tiere und ihr Verhalten aufmerksam beobachtet habe, bin ich doch kein Tierverhaltensforscher. Tau und Napoleon haben bei diesem ersten Werbespot und vielen weiteren Aufnahmen getan, was ich wollte, aber ich bin kein Löwendompteur. Meine Jungs haben getan, was sie getan haben, weil *sie* es wollten. Natürlich wussten sie, dass ich eine Belohnung für sie hatte, aber ich habe ihnen nie Futter versprochen, um sie zu einem Verhalten zu bringen, das nicht ihrer Natur entsprach.

Schließlich gab Rodney mir einen Vollzeitjob im *Lion Park*, und ich konnte das persönliche Training aufgeben, worüber ich nicht unglücklich war. Ich hatte etwas gefunden, was ich wirklich gerne tat, und mein Leben hatte sich dadurch grundlegend verändert – beruflich und persönlich ging es mir jetzt sehr viel besser.

Zur gleichen Zeit begann Rodney Fuhr damit, ein neues Forschungszentrum in Sambia aufzubauen. Er hatte in der Gegend von Maziba Bay am Ufer des mächtigen Sambesi-Flusses Land gekauft, aber jetzt kam es dort zu Problemen. Als die Managerin erschossen wurde, gab Rodney das Gelände auf und investierte in ein anderes Gebiet in den Liuwa Plains.

Eine meiner Aufgaben bestand darin, bei der Organisation der Logistik für das neue Zentrum zu helfen. Die Liuwa Plains liegen im Westen von Sambia nahe der Grenze zu Angola. Es ist eine wilde, entlegene Gegend, wo jedes Jahr eine Gnu-Wanderung stattfin-

det, die nach der Serengeti-Msai -Mara -Wanderung als die zweitgrößte in Afrika gilt. Während der langen Zeit der Bürgerkriege in Angola hatten Wilderer die Tierpopulation stark dezimiert. Zudem gab es in diesem Gebiet viele unterschiedliche Raubtierarten, aber auch ihnen hatten die Wilderer und die um ihre Sicherheit fürchtenden Dorfbewohner schwer zugesetzt. Der von Rodney finanzierte Forscher wollte nun dort die Migration und Anwesenheit von Hyänen untersuchen.

Ich musste die Lieferung von Betriebsmitteln und Hilfsgütern mit einem Unimog Geländewagen organisieren, der zur Versorgung des Lagers angeschafft wurde. Rodney kaufte außerdem ein Ultraleichtflugzeug und wollte den Forscher zum Piloten ausbilden, damit er die Gnuwanderung aus der Luft verfolgen konnte. Es war eine interessante Aufgabe, und wie die Arbeit mit den Löwen war es Neuland für mich. Ende 2000 belohnte mich Rodney für meine Hilfe beim Aufbau des Camps mit dem Angebot, die Plains zu besuchen.

Es war eine atemberaubend schöne, weit offene Landschaft, deren smaragdgrüne Wiesen sich bis zum fernen Horizont erstreckten. Es schien mir der einsamste Ort, den ich je in Afrika gesehen hatte, aber in Wirklichkeit hatten sogar hier die Menschen und Tiere Probleme, nebeneinander zu existieren. Der Lozi-Stamm lebte an der Grenze des Liuwa Plains National Parks und ließ dort sein Vieh weiden. Da der Park leider nicht eingezäunt war, verließen ihn die Raubtiere immer wieder, weil sie auf den Viehweiden leichte Beute fanden. Wilderer und Viehbesitzer hatten daraufhin zu den Waffen gegriffen, und die Löwenpopulation der Kiuwa Plains war bis auf eine Handvoll Tiere dezimiert worden. Eine Löwin, Lady Liuwa, hatte sich zwischen die Zelte und Bauminseln rund um Rodneys Camp zurückgezogen, weil sie instinktiv wusste, dass hier für sie wahrscheinlich der einzige sichere Platz auf den Plains war.

Zurück in Südafrika spielte ich den Gastgeber für einen Mann, den Rodney in Sambia kennengelernt und zu einem Besuch des *Lion Parks* eingeladen hatte. Als inoffizieller Führer zeigte ich ihm den Park und ging dann zu Tau und Napoleon ins Gehege. Wie immer rollte ich mit den Jungs auf dem Boden herum, spielte mit

ihren Zähnen und Zungen und legte mich auf sie, aber ich merkte, dass dem Besucher die Sache nicht gefiel.

Anschließend ging ich ins Gehege der beiden Löwinnen, die ich von klein auf kannte, Maditau und Tabby. Die Mädels spielten ebenfalls ziemlich ruppig, und während ich Maditau umarmte, sprang mir Tabby auf den Rücken. Sie wollte mir nicht wehtun, aber sie hatte ihre Krallen ausgefahren, mit denen sie nicht nur mein Hemd zerriss, sondern mir auch einen Kratzer an der Rückseite meines Ohres zufügte. Die Verletzung war nicht tief, aber als typische Kopfwunde blutete sie heftig. So wie Napoleon und Tau ganz verschiedene Persönlichkeiten sind, unterscheiden sich auch die beiden Löwinnen. Maditau wurde die beste Löwenmutter, die mir je begegnet ist. Sie ist eine klassische Schönheit und hat kein einziges Mal verworfen. Maditau ist die Verantwortungsbewusste, die keine Zeit für Blödsinn hat. Tabby dagegen ist eine Löwin, der das Leben zu viel Spaß macht, als dass bereit wäre, für ihre Nachkommen auf irgendetwas zu verzichten. Sie ist lebhaft und ausschweifend, und wenn sie ein Mensch wäre, würde ich sie wahrscheinlich ausgesprochen sexy finden. Sie ist gewissermaßen die Angelina Jolie der Löwenwelt. Sie ist immer zu Spaß und Spiel aufgelegt, und das Leben ist für sie viel zu kurz, um es faul unter Bäumen liegend zu vertrödeln.

„Raus da, schnell raus!", schrie mich der Besucher an. „Sie bluten. Diese Löwin bringt Sie um!"

Ich wischte das Blut hinter meinem Ohr weg und schob Tabby von meinem Rücken. „Nur mit der Ruhe, Mann. Sie greift mich nicht an. Sie ist eins von meinen Mädels."

Der Typ glaubte mir nicht und wandte sich hinter meinem Rücken an Rodney. „Der Kerl ist verrückt und wird irgendwann von den Löwen umgebracht." Er fragte Rodney, ob er sich die schlechte Publicity leisten könne, wenn Kevin von einem seiner zahmen Löwen gefressen würde. Ich bin sicher, dass der Besucher aus Sambia andere Leute im *Lion Park* im Rücken hatte, und Rodney musste mich wieder einmal zu einem Gespräch unter vier Augen beiseitenehmen.

„Das fällt mir jetzt ziemlich schwer, Kev", begann Rodney. „Es gibt da was, worüber ich schon eine ganze Weile mit dir reden wollte,

und deshalb komme ich gleich zur Sache. Der Mann aus Sambia hat mir gesagt, dass du zu wild mit den Löwen spielst und sie zu wild mit dir umgehen. Vielleicht solltest du es etwas ruhiger angehen.“

Wenn andere Leute in der Nähe waren, schaltete ich nun also mein Spiel mit den Löwen einen Gang zurück, aber wenn ich mit Tau und Napoleon oder Maditau und Tabby alleine war, dann rollte ich genau wie vorher mit ihnen über den Boden und war selbst ein Löwe. Doch die Leute beobachteten mich heimlich, und im Park wurde erneut darüber diskutiert, dass wir eine Waffe bei uns haben sollten, beispielsweise ein Gewehr oder einen Elektroschocker, ähnlich einem elektrischen Viehtreiber. Pfefferspray war ebenfalls im Gespräch, doch kann es einen Löwen nur kurzfristig ablenken und bringt, wenn er in Rage gerät, nicht mehr als ein Mundspray.

Eine Weile musste ich eine Schusswaffe bei mir haben und wurde mit einer riesigen 44er Magnum ausgestattet – sie gleicht der Waffe, die Clint Eastwood in den *Dirty Harry* Filmen trägt. Ich fühlte mich damit wie eine Lachnummer, denn ich sah aus wie die Hollywood-Parodie eines Löwenbändigers. Außerdem war der Lauf so lang, dass er mich störte, wenn ich mit den Löwen herumrollte, weil er ihnen und auch mir in die Seite stach. Ich wollte zudem auf keinen Fall gesehen werden, wie ich mit einer solchen Waffe herumlief oder in mein Auto stieg. Johannesburg hat genug Probleme mit bewaffneter Kriminalität und Autodieben, die Leute kidnappen. Ich wollte nicht eines Abends irgendwelchen Ganoven in die Hände fallen, die dann beim Anblick meiner Kanone in Panik geraten und auf mich schießen würden. Für kurze Zeit hatte ich stattdessen eine stupsnasige 38er dabei, um alle zufriedenzustellen, aber im Laufe der Zeit nahm ich sie immer seltener mit. Es war ein bisschen so, als würde man mit einem Stock bewaffnet ins Gehege gehen, denn eine kleinkalibrige Pistole konnte gegen den ernsthaften Angriff eines ausgewachsenen Löwen nicht mehr ausrichten als ein Holzknüppel. In einem letzten Kompromiss erklärte ich mich bereit, Pfefferspray dabeizuhaben, und das half mir später tatsächlich einmal, das Leben eines Löwen und eines Menschen zu retten.

Kapitel 4:

Das Rudel

Ich betrat die Ambulanz des Krankenhauses von Sunninghill in Johannesburg in meinem blutbesudelten Hemd und hielt die Hand über meine Nase. Als der Arzt meine Hand wegzog, löste sich auch der größte Teil meiner Nase vom Gesicht.

Wie in meiner Kindheit bin ich mit den Ärzten und Schwestern von Sunninghill auf du und du, und wenn ich mal wieder blutüberströmt auftauche, lautet die erste Frage meist: „Löwe oder Hyäne, Kev?" Meist antworte ich Hyäne, denn abgesehen von meinen Motorradunfällen (und dem Vorfall mit der im Zahnkranz des Fahrrads abgerissenen Zehe) haben diese Tiere mir bei meiner Arbeit die schwersten Verletzungen zugefügt. Eine Hyäne namens Bongo hatte mir zwei Monate vor der Hochzeit mit meiner schönen Frau Mandy fast die Nase aus dem Gesicht gerissen.

„Das wird jetzt wehtun, Kev", sagte der Doktor, während er sich seinem glänzenden Tablett voll steriler Marterwerkzeuge zuwandte, das die Schwester für ihn vorbereitet hatte.

Ich fürchte nicht viel im Leben. Ich habe Superbikes gefahren, ich fliege, ich verdiene meinen Lebensunterhalt durch die Arbeit mit Löwen, aber nichts fürchte ich so sehr wie eine Nadel, die durch meine Haut sticht. Ich hasse sie wie sonst nichts auf der Welt. Ganz ernsthaft, ich könnte nie heroinabhängig werden. Der Gedanke an eine Nadel, die in meinem Körper steckt, ist für mich der Gipfel aller Schrecken. Im Laufe der Jahre ist es zwar besser geworden, aber für jemanden, der so viele Kratzer, Bisse und Schnitte einsteckt wie ich, ist das eine wirklich üble Phobie.

„Danke für die Warnung, Doc", erwiderte ich. Ich versuchte zwar, tapfer zu sein, zuckte aber trotzdem unter dem Schmerz zusammen, den das Sprechen in meiner Nase verursachte. Ich nahm an, dass er bewusst übertrieb, damit es nicht so schlimm sein würde, wie ich befürchtet hatte, wenn sich die grässlich scharfe Spitze in das zerrissene Fleisch meines Gesichts bohrte.

„Es wird höllisch beißen und mindestens fünf Minuten wehtun", sagte der Doktor, während er mit seinen behandschuhten Händen nach der Spritze griff und den Kolben etwas nach oben schob, um eine Luftblase zu entfernen.

„Ich hab gedacht, dass die Nase vielleicht nicht zu den empfindlichsten Körperteilen gehört", schniefte ich durch einen Mund voll Blut und Schleim.

Er lächelte ein wenig. „Kev, das wird brennen, als hätte jemand Säure in die Wunde gekippt, und dann wird es sich so anfühlen, als hätte ich dir die ganze Nase aus dem Gesicht gerissen."

„Danke, Doc." Er hatte recht. In allen Punkten.

Später, als ich nicht mehr heulte und der Doktor meine jetzt taube Nase wieder angenäht hatte, beantwortete ich die obligatorische Frage der Ambulanzschwester: „Löwe oder Hyäne?"

„Weder noch."

Ich erklärte, dass ich in ein Hyänengehege gegangen war und das Tor geschlossen hatte. Meine Hyänenfreunde waren wie immer an mir hochgesprungen, um mich zu begrüßen. Wie Hunde lassen sich Hyänen gerne das Kinn kraulen, und Bongo war der erste Kandidat für diese Sonderbehandlung. Ich saß mit ihm auf dem Boden, als eine andere Hyäne sich unbemerkt von hinten näherte. Während ich mit Bongo redete, berührte das andere Tier – ich weiß nicht genau, wer es war – mit seiner Nase meine Wange. Ich erschrak, und als ich den Kopf drehte, geriet ich mit der Nase an ein scharfes Stück Stahl, das aus dem Sicherheitstor vorstand. Als ich den Kopf herumriss, zerfetzte das Metall die Haut bis herunter zum Septum.

Es ist ein Mythos, dass zahme Hyänen über einen Menschen herfallen, sobald sie Blut riechen. Als ich eine Hand über meine blutenden Nase hielt und taumelnd auf die Füße kam, leckte Bongo meine freie Hand, als wollte er sagen: „Kev, warum gehst du denn, Kumpel? Wir hatten doch so viel Spaß."

Rodney Fuhr hatte schon zu meiner Anfangszeit im *Lion Park* beschlossen, dass er weitere Tierarten einführen und aus dem Löwenpark einen Raubtierpark machen wollte. Im Laufe der Zeit umfasste die Artenliste Geparde, Wüstenluchse, Schakale, Wildhunde, Leoparden, schwarze Panther und sogar einen südamerikanischen Jaguar, aber die erste Neuerwerbung waren gefleckte Hyänen.

Hyänen haben einen schlechten Ruf als marodierende Aasfresser, und dieser Ruf wird durch Hollywood, Dokumentarfilmer und sogar die einheimische afrikanische Tradition lebendig erhalten. In manchen Teilen des Kontinents glauben die Leute, dass Hexen auf dem Rücken von Hyänen durch die finstere Nacht reiten. In Wirklichkeit sind Hyänen jedoch intelligente Raubtiere, die sowohl jagen als auch Aas fressen. Sie leben nach strengen Regeln in Rudeln, die von den weiblichen Tieren beherrscht werden. Das ranghöchste männliche Tier in einem Hyänenrudel steht immer noch unter dem rangniedrigsten weiblichen Tier. Es ist so ähnlich wie in der Ehe.

Ehrlich gesagt hielt ich Rodney für etwas verrückt, aber er war der Boss. Keiner der Mitarbeiter im Park hatte viel Ahnung von Hyänen, doch wir griffen zum Telefon und fanden schließlich jemanden, der gefleckte Hyänen in Gefangenschaft züchtete. Er war bereit, uns zwei Welpen zu einem, wie ich fand, astronomischen Preis zu verkaufen. Aber Rodney zahlte, und die Hyänenbabys namens Ed und Shanzi wurden geliefert.

Die kleinen Kerle waren aggressiv wie verärgerte Hornissen, und obwohl ich Rodneys Logik, sie zu kaufen, nicht ganz folgen konnte, war ich doch von ihnen fasziniert. Zunächst mussten wir ihr Geschlecht ermitteln. Das ist nicht so einfach, wie es sich anhört, vor allem, wenn man noch nie eine Hyäne aus der Nähe gesehen hat. Weibliche Tiere haben äußere Geschlechtsorgane – also eine Art Penis. Wir alle versuchten, den Unterschied festzustellen – in der Annahme, wir hätten ein weibliches und ein männliches

Tier – und es war meine Aufgabe, die Kleinen in der Leistengegend zu kitzeln, um eine Reaktion auszulösen. Ich kam mir vor wie ein Hyänen-Perverser. Die beiden Babys sahen da unten ziemlich gleich aus, und wir hielten sie beide für Männchen.

Die Leute erzählten mir von Anfang an, Hyänen seien keine Löwen, und es sei völlig ausgeschlossen, mit ihnen so umzugehen, wie ich es mit Tau und Napoleon tat.

Das sind Tiere, die man zur Schau stellt, keine, mit denen man eine Beziehung haben kann", sagte mir jemand, der wahrscheinlich noch weniger über Hyänen wusste als ich. „Vielleicht kannst du mit ihnen spielen, solange sie klein sind, aber nach einem Jahr reißen sie dich in Stücke."

Wie üblich wollte ich das selbst herausfinden, und die beiden Zwerge zerlegten mich mit ihren Zähnen. Ich war Kev, der Hyänen-Sandsack und das Hyänen-Nadelkissen. Ich ging zu Ed und Shanzi ins Gehege, und sie verwüsteten meine Fußgelenke. Meine Unterschenkel waren mit blauen Flecken übersät, und wenn sie meinen Arm zu fassen bekamen, hatte ich das Gefühl, sie würden ihn gleich abbeißen. Ich fürchtete diese Hyänenbabys weit mehr als ich Tau und Napoleon jemals gefürchtet hatte.

Trotzdem nahm ich nie einen Stock mit ins Gehege und versuchte es mit derselben Taktik wie bei den Löwen. Allmählich verloren die Babys die Lust daran, mich zu beißen, und setzten sich in einiger Entfernung von mir hin. Obwohl sie mir wehtaten und die Leute mir immer wieder sagten, ich würde meine Zeit verschwenden, taten sie mir in ihrem kleinen Gehege einfach leid. Ich war der Meinung, dass sie Anregungen brauchten, und wenn die in Gestalt meiner Fußgelenke und Unterschenkel kamen, dann war das eben so. Außerdem wollte ich mich nicht geschlagen geben.

Bei den Besuchern waren die Hyänen beliebt, und so kauften wir drei weitere, Trelli, Bonnie und Chucky. Wir hielten Trelli zunächst für ein Mädchen, aber als Bonnie ihren Phallus eines Tages in seiner ganzen Pracht präsentierte, konnten wir uns alle davon überzeugen, wie sehr er sich von den anderen unterschied, und so wussten wir nun endlich, dass wir ein Mädchen und vier Jungs hatten. Das herauszufinden war ein reichlich verwirrender Prozess gewesen.

„Hallo Kevin, hier spricht Maureen."

Ich rieb mir den Schlaf aus den Augen und murmelte ebenfalls einen Morgengruß in mein Mobiltelefon. Es war noch früh, und ich fragte mich, warum Maureen, unsere örtliche Reiseveranstalterin, die häufig den *Lion Park* besuchte, mich zu Hause anrief.

„Kevin, ich wollte dir nur sagen, dass ein paar gefleckte Hyänen auf der N14 unterwegs sind, und ich dachte, es könnten vielleicht deine sein."

Ich überschlug mich fast, um in die Kleider zu kommen, sprang in meinen Geländewagen und raste los zum *Lion Park*. Die N14 ist eine vielbefahrene Verbindung zwischen Krugersdorp und Pretoria, und morgens staut sich dort der Berufsverkehr. Ich rief Ian im Park an, und er bestätigte mir, dass Bonnie und Chucky es mal wieder geschafft hatten.

Inzwischen weiß ich, dass Hyänen ziemlich schlaue Tiere sind, und Bonnie und Chucky waren unsere beiden Ausbrecherkönige. Im Alter von sechs Monaten entkamen sie aus jedem Gehege, das wir für sie finden oder bauen konnten. Sie wussten, wo sich der Riegel am Tor befand, und wenn ein nachlässiger Wärter vergaß, das Vorhängeschloss einzurasten, gelang es Bonnie und Chuckie, den Riegel aus der Sperre zu schieben und das Tor mit ihren Nasen zu öffnen. Sie waren schon drei oder vier Mal ausgebrochen, hatten ihre Erkundungsgänge aber bisher auf die äußere Eingrenzung des Parks beschränkt. Ich stellte mir schon die Schlagzeilen vor, während ich die Straßen rund um Muldersdrift nach den beiden Flüchtlingen absuchte und die N14 auf- und abfuhr.

Das Telefon klingelte, und ich griff danach, während ich weiterfuhr und meine Blicke über die Straße schweifen ließ. „Kev, hier ist Ian. Komm schnell, die Hyänen sind wieder im Park."

Als ich den Feldweg zum Park hinaufdonnerte und hinter mir eine Staubwolke aufwirbelte, warteten Bonnie und Chucky vor ihrem Gehege darauf, dass ich sie wieder hineinließ. Sie waren offensichtlich irgendwann im Laufe der Nacht ausgebrochen, hatten ihre Runden gedreht und waren gegen neun Uhr morgens zurückgekehrt. Ich war so erleichtert, dass meine Schelte sanft ausfiel. Dann raffte ich sie und warf sie über den Zaun in ihr Gehege.

Es gibt ein kleines Büro im *Lion Park*, wo Ian und ich uns manche spannende Geschichte erzählt und viele Diskussionen geführt haben. Wir saßen in diesem Büro und lachten über die Beinahe-Katastrophe, als Ians Telefon klingelte. Ich nippte an meinem Kaffee und beobachtete besorgt, wie sich sein Gesicht während des Gesprächs verfinsterte.

„Ja", sagte er. „Oh nein. Ich verstehe."

Ian lächelte immer noch nicht. „Nein, okay. Glauben Sie mir, das tut mir sehr leid. Wie wäre es, wenn ich Ihnen 3000 Rand gebe, und wir betrachten die Sache als erledigt?"

„Rück schon raus mit den schlechten Nachrichten", forderte ich Ian auf, als er das Telefonat beendet hatte.

„Bonnie und Chucky sind letzte Nacht unten an der Straße in ein Haus eingebrochen, haben den Hund der Leute terrorisiert und das Wohnzimmer zerlegt."

Von wegen Bonnie und Chucky – die beiden waren Bonnie und Clyde.

Wir verlegten Bonnie und Chucky in den Hochsicherheitstrakt des *Lion Parks*, ein Gehege mit doppelt verriegelten Elektrozäunen. Trotzdem gelang es ihnen noch mehrmals auszubrechen, und bei diesen Gelegenheiten lernte ich einiges über das Verhalten von Hyänen.

Als sie wieder einmal aus Fort Knox geflohen waren, fand ich sie, während sie durch den Park stromerten. Bonnie kam mir friedlich entgegen, und ich brachte sie als erste zurück. Als ich Chucky jedoch ins Gehege trug, quiekte er wie ein Schwein. Er war eindeutig noch nicht zur Heimkehr bereit. Bonnie fing an, mich in die Fußgelenke und Beine zu beißen. Als ich Chucky auf den Boden setzte, machten er und Bonnie gemeinsame Sache gegen mich und bissen mich nun beide. Ich wunderte mich darüber, weil ich mich eigentlich mit beiden gut verstand. Mir wurde klar, dass sie keine Kids mehr waren, aber ich fühlte mich noch nicht bereit für meinen ersten ernsthaften Hyänenbiss. Bonnie stellte sich auf die Hinterbeine, nahm meinen Arm ins Maul und schloss die Kiefer. Ihre Zähne drangen von beiden Seiten in meinen Arm ein, und ich fühlte die ungeheure Kraft eines Hyänenkiefers, dessen Druck

nach Expertenangaben bis zu 800 Kilo pro Quadratzentimeter beträgt. Ich musste genäht werden, und mein Arm war schwarz und blau.

Einer von beiden hatte mir offenbar eine Lektion erteilen wollen, oder ich war einfach nur mit Glück davongekommen. Ich begann über das Sozialgefüge wild lebender Hyänen nachzudenken. Als Bonnie und Chucky gemeinsame Sache gegen mich gemacht hatten, wollten sie mir vermutlich meinen Platz in der Hierarchie zuweisen. Ich stand ganz tief unten. Ich wurde geduldet, nicht mehr, und das hatten sie mir zeigen wollen, als sie mich bissen.

Ich sprach mit Rodney über die Hyänen, und als ich ihm erzählte, dass Ian und ich überlegten, sie zu einem Rudel zusammenzufügen, war er total begeistert, weil er wollte, dass sie Nachwuchs bekamen. Bis dahin hatten wir die Hyänen einzeln oder paarweise gehalten. Bonnie war im richtigen Alter, um Junge zu bekommen, und so baten wir einen Experten, Lawrence Frank, der viel über Hyänen geforscht hatte, sich den Park anzusehen und uns zu beraten. Ich denke, dass Lawrence, wie viele andere Leute, überrascht war, dass ich mit diesen drei und vier Jahre alten Hyänen umgehen konnte und immer noch beide Arme und Beine hatte – auch wenn sie inzwischen mit Narben übersät waren.

Er war unserer Meinung, dass ein Rudel Bonnie mehr Wahlfreiheit geben würde, mit wem sie sich paaren wollte. Platz war ebenfalls ein Thema, denn unter Management-Gesichtspunkten würde es für uns viel günstiger sein, wenn wir alle Hyänen gemeinsam in einem größeren Gehege halten könnten. Obwohl Lawrence ein Experte für wild lebende Hyänen war, räumte er ein, dass wir wahrscheinlich besser als er Entscheidungen über die Zukunft der Tiere treffen konnten.

Für den Anfang beschlossen wir, das Gehege in einzelne Parzellen aufzuteilen, damit sich die verschiedenen Hyänen durch einen gemeinsamen Zaun besser kennenlernen konnten. Das schien zu funktionieren, aber als wir dann begannen, mehrere Tiere in einer größeren Parzelle zusammenzuführen, kam es zu echten Gewaltausbrüchen. Es tat weh, die Kämpfe zu beobachten. Sie packten sich gegenseitig bei den Ohren, bissen hinein und rissen daran. Wir ließen sie gewähren, obwohl ich immer wieder zuckte, wenn

ich hörte, wie das Knorpelgewebe riss. Wir lernten, dass so etwas zum Hyänenleben dazugehört. Während die Gruppe sich allmählich zusammenfand, kam es immer wieder zu Rangkämpfen, und jeder Kampf wurde so lange fortgesetzt, bis sich eins der Tiere dem anderen unterwarf. Das wiederholte sich mit jeder neuen Hyäne, die wir in die Gruppe einführten. Sie gingen wirklich brutal miteinander um, aber wir mussten sie gewähren lassen, damit sie ein Rudel bilden konnten.

Mit Geena kam ein weiteres weibliches Tier in die Gruppe, und sie und Bonnie kämpften wie verrückt um die Führungsposition. Weibliche Hyänen sind generell größer und aggressiver als die männlichen, und sie haben einen höheren Testosteronspiegel. Manche Leute halten unser Vorgehen vielleicht für grausam, aber wir beobachteten tatsächlich, wie die Gruppe zu einer sozialen Einheit wurde.

Eins unserer Hyänenmännchen, Trelli, war ein guter Freund von mir. Er war ein rauer und zäher Bursche, den die anderen Wärter im Park fürchteten, aber ich spielte oft mit ihm und nahm ihn sogar im Auto mit, was er liebte. Wenn ich einen Ausflug mit ihm machte, mussten wir durch das Löwengehege fahren, und das brachte die Löwen auf die Palme, aber Trelli hatte seinen Spaß daran.

Seine Begeisterung für Autos war ein Vorteil, denn eines Tages bekamen wir eine Anfrage von einer Werbefirma, die einen Fototermin mit einer gefleckten Hyäne, die im Auto saß, organisieren wollte. Ich hatte genau den Richtigen für diesen Job, und Trelli absolvierte seinen Auftritt wie ein Star. Es gibt eine wunderschöne Aufnahme von ihm, auf der er wie ein Hund aus dem Heckfenster eines Kombi schaut. Während der Aufnahmen für den Film *Dangerous Companions*, bei dem es um mich und meine Beziehungen zu den Tieren im *Lion Park* ging, filmten wir eine hinreißende Szene, in der Gambit, unsere zahme Giraffe, zu meinem Pickup kam, um sich Trelli näher anzusehen. Sie naselten miteinander, und zum Glück widerstand Trelli der Versuchung, Gambits Gesicht vor laufender Kamera zu zerfetzen.

Ich steckte Trelli ins Rudel, aber die anderen Hyänen machten ihn fertig. Menschen gegenüber war er dominant, aber unter seinen Artgenossen hatte er den niedrigsten Rang. Doch Geena, die nach ihrem Sieg über Bonnie das dominante Weibchen des Rudels wurde, paarte sich paradoxerweise hinter dem Rücken der höherrangigen männlichen Hyänen ausgerechnet mit Trelli. Als die anderen Jungs Geena und ihn in flagranti erwischten, machten sie ihm das Leben zur Hölle. Oft holte ich Trelli aus dem Gehege und redete ihm gut zu, er solle sich gegenüber den anderen durchsetzen, aber natürlich half das nichts. Im Laufe der Zeit bildeten wir ein weiteres Rudel aus denen, die bei Geena und ihrer Familie keinen Stich bekamen, aber sogar sie hackten ständig auf dem armen Trelli herum, und ich befürchtete, dass sie ihn irgendwann umbringen würden. Am Ende musste ich Trelli wieder in ein eigenes Gehege stecken, obwohl er bei Geena erfolgreich seine Pflicht getan hatte.

Nach der Geburt ihres zweiten Wurfs wurde Geena sehr beschützend. Wenn ich versuchte, mich ihr und ihren Welpen zu nähern, ließ sie ein tiefes Grollen hören, das mich davor warnte, näherzukommen, und ich respektierte das. Als Bonnie später ein einziges Junges zur Welt brachte, war die Situation interessanterweise völlig anders. Ich kam eines Morgens zum Gehege, und das gesamte Rudel war total aufgeregt. Alle außer Bonnie kamen an den Zaun gerannt, um mich zu begrüßen, und als ich hineinging, kam es mir so vor, als würden alle lächeln. Sie hatten den Schwanz aufgerichtet, was bedeutete, dass sie aufgeregt waren, und sie schienen mit einer Neuigkeit herausplatzen zu wollen. Ich ging weiter ins Gehege hinein und fand Bonnie in einer der Betonröhren, die von den Hyänen als Schutzraum benutzt werden. Zwischen ihren Vorderpfoten lag ein süßer kleiner schokoladenbrauner Welpe. Sie war völlig entspannt, und ich konnte langsam zu ihnen hingehen und mir das Junge aus der Nähe ansehen. Ich erlebte das zum ersten Mal, und es war ein bewegender Moment.

Während das Rudel zusammenwuchs, veränderte sich die Art und Weise, wie die Hyänen mit Menschen und auch miteinander umgingen. Solange die Tiere in getrennten Gehegen gewesen waren, gab es fünf Leute im Park, die zu ihnen hineingehen und – mehr oder weniger vertraut – mit ihnen umgehen konnten. Die Hyänen wussten, wie wir aussahen, rochen und uns anfühlten, sie kannten den Klang unserer Stimmen und wussten, wie wir

schmeckten – vor allem, wie wir schmeckten. Nun begann sich das Rudel uns gegenüber dominant zu verhalten.

Zu dieser Zeit wurden die Hyänen alle älter und stärker, und eine nach der anderen fing an, die Menschen abzulehnen, die mit ihnen gearbeitet hatten. Betreuer, die früher die jungen Hyänen hatten streicheln und kraulen dürfen, wurden nun hart rangenommen, und einer nach dem anderen weigerte sich, zum Rudel hineinzugehen. Dabei ging es den Leuten, die sich gerne mit einem Stock bewaffneten, nicht besser als ihren sensibleren Kollegen. Hyänen fressen Knochen, sodass ein Stock sie nicht beeindrucken kann, und wenn man sie schlägt, um sie zur Räson zu bringen, macht sie das nur noch wütender. Mit einem Stock kann man sich ihnen gegenüber nicht durchsetzen. Sie heben den Schwanz, fangen an zu kichern, versetzen sich in einen Angriffsrausch und schon wieder hat ein Betreuer es hinter sich. Wenn das Rudel erst mal als Einheit funktioniert, braucht das dominante weibliche Tier nur zu entscheiden, dass es einen Menschen angreifen will, und schon schließt sich der Rest der Familie an.

Bei meinen Löwen versuche ich, ein Teil des Rudels zu sein, aber auch bei ihnen gibt es individuelle Unterschiede, in welchem Ausmaß sie mich akzeptieren. Für manche bin ich ein Bruder – bisweilen sogar ein Vater – für andere ein Freund und für den Rest ein Bekannter. Nicht alle meine Bekannten mögen mich, aber sie kennen mich, und wir respektieren einander. Wenn ich ein Löwengehege betrete, denke ich nie, dass ich die Tiere dominieren muss, aber bei den Hyänen war die Sache anders. Ich musste meine Dominanz über das Rudel sicherstellen und wahren, konnte es jedoch nicht mit einem Stock, einem Elektroschocker oder mit Pfefferspray tun, denn das hätte sie nur wütend gemacht. Also musste ich eine Hyäne werden.

Ich ging grob mit ihnen um und mischte sie auf, so wie eine Hyäne es getan hätte, um die andere zu dominieren. Ich warf sie auf den Boden und rollte sie herum. Ich griff ihnen unter die Achseln, hob sie hoch und schwang sie im Kreis, und ich biss sie in die Ohren. Ich musste das mit allen Hyänen tun, um meine Position im Rudel zu sichern, denn sie alle forderten mich heraus. Ich musste

mich dabei auf ihre Ebene begeben, und es war ein Kampf des Willens wie auch ein Kampf der Zähne.

Falls mir etwas passiert, gibt es jemanden, der meine Arbeit mit den Löwen und den Hyänen auf meine Weise fortsetzen könnte. Er heißt Rodney Nombekana und ist ein toller Typ.

Rodney war Anfang zwanzig, als er vor einigen Jahren in den *Lion Park* kam. Er stammt aus Port St. Johns in der Transkei-Region am östlichen Kap. Wir nennen diesen Teil Südafrikas wegen seiner geradezu spektakulären Schönheit die wilde Küste.

Rodney gehörte zu einer kleinen Gruppe junger Schwarzafrikaner, die von einer privaten Organisation, dem Endangered Wildlife Trust, ein Stipendium für eine Ausbildung der *Field Guides Association of South Africa* (FGASA) erhalten hatten. Wahrscheinlich hat er sich als zukünftigen Wildhüter oder Führer in einem privaten Wildreservat gesehen oder gedacht, er würde nach dem Examen in einem der Nationalparks arbeiten, aber dann besuchte er im Rahmen seiner Ausbildung mit einigen Studienkollegen den *Lion Park*.

Rodney hob sich vom ersten Tag an vom Rest der Gruppe ab. Er war voller Begeisterung, und wie ich stellte er dauernd Fragen. Er nahm die Dinge nicht einfach hin, sondern wollte immer genau wissen, warum ich tat, was ich tat, und wie ich es tat. In ihm fand ich viel von mir selbst wieder. Er arbeitete hart, konnte gut zuhören und hatte einen analytischen Verstand. Anders als andere junge Leute erwartete er nicht, sich schon nach fünf Minuten in einer Spitzenposition wiederzufinden. Er wusste, er würde schwer arbeiten müssen, aber das hieß nicht, dass er alles so machen musste, wie es immer gemacht worden war, einfach weil es so der Norm entsprach. Die Rückmeldungen von Touristen, die den Park besuchten, waren ausgezeichnet, und viele Leute nahmen sich die Zeit, uns zu sagen, was für ein kundiger und freundlicher Kerl er war. Am Ende blieben die anderen Praktikanten auf der Strecke, aber Rodney schloss seine Ausbildung erfolgreich ab, und wir boten ihm eine Vollzeitstelle im *Lion Park* an. Als ich später den Park

in Johannesburg verließ, folgte mir Rodney, und er arbeitet bis heute mit mir zusammen.

Rodney hat eine Schwäche für Hyänen, und er hat sich deshalb die Zeit genommen, die verschiedenen afrikanischen Vorstellungen, Erkenntnisse und Missverständnisse über diese faszinierenden Tiere genauer zu untersuchen. Eines Tages waren wir zum Rudel in das Gehege gegangen, als ich bemerkte, wie Agip, eine der männlichen Hyänen, Rodney zu dominieren versuchte.

„Du darfst nicht zurückweichen, Rodney", beschwor ich ihn. „Wenn du dich jetzt von ihm abwendest, hast du beim gesamten Rudel verspielt."

„Ich weiß nicht, Kev", gab er zurück. „Er wird mich beißen!" Agip hatte seinen Körper geduckt und den Schwanz erhoben. Kopf und Rücken einer Hyäne sind hart wie Stahl. Ihr schwächster Punkt ist der Bauch, und wenn eine Hyäne sich duckt, dann bedeutet das Ärger. Agip schloss zu Rodney auf.

„Drück ihn weg, Rodney. Greif nach ihm und schieb ihn zurück." Rodney griff zu und stemmte seine Füße in den Boden. Agip gab nicht nach, knurrte und begann dann zu keuchen und zu kichern, ein sicheres Zeichen, das er noch einmal nachlegen und Rodney Angst einjagen wollte.

Obwohl ich es selbst oft genauso mache, war es doch spannend zu sehen, wie Rodney sich gegen dieses starke Tier behauptete. Agip machte einen Rückzieher und Rodney wahrte seine Position im Rudel. Es war beeindruckend gewesen, den Kampf zu beobachten, und mein Respekt für Rodney wuchs noch weiter.

Bis heute benehmen sich die Hyänen Rodney gegenüber einwandfrei. Nur wenn ich gleichzeitig mit ihm im Gehege bin, versuchen sich einige Tiere vor meinen Augen gegen ihn zusammenzurotten. Es ist eine interessante Dynamik; wir alle haben unseren Platz im Rudel.

Wir kauften eine weitere Hyäne, Peggy, die aus dem letzten Loch pfiff. Sie war total abgewrackt, in einem miserablen Zustand, und sie hatte schlechte Zähne. Erstaunlicherweise bekamen wir von ihr – noch vor Geena – die ersten Welpen, aber wir mussten sie von Hand aufziehen, weil Peggy sie nicht annahm.

Bei ihrer Geburt haben gefleckte Hyänen keine Flecken, sondern sind schokoladenbraun. Sie sind ausgesprochen niedlich und extrem lebhaft; wenn sie zur Welt kommen, treten sie um sich, schreien und kämpfen. Hyänen sind bei der Geburt voll bewegungsfähig, haben die Augen offen und sind mit einem vollständigen Milchgebiss ausgestattet, das sie zu nutzen wissen. Sie wuseln herum wie kleine Ratten und versuchen, ihre Wurfgeschwister und alles, was ihnen sonst in die Quere kommt, zu beißen. Wenn man ein Hyänenbaby am Finger hängen hat, dann fühlt sich das an, als würde sich dieser Finger in einem mit Nadeln gespickten Schraubstock befinden. Sie schreien wie kleine Schweine, so laut, dass die Leute meinen, man wollte die armen Tierchen umbringen, obwohl in Wirklichkeit das Gegenteil der Fall ist. Aus irgendeinem Grund suchen sich Hyänen die schlimmsten Tage aus, um ihre Jungen zur Welt zu bringen, mitten im Winter bei Temperaturen unter Null, oder einen Sommertag, an dem es wie aus Kübeln schüttet. Wenn die Babys geboren sind, frieren sie sich entweder ihren kleinen Arsch ab oder ertrinken fast in Schlamm und Wasser.

Es war also keine einfache Sache, unseren ersten Wurf aufzuziehen. Sie akzeptierten die Milchflasche nicht so problemlos wie Löwenbabys, sondern versuchten ständig, den Gummisauger durchzubeißen. Manchmal tranken sie vier oder fünf Tage lang gar nichts, worüber ich anfangs besorgt war. Also versuchte ich mich schlau zu machen und las alles, was ich in Büchern und im Internet über Hyänenbabys auftreiben konnte. Ich fand heraus, dass dieses Verhalten normal war, weil die Hyänenmütter in der Wildnis ihre Welpen oft tagelang alleine lassen, während sie jagen und nach Futter suchen. Da die Muttermilch sehr viel Fett enthält – wesentlich mehr als die spezielle Milch, mit der wir gewöhnlich unsere Löwen aufziehen –, können die Welpen solche Zeiten überstehen, ohne unter dem Nahrungsmangel zu leiden. Meine neuen Erkenntnisse führten dazu, dass die jungen Hyänen nun eine Mischung aus Ei, Sahne, Vollmilch und anderen Zutaten erhielten, die reich an Fett und Proteinen waren.

Ich lebte damals schon mit meiner späteren Frau Mandy zusammen, und wir beide verbrachten einige hektische Nächte mit der Betreuung von Peggys Welpen, die wie zwei kleine Teufel waren.

Mandy musste sich häufiger mit dem Nachwuchs aller möglichen Raubtiere im Haus arrangieren, aber die Hyänen haben zweifellos am meisten kaputtgemacht. Ich lernte, dass wir die Tierbabys am besten in der Küche oder im Bad hielten, weil diese Räume am leichtesten zu reinigen waren und es dort auch weniger Dinge gab, die angenagt werden konnte. Aber die kleinen Hyänen zerlegten immerhin meine Toilettenbürste und machten sich einen Spaß daraus, das Toilettenpapier abzurollen.

In der Wildnis kämpfen die Welpen untereinander um ihren Platz in der Rangordnung. Bruder und Schwester geben erst dann Ruhe, wenn das weibliche Tier sich durchgesetzt hat, und Welpen mit demselben Geschlecht kämpfen manchmal, bis eins der Tiere tot ist. Unsere beiden waren Junge und Mädchen, und Mandy und ich mussten sie gelegentlich trennen, um sie vor ernsten Verletzungen zu bewahren. Andere Welpen waren durch ihre Geschwister schon so schwer verletzt worden, dass wir sie zum Tierarzt bringen mussten. Wenn ein Hyänenbaby in der Wildnis getötet wird oder an einer infizierten Wunde stirbt, trägt die Mutter es aus der Höhle, damit die anderen Mitglieder des Rudels es fressen können, oder sie frisst es selbst.

Manche Leute denken vielleicht, es macht Spaß, ein Raubtierjunges aufzuziehen, aber auch wenn es solche Augenblicke gibt, überwiegen die unangenehmen Pflichten. Löwenmütter regen die Verdauung ihrer Jungen an, indem sie deren Hinterteil lecken. Das tue ich zwar nicht, aber ich muss es heftig reiben, damit die Kleinen ihren Kot absetzen. Dasselbe gilt für Hyänenbabys. Als ich feststellte, dass die jungen Hyänen keinen Urin ließen, musste ich die Blase stimulieren. Es funktionierte, und sie begannen, in alle Richtungen zu pinkeln – am Ende war ich völlig durchnässt.

Uno war eine wilde Hyäne, die den Viehzüchtern Ärger machte, weil sie gelegentlich deren Tiere riss. Sie wurde von Mitarbeitern der staatlichen Naturschutzbehörde gefangen und dem *Lion Park* angeboten. Man wollte sie nicht noch einmal in die Freiheit entlassen, weil zu befürchten war, dass sie wieder zu den Farmen zurückkehren und erneut die Herden überfallen würde.

Also landete dieses wilde Tier vor unseren Toren, und wir wussten nicht, was wir mit ihm anfangen sollten. Zunächst kannten wir noch nicht mal sein Geschlecht. Wir steckten sie – ein Weibchen, wie sich herausstellte – in den Nachtpferch am Rande des Hyänengeheges, einen soliden Raum, wo sie sich von der Gefangennahme erholen sollte. Als sie wieder zu sich kam – ich werde den Anblick nie vergessen – schiss sie sich über die Beine und rannte in geduckter Haltung wie durchgedreht gegen die Ziegelmauern. Sie hatte sich den Kopf an den Wänden so wundgescheuert, dass man das Weiß der Schädelknochen sehen konnte. Sie war dermaßen durchgeknallt, dass ich irgendwann dachte, man hätte sie besser getötet. Das Leben in Gefangenschaft war ihr völlig fremd und ließ sie eindeutig ausrasten.

Nach einiger Überlegung hielten wir es für das Beste, sie möglichst in das Rudel zu integrieren, damit sie ihren Platz in einem neuen Sozialsystem finden konnte. Doch ich war ziemlich besorgt, wie sie mit den anderen zurechtkommen würde, denn ich kannte ja die Beißereien und Kämpfe, zu denen es kam, wenn wir von Hand aufgezogene Hyänen in das Rudel einzugliedern versuchten.

Als die Mitarbeiter der Naturschutzbehörde sie brachten, hatte ich ursprünglich gedacht, wir könnten diesen Neuling genauso in das Rudel einführen, wie wir es mit den anderen gemacht hatten, sie also in ein Nachbargehege stecken, sodass sich die Tiere erst mal durch den Zaun beschnuppern konnten. Aber so weit kamen wir gar nicht. Uno war so gestresst, dass sie einen längeren Aufenthalt in dem ummauerten Pferch wahrscheinlich nicht überlebt hätte, und deshalb öffneten wir einfach das Tor und ließen sie zu den anderen.

Wie ein Pfeil schoss sie aus dem Pferch, und als sie plötzlich draußen in der Sonne stand, sah sie sich den anderen Hyänen gegenüber. Sie vernichtete sie! Unsere an die Gefangenschaft gewöhnten Tiere wurden von ihr praktisch überrannt und unterwarfen sich auf der Stelle. Das war der Moment, in dem sie ihren Namen bekam, denn sie war zweifellos binnen weniger Minuten Numero Uno geworden.

Sie war ein ranghohes weibliches Tier, und sie verstand zu kämpfen. Leider war Geena nicht im Gehege gewesen, als wir Uno

freiließen, und wir wussten, wenn die Mädels aufeinandertrafen, würden die Fetzen fliegen. Am Ende steckten wir Uno und Geena – nur diese beiden – in ein Gehege, damit sie die Sache klären konnten. Sie fassten einander kurz ins Auge, und dann begann der Kampf: Sie rissen sich gegenseitig an den Ohren, rempelten und rollten und stürmten aufeinander los, während jede versuchte, die Oberhand zu gewinnen. Sie keuchten und kicherten, bissen und kratzten. Geena ging ein paar Mal zu Boden, wollte sich aber trotzdem nicht unterwerfen. Das dicke Nackenfell war bedeckt von schäumendem Speichel, und das Blut strömte ihnen aus den Ohren. Sie hatten überall Bissspuren, doch sie gingen weiter aufeinander los. Manchmal waren wir drauf und dran einzugreifen, aber ich wusste, wenn Uno sich jemals in ein größeres Rudel einfügen sollte, dann war dieser Kampf unvermeidlich. Langsam gewann Uno die Oberhand über Geena, aber unsere bisherige Rudelführerin machte es der Rivalin so schwer wie möglich.

Schließlich ließen wir den Rest des Rudels zu den beiden ins Gehege, um Geena etwas zu entlasten und ihr die Möglichkeit zu geben, sich Unterstützung zu holen. Aber es half nichts. Uno ließ nicht von Geena ab, machte gleichzeitig jede der anderen Hyänen fertig und hatte immer noch Energie und Schwung übrig. Das war der Moment, in dem Uno das Rudel übernahm.

Nachdem Uno zur Rudelführerin geworden war, wollte ich wissen, wie sie auf mich reagierte. Sie schien dieses seltsame zweibeinige Geschöpf zu tolerieren, das da mit dem Rest ihres neuen Rudels herumspielte – gerade so eben. Ich jagte sie nicht und vermied es sogar, ihr nahezukommen, aber nach einigen Monaten kam sie mir näher und verringerte die Entfernung zwischen uns immer weiter. Sie saß da und beobachtete, wie ich die anderen kraulte und mit ihnen spielte, und sie gelangte offenbar zu der Einsicht, dass ich für niemanden eine Bedrohung darstellte und sie selbst auch gerne etwas Aufmerksamkeit hätte. Aber wenn ich ihr zu nahe kam, umkreiste sie mich und ihre Rückenhaare stellten sich auf. Sie zeigte mir damit ihre Aggressivität und ließ mich wissen, dass sie mich in Stücke reißen würde, wenn ich noch näher käme. Das war in Ordnung, und ich wahrte eine respektvolle Distanz von etwa fünf Metern.

Nie werde ich den Tag vergessen, an dem Uno zu mir kam und mir ihre Nase entgegenstreckte, bis sie fast meine Hand berührte. Sie war schon ein paar Mal ziemlich nahe gekommen, gerade außer Reichweite stehen geblieben und hatte ihren Kopf auf-und abbewegt. Diesmal streckte ich meine Hand aus, und sie kam zu mir heran und beschnüffelte sie. Sie hatte die Schranke durchbrochen, die bis dahin gegolten hatte. Es war ihre Entscheidung.

Sie beschnüffelte meine Hand ein zweites Mal. Ich hielt den Atem an, gespannt, was als Nächstes passieren würde. Uno leckte meine Hand. Sie vertraute mir – das war eine große Sache – und ich vertraute ihr im Gegenzug auch. Danach näherte ich mich Uno immer auf allen Vieren, auf ihrer Ebene. Bald konnte ich sie unter dem Kinn und hinter den Ohren kraulen, aber ich wusste, ich würde sie niemals auf den Arm nehmen und herumtragen können, wie ich es mit einigen anderen tue.

Meine Erfahrungen mit Uno ließen mich über die Intelligenz von Hyänen nachdenken. Was ich mit ihr gemacht hatte, hätte ich nie mit einem von Menschen eingefangenen wilden Löwen machen können. Aber diese wilde Hyäne konnte sich hinsetzen und die Situation rational abwägen. Ich selbst hatte gelernt, dass ich eine Bindung zu Uno aufbauen konnte – eine Beziehung, die es mir erlaubte, mit dem Rest ihres Rudels umzugehen, ohne dass sie sich davon bedroht fühlte. Ich versuchte nicht, sie zu brechen oder zu dominieren, obwohl ich mich den anderen Rudelmitgliedern gegenüber dominant verhielt. Uno hatte eine schreckliche Erfahrung gemacht, als andere Menschen sie aus der Wildnis holten und in Gefangenschaft brachten, aber sie konnte lernen, mir zu vertrauen.

Da ich für die Tiere verantwortlich war, drängte ich darauf, dass mein ständig wachsendes Rudel in ein größeres Gehege verlegt wurde, durch das die Touristen mit ihren Autos fahren konnten, wie es in einem großen Wildpark üblich war. Ich dachte, es würde für die Leute cool sein, ein Rudel in seinem Element zu beobachten.

Ian und Rodney Fuhr unterstützten die Idee, und wir machten uns daran, eine Hyänenhöhle zu bauen. Wir gruben eine Vertiefung und überdachten sie mit einem halbrunden Betonrohr, etwas Blech und ein paar Holzpfählen. In der Wildnis legen Hyänen ihre

Höhlen in verlassenen Termitenhügeln an, und in einigen südafrikanischen Nationalparks wohnen sie in Abflusskanälen unter den Straßen, sodass dieses neue Zuhause perfekt für sie war. Sie liebten es.

Alles lief gut, und die Hyänen genossen den zusätzlichen Platz. Den Touristen gefiel es ebenfalls, beobachten zu können, wie die Tiere miteinander umgingen, und ich freute mich, dass ich eine Lanze für die Hyänen gebrochen hatte und den Besuchern die Möglichkeit gab zu sehen, was für interessante Tiere Hyänen doch waren. Aber dann begannen sich die Hyänen für die Autos der Touristen zu interessieren.

Erst war es ein Schutzblech, dann ein Rückspiegel, dann ein Türgriff und schließlich ein Reifen. Sie liebten es, Reifen zu fressen. Irgendwann zerlegten die Hyänen Autos – sogar fahrende – besser als jede Ausschlacht-Werkstatt in Johannesburg. Die Besucher fuhren panisch im Kreis herum, während das Rudel, angeführt von Uno, sie vor sich her jagte und versuchte, Stücke aus den Autos zu reißen. Vielleicht sah Uno darin eine Chance, sich an den Menschen zu rächen, die ihr die Freiheit geraubt hatten, vielleicht mochte sie auch einfach nur den Geschmack von Autoteilen. Leider läuteten die Kosten für die Reparatur der beschädigten Besucherautos das Ende des Experimentes ein, aber den Hyänen hatte es jedenfalls großen Spaß gemacht.

Kapitel 5:

Tsavo, der Lehrer

Manchmal fragen mich die Leute, ob ich glaube, dass ich mit einer besonderen Begabung für die Arbeit mit sogenannten gefährlichen Tieren auf die Welt gekommen bin. Falls ich eine besondere Begabung habe, dann besteht sie meines Erachtens darin zu wissen, wann und wo ich an Grenzen stoße.

Ich glaube, ich weiß instinktiv, wann eine Situation kritisch wird. Wenn ich beispielsweise in einer Tierhandlung auf einen Papagei zugehe, weiß ich, ob er mich beißen wird oder nicht. Viel von dem, was ich tue, habe ich natürlich gelernt, aber ich glaube auch, dass Tiere unsere Absichten, unsere Ängste und unsere Arglosigkeit wahrnehmen können. Sie wissen instinktiv, ob man ihnen Böses zufügen will. Sie wissen, ob ein Mensch schwach oder stark ist, arrogant oder aufrichtig. Allzu oft haben Menschen bestimmte Absichten, wenn sie sich einem Tier nähern. Vielleicht wollen sie es beeinflussen und versuchen deshalb, ihre Überlegenheit unter Beweis zu stellen, oder sie haben ein persönliches Interesse daran, dass sich ein Tier auf eine bestimmte Weise verhält.

Ich habe zehn Jahre gebraucht, um zu verstehen und zu lernen, was ich tue. Oft sprechen mich Leute an, die – zu meinem Erstaunen – sagen, dass sie in ein Gehege gehen wollen, um sich dort mit einem erwachsenen männlichen Löwen fotografieren zu lassen. Sie wollen dieses Tier, das mein Freund ist, benutzen, um ein außergewöhnliches Foto zu bekommen. Sie haben kein Interesse daran, das Tier zu verstehen, seine Stimmungen und Gefühle kennenzu -lernen, sondern sie sehen nur, wie ich mich mit ihm über den Boden wälze, und schließen daraus, dass dieser Löwe so zahm wie ein Haustier sein muss.

Da gab es beispielsweise eine Löwenforscherin, die für Rodney Fuhr gearbeitet hatte. Es war ihr Traum, sich mit einem erwachsenen Löwen fotografieren zu lassen. Früher war ich großzügiger, wenn es darum ging, Leuten den Kontakt mit Tiere zu erlauben, die sich in meiner Obhut befanden. Wir hatten zwei sehr gutmütige Löwen im Park, einen männlichen, Thunder, und die Löwin Rain. Thunder war so freundlich, dass wir am einundzwanzigsten Geburtstag von Rodney Fuhrs Stieftochter, der im *Lion Park* gefeiert wurde, allen Partygästen erlaubt haben, ihn zu streicheln. Der Löwe mit der riesigen Mähne war wie eine Miezekatze. Ungefähr sechs Monate später trug die Forscherin Rodney ihre Bitte vor, und ich sagte, ein Foto mit Thunder ließe sich wahrscheinlich machen. Wie schon erwähnt, früher war ich in dieser Hinsicht kooperativer.

Das Bild sollte an einem kalten Wintertag aufgenommen werden, und das war unser Glück. Aus Sicherheitsgründen begleiteten drei Mitarbeiter des *Lion Parks* die Forscherin in das Gehege, das Thunder sich mit Rain teilte. Der Ehemann der Frau, der ebenfalls wilde Löwen erforscht hatte, zog es vor, draußen zu bleiben.

„Hallo Thunder, mein Junge", begrüßte ich ihn und war froh, dass er so freundlich wie immer auf uns zugetrottet kam. Die Frau ging schon voller Begeisterung nah an den Löwen heran.

Ich schaute mich im Gehege nach Rain um und sah sie. Löwen haben normalerweise goldgelbe Augen, aber Rains Augenfarbe ist ein bemerkenswertes Rotbraun, das per se schon etwas unheimlich wirkt. Doch als sie mich nun mit diesen Augen fixierte, wusste ich, dass etwas nicht stimmte. Ihr Schwanz begann zu peitschen.

„Wir sollten zusehen, dass wir hier rauskommen", sagte ich zu einem unserer Begleiter.

„Was?"

„Bringt sie raus!"

Rain ging zum Angriff über und rannte direkt auf die Forscherin zu. Wegen der Kälte trug die Frau eine dicken, warmen Pullover und Jeans. Diese Kleidung hat ihr vielleicht das Leben gerettet. Rain biss zu, erwischte aber nur die Falten des Pullovers. Die Löwin legte der Frau die Pranken um die Taille und zerriss mit ihren Krallen die Jeans, aber der dicke Stoff verhinderte schlimmere Verletzungen.

Ich griff nach meinem Pfefferspray und verpasste Rain eine Ladung. Ich hasste es, ihr das anzutun, aber es brachte sie dazu, die Frau loszulassen und drei Schritte zurückzugehen. Sie schniefte kurz, wirbelte dann herum und setzte zum nächsten Angriff an, aber bis dahin hatten wir die Frau aus dem Gehege bugsiert und das Tor gerade noch rechtzeitig geschlossen.

Rain gehörte zur Gruppe der Zwei- bis Dreijährigen, und ich habe auf die harte Tour gelernt, dass Löwen in diesem Alter am gefährlichsten sind. Sie sind groß genug, um zu töten, und sie sind jung genug, um einen Versuch machen zu wollen. Es passte Rain nicht, dass wir uns in ihrem Territorium aufhielten. Sie gab mir eine Warnung – das reichte mir nicht ganz, um die Frau vor dem Angriff aus dem Gehege zu bringen, aber es reichte, um reaktionsbereit zu sein. Ich habe Rain ihr Verhalten nicht übelgenommen. Wäre ein fremder Löwe in das Gehege gekommen, hätten Thunder und Rain ihn im Handumdrehen getötet. Die Frau, die in ihr Territorium eindrang, gehörte nicht zu ihrem Rudel. Das war das letzte Mal, dass ich einen Fremden in ein Gehege mit fast erwachsenen Löwen ließ.

Im Mittelpunkt meiner Arbeit steht die Sorge für die Tiere, mit denen ich lebe. Ich fing mit zwei Löwenjungen an, Tau und Napoleon, und bevor ich mich versah, war ich für eine ganze Familie außergewöhnlicher Geschöpfe verantwortlich. Sie sind weder meine Haustiere noch meine Angestellten, sondern meine Gefährten. Wenn ich das, was ich tue, mit Hunden täte, fände das niemand ungewöhnlich, aber auch ein Hund kann einen Menschen töten.

Löwen werden als Killer wahrgenommen, und sie sind zweifellos fähig, einem Menschen von einer Sekunde zur nächsten das Leben zu nehmen, aber das kann ein anderer Mensch ebenso. Viel von dem, was ich tue, basiert auf Respekt. Ich arbeite mit meinen

Tieren so, dass ich mich auf ihre Ebene begebe. Dass ich nicht unbedingt ein Riese bin, hilft mir dabei. Wenn ich mich mit gespreizten Beinen hinstelle, befinde ich mich mit einem erwachsenen Löwen etwa auf Augenhöhe. Ich erwarte von den Tieren nicht, dass sie mich mehr lieben oder eine engere Beziehung zu mir haben, wenn ich mit einem Stock oder einer Schusswaffe herumlaufe und ihnen damit weh tun könnte.

Um eine Analogie aus der Menschenwelt zu benutzen: Wenn ich nach Japan reise und dort ein Haus betrete, ziehe ich mir die Schuhe aus. In meinem eigenen Haus tue ich das nicht, aber ich tue es in Japan, weil ich mich in die Menschen dort hineinversetzen kann, ihnen Respekt erweisen und zu ihren Bedingungen akzeptiert werden will. Wie gesagt, es dreht sich alles um Respekt.

Als ich die Forscherin ins Gehege ließ, hatte ich Rain nicht den Respekt erwiesen, den sie verdiente, und als meine Familie im *Lion Park* zu Besuch war, habe ich auch Tsavo nicht den ihm zustehenden Respekt erwiesen.

Die hinteren Kanten der Fangzähne eines Löwen sind gezackt. Ich glaube zwar nicht, dass diese wenig bekannte Tatsache mein Leben rettete, aber sie hat wahrscheinlich doch etwas mit der im Prolog dieses Buches erzählten Geschichte zu tun.

Als Tsavo einen seiner Fangzähne unter meinen Gürtel hakte und mich damit vom Boden hob, schwebte ich nur ein paar Sekunden in der Luft. Sobald er mich hochhob, während meine Familie draußen stand und um Hilfe schrie, begannen die Zacken das Leder durchzusägen, der Gürtel riss, und ich landete in einer Staubwolke mit dem Rücken auf der Erde. Mein Stiefneffe Nicholas hat immer noch die beiden Stücke meines Gürtels als Erinnerung an einen unvergesslichen Geburtstag.

Was mich an diesem Tag vor den schlimmsten Verletzungen bewahrte, war die Tatsache, dass man Tsavo die Krallen gezogen hatte. Andernfalls hätte mich vielleicht schon der erste gewaltige Schlag seiner Pranken zerfetzt. Von der Kraft eines Löwen steckt enorm viel in seinen Pranken, und wenn er seine Beute damit packt, zerlegt er sie mit seinen scharfen Krallen und der Kraft seiner Prankenschläge.

Die Schreie meiner Familie hatten Alex alarmiert, den Löwentrainer aus England. Er befand sich am anderen Ende des Parks, aber als er den Tumult hörte, kam er mit zwei Stöcken in der Hand angerannt. Genau in dem Moment, als mein Gürtel riss, hechtete er durch das Tor der inneren Umzäunung.

Alex griff den Löwen furchtlos an. Tsavo ließ von mir ab und wandte sich dem anderen Mann zu, also wolle er sagen: „Meinetwegen, dann hole ich mir jetzt ein Stück von dir." Alex nahm die Angriffsposition ein und begann, die Stöcke gegeneinander zu schlagen und damit vor dem Löwen auf den Boden zu trommeln. Später erfuhr ich, dass mein Schwager Trevor zu diesem Zeitpunkt am Zaun stand und Tsavo durch Pfiffe abzulenken versuchte, aber natürlich reagierte der Löwe nicht darauf. Ich kam auf die Füße und stürzte aus dem Gehege, während Alex Tsavo in Schach hielt.

Meine Kleidung war voller Blut, und meine Nase blutete.

Als ich aus dem Gehege heraus war, dachte ich, mein Arm würde halb in Fetzen hängen, aber als ich nachsah, stellte ich fest, dass Tsavos Fangzähne zu beiden Seiten an meinem Arm vorbeigeschrammt waren. Ich hatte zwar Wunden, und mein Hemd war zerrissen, aber Tsavo hatte nicht direkt in meinen Arm hineingebissen. Am Bein hatte ich Bissspuren, doch sie waren nicht gefährlich. Hätte der Löwe fester zugebissen, wäre vielleicht die Oberschenkelarterie verletzt worden, und ich hätte verbluten können.

Tavo hatte mich immer mit Tau und Napoleon im Nachbargehege spielen gesehen, und ich denke, dass unser Zusammenstoß für Tsavo eine Art Territorialkampf war. Er hatte mir zeigen wollen, wer in seinem Gehege der Boss war. Ich weiß heute, dass dieser Löwe nie die Absicht hatte, mich zu töten, obwohl das hätte passieren können, wenn er Krallen gehabt hätte. Er wollte mir einen Klaps hinter die Ohren verpassen, und genau das hat er getan, so wie männliche Löwen es in der Wildnis miteinander tun.

Vielleicht hat es ihn genervt, wie ich mit den jüngeren Löwen am Zaun auf- und abgerannt bin, oder er wollte mir einfach nur sagen – und ich denke, tief in meinem Inneren wusste ich das an dem Tag, als meine Familie den *Lion Park* besuchte –, dass er mich nicht auf seinem Territorium haben wollte.

Aber als Tsavo mich biss, hatte ich nicht etwa Glück, dass er nicht meine Arterie getroffen hat – es war seine Entscheidung, mich nicht zu töten, sondern mir nur eine Lektion zu erteilen. Er hatte die Situation total unter Kontrolle, und alles, was er tat, war genau kalkuliert.

Ich glaube auch nicht, dass er nur deshalb nicht weiter zugebissen hat, weil ich ihm mit meinen Fingern seine Wangenhaut zwischen die Zähne gedrückt habe. Ich habe seitdem häufiger Löwen in einer Fressorgie oder im Kampfrausch gesehen, und ich weiß, dass Tsavo sich ohne Zögern auch ins eigene Fleisch gebissen und meine Finger verletzt hätte, wenn er mich wirklich hätte umbringen und fressen wollen. Er hat nur mit mir gespielt, als er seine Zähne von meiner Schulter zu meinem Bein wandern ließ. Löwen haben ihre Kiefer und den Druck, den sie ausüben wollen, sehr genau unter Kontrolle.

Viele Leute haben mich gefragt, ob mein Leben bei Tsavos Angriff wie ein Film vor mir abgelaufen ist. Nein, so war es nicht. Ich wusste, dass ich versuchen musste, diesen Angriff Zug um Zug zu überstehen. Als ich meine Familie später nach meinen Reaktionen gefragt habe, beschrieben sie mich als cool und gefasst und sagten, sie hätten nicht verstanden, wie ich während des Angriffs so ruhig hatte bleiben können.

Mit Leoparden und einem Jaguar habe ich später ähnliche Situationen erlebt und mich gefragt: „Wie habe ich mich da bloß reinmanövriert – *wieder*?" Mein Wissen und meine Erfahrung haben mir geholfen, die Kontrolle wiederzuerlangen, aber heute versuche ich nach Möglichkeit, gar nicht erst in solche Situationen zu geraten.

Tief in meinem Inneren habe ich damals wohl gehofft, Tsavo würde mich irgendwann einfach in Ruhe lassen. Ich habe nicht gedacht, dass ich sterben würde – die Idee ist mir gar nicht gekommen – oder dass ich meiner Mutter hätte sagen sollen, wie sehr ich sie liebe. Aber ich erinnere mich daran, dass ich zu Beginn des Angriffs dachte: „Kevin, du hättest auf deinen Instinkt hören sollen." Im Rückblick ist mir jetzt aber klar, dass Tsavo ein typisches Beispiel dafür ist, wie Kindheitserfahrungen nicht nur bei Menschen, sondern auch bei Löwen das spätere Verhalten beeinflussen

können. Ich denke, Tsavo war ursprünglich ein Tier, das geliebt wurde, aber dann hat man ihn weggeworfen wie einen alten Putzlumpen. Er erinnert mich an diese Hollywood-Kinderstars, die als erwachsene Schauspieler nicht an ihre früheren Erfolge anknüpfen können. Er hätte mich zwar fast umgebracht, aber ich weiß, dass Tsavo sich nur deshalb so verhält, weil er seelisch zerbrochen ist, und ich kann seine Trauer über das Leben, das ihm aufgezwungen wurde, nur ahnen. Wäre Tsavo ein Mensch, hätte er wahrscheinlich längst Selbstmord begangen. Und das macht mich beim Gedanken an ihn noch trauriger.

Die erste Lehre, die ich aus meiner Erfahrung mit Tsavo zog, war die, ab sofort meinem sechsten Sinn zu folgen.

Jeder hat diesen sechsten Sinn, und ich habe meinen wohl im Laufe der Jahre bei meiner Arbeit mit großen Tieren weiterentwickeln müssen. Es kommt darauf an, zwischen dem Aufrichten der eigenen Nackenhaare und der Erregung oder dem Adrenalinschub des Augenblicks unterscheiden zu können. Es verläuft ein feine Grenze zwischen dem, was unser Instinkt uns sagt, und unseren körperlichen Reaktionen auf den Rausch des Augenblicks.

Die zweite Lehre aus diesem Ereignis war, mich nicht mehr dem Druck zu beugen, den ich in Gegenwart anderer empfand, so wie damals durch die Anwesenheit meiner Familie. Das war nicht ihr Problem, sondern meins, genauso wie später, als ich die Forscherin zu Thunder und Rain ins Gehege ließ. Ich hätte in beiden Fällen nein sagen und meinem sechsten Sinn folgen können, aber ich habe es nicht getan.

Durch Tsavo und bei anderen Gelegenheiten habe ich außerdem gelernt, dass Tiere in Gegenwart fremder Menschen manchmal nicht wie gewohnt auf einen reagieren. Eines Tages spielte ich mit der Hyäne Shanzi, schleppte ihn herum und kraulte ihn unter dem Kinn, als plötzlich Touristen mit dem Auto an das Gehege heranfuhren und hupten. Shanzi geriet in Panik und biss zu. Leider war mein Arm im Weg, und Shanzis Zähne durchbohrten ihn. „Kommt näher, wir wollen ein Foto machen", rief die Frau, während mir das Blut herunterlief. Shanzi rannte panisch weg, kehrte aber Sekunden später zurück. Hyänen haben einen Schalter im

Gehirn, der sehr schnell umgelegt werden kann, sodass sie vom friedlichen Kuscheltier blitzartig zum aggressiven Raubtier werden können.

Sogar mit Tau und Napoleon spiele ich heute anders, je nachdem, ob wir allein sind oder ob Rodney Fuhr oder andere Leute zuschauen. Tiere spüren die Furcht oder Erregung der Umstehenden, und ich achte heute noch stärker darauf, dass mein Spiel mit meinen Tieren ihnen und mir Spaß macht – aber nicht dazu dient, eine Show vor irgendwelchen Besuchern abzuziehen.

Druck kann in verschiedenen Formen auftreten. Am Abend des Tages, an dem Tsavo mich angegriffen hatte, lag ich in der Badewanne, zerschlagen und übersät mit blauen Flecken, untersuchte meine Wunden und trank zur Beruhigung ein Glas Rotwein. Ich weiß noch, wie ich dachte, dass ich wohl einen Schutzengel gehabt hatte, und dass es immer noch viele Dinge gab, die ich in diesem Leben tun wollte. Ich bin jemand, dessen Glas immer halb voll ist, auch wenn mein Rotweinglas jetzt nachgefüllt werden musste.

Meine damalige Freundin Michelle kam ins Bad und sagte: „Kev, ich liebe dich mit oder ohne Löwen, aber du musst damit aufhören.“

Mein Held Valentino Rossi gibt die Motorradrennen nicht nach jedem Crash auf. Wahrscheinlich denkt er darüber nach, was falsch gelaufen ist, und lernt daraus. Und genau das habe ich auch getan. Michelle und ich haben uns schließlich getrennt, und später traf ich dann Mandy und habe sie geheiratet.

Mandy arbeitet im *Lion Park* und liebt Tiere, wenn auch vielleicht nicht auf dieselbe Weise wie ich. Ganz gewiss war sie nicht vernarrt in die Hyänenbabys, die das ganze Haus vollgepinkelt haben. Aber sie nimmt mich so wie ich bin, und sie akzeptiert auch meine Löwen, Hyänen, Hunde, Motorräder und meine Leidenschaft fürs Fliegen. Sie hat sogar meine Anaconda akzeptiert, als wir sie noch hatten. Diese Akzeptanz ist einer der Gründe, warum ich sie so liebe. Sie hat mich nie gedrängt, etwas zu sein, das ich nicht bin, oder etwas zu tun, das ich nicht will.

Am Tag nach Tsavos Angriff ging ich zur Arbeit in den *Lion Park* und hatte mit allen Kollegen ein Nachgespräch über die Ereignisse des Vortags. Dabei dankte ich auch Alex für seine Intervention.

Ich spielte den Ernst des Angriffs herunter, denn ich wollte auf gar keinen Fall, dass irgendjemand auf die Idee kam, mir das Betreten der Gehege zu verbieten. Ich mochte gar nicht daran denken, dass ich vielleicht nicht mehr mit Tau und Napoleon zusammen sein dürfte. Ian, Alex und ich saßen da herum, und jeder stellte Vermutungen an, was vielleicht schiefgelaufen sein könnte, und warum Tsavo mich angegriffen hatte.

Ich stand auf, um die Sache abzukürzen. „Wisst ihr was, Leute, ich muss jetzt einfach los und ein paar Dinge klären." Ich verließ das Büro und machte mich auf den Weg zu Tsavos Gehege. Reden würde uns nicht weiterbringen, ich musste Tsavo gegenüberstehen.

„Hier, Tsavie, komm, mein Junge", rief ich, als ich dieselbe Stelle erreichte, wo ich vor meiner erwartungsvollen Familie gestanden hatte.

Tsavo kam wie immer zum Tor gelaufen, als sei am Vortag nichts passiert, und wartete darauf, dass ich hereinkommen würde. Ich überlegte erneut, ob es vielleicht mein Fehler gewesen war und Tsavo sich darüber geärgert hatte, dass ich vor meinem Besuch bei ihm mit Tau und Napoleon am Zaun auf- und abgelaufen war.

Ich weiß jetzt, dass es damit nichts zu tun hatte. Ich laufe ständig mit den Hyänen auf und ab, und die Löwen können immer sehen, wie ich mit ihnen spiele. Die Löwen hassen die Hyänen und würden sie umbringen, sobald sie auch nur die geringste Chance hätten, aber sie lassen diesen Hass nicht an mir aus, wenn ich ihr Gehege betrete. Das konnte also bei Tsavo nicht das Problem gewesen sein.

Ich öffnete das Tor und ging hinein. Wenn Löwen miteinander reden, klingt das wie *Wuh-oow, wuh-oow*, ganz weich, und das ist ein gutes Zeichen. Tsavo begann, auf diese Weise mit mir zu reden, und so dachte ich, ich müsste mich einfach wieder in den Sattel schwingen. Ich hatte weder einen Stock noch eine Schusswaffe, und außer mir befand sich auch niemand im Gehege. Tsavo ging es gut, und er zeigte mir gegenüber keine Anzeichen von Aggression. Das ist der Unterschied zwischen Menschen und Tieren – sie haben keine versteckten Absichten. Sie handeln instinktiv und sind nicht unbedingt nachtragend.

Tsavo war genauso, wie er vor dem Angriff gewesen war. Natürlich hatte er sich nie geändert. Er hatte mir im Beisein meiner Familie ein Signal gesendet, und ich hatte es ignoriert. Aber ich fühlte mich nun in seiner Gegenwart anders, zweifellos eine Folge der Abreibung, die er mir verpasst hatte. Im Augenblick kam es mir so vor, als hätte ich zwei linke Füße, und wenn mir jemand eine Frage gestellt hätte, dann hätte ich bei der Antwort wahrscheinlich gestammelt und gestottert. Ich stellte fest, dass ich mich ihm gegenüber anders verhielt. Ich spielte mit ihm, blieb aber näher beim Tor. Wie Hauskatzen reiben auch Löwen gerne die Köpfe aneinander, und als Tsavo mir seinen großen Kopf präsentierte, bewegte ich mich zur Seite, so wie andere Leute es mir früher geraten hatten.

„Bleib bei einem Löwen immer an der Seite … fass seinen Kopf oder Schwanz nicht an …"

Ich hatte nicht genug Vertrauen, um ihm frontal gegenüberzustehen, und ich verließ mich nicht auf mein Bauchgefühl, sondern auf das, was andere mir gesagt hatten. Das war nicht ich. Tsavo hatte sich zwar nicht geändert, aber im Hinblick auf unsere Beziehung war ich ein anderer geworden. Ich war ihm gegenübergetreten und hatte mich damit auch dem Rest von Furcht gestellt, der mir vom Tag zuvor vielleicht noch geblieben war, aber ich verhielt mich in seiner Gegenwart vorsichtiger als gewöhnlich, und das ist keine Basis für eine Beziehung. Ich denke, meine eigenen Unsicherheiten hielten mich davon ab, weiter mit Tsavo zu arbeiten.

Mir wurde dann auch klar, dass ich Tsavo nicht wirklich kannte. Tau, Napoleon und ich haben eine enge Beziehung, weil wir über Jahre hinweg als Freunde und Brüder zusammengewachsen sind. Ich weiß genau, was sie mögen oder nicht. Wir können die Stimmungen des jeweils anderen wahrnehmen. Als ich in Tsavos Leben trat, war er drei Jahre alt. Ich wusste kaum etwas über ihn und hatte keine Ahnung, was er durchgemacht hatte. Woher sollte ich beispielsweise wissen, wie es auf ihn wirkte, wenn ich die Hand hob, um ihn zu streicheln? Und woher sollte er wissen, dass es eine freundliche Geste war und ich nicht die Absicht hatte, ihn zu schlagen. Ich konnte mir einfach nicht sicher sein.

Ich habe einige meiner Beziehungen zu Tieren aufgegeben, wie ich auch einige meiner Beziehungen zu Menschen aufgegeben

habe. Wenn Vertrauen und Respekt fehlen, kann ich nicht so tun, als würden sie existieren oder könnten zurückkehren oder sich wieder entwickeln. Wenn ich mit einem Tier nicht zurechtkomme, will ich es nicht brechen oder mit ihm arbeiten, bis es das tut, was ich von ihm verlange. Ich will sein Freund sein und möchte, dass es mich so akzeptiert, wie ich bin. Wenn manche Löwen beispielsweise bei Film- oder Werbeaufnahmen etwas für mich getan haben, dann haben sie es getan, weil es keine Mühe für sie war und ihnen Spaß gemacht hat, nicht weil ich sie gezwungen hätte.

Wie schon gesagt, manche meiner Löwen sind wie Familie, andere wie Freunde und wieder andere sind nur Bekannte. An diesem Tag, in diesem Gehege wurde Tsavo wieder zu dem, was er vermutlich war und immer hätte sein sollen – ein Bekannter.

Kapitel 6:

Langsam …

Ich bin immer skeptisch, wenn mir jemand eine Mail schreibt, dass er als Freiwilliger mit mir arbeiten möchte, und die Bewerbung ungefähr so beginnt:

„Lieber Kevin, ich denke, ich würde perfekt in dein Team passen, weil ich eine natürliche Verbindung zu Tieren habe. Manche Leute sagen, ich hätte eine Begabung, und …"

An diesem Punkt lösche ich meist die Mail, oder Mandy sendet ein höfliches „Danke, aber nein danke". Es ist so, als würde jemand behaupten, er sei ein geselliger Mensch, der mit allen Leuten zurechtkommt. Man braucht Zeit, um eine Beziehung zu einem anderen Menschen aufzubauen – auch wenn es nur eine geschäftliche Beziehung ist – und dasselbe gilt für Tiere.

Die Art, wie ich mit Tieren arbeite, basiert zu einem großen Teil darauf, dass ich ihr Verhalten beobachte. Das trifft auf einzelne Tiere ebenso zu wie auf Tierarten. Als Kind habe ich gerne meine Tauben und andere Vögel und Tiere beobachtet und mir Notizen darüber gemacht. Ich wollte dabei nicht nur etwas lernen, sondern auch herausfinden, wie ich eine Beziehung zu diesen Tieren aufbauen konnte. Es hat mir nie genügt, sie nur zu beobachten.

Genauso war es auch mit Tau und Napoleon, den jungen Löwen, die ich bei meinem ersten Besuch im *Lion Park* kennengelernt habe. Ich durfte zu ihnen ins Gehege, und so nahmen wir gleich am ersten Tag Kontakt miteinander auf. Wie bei jeder neuen Beziehung gab es anfangs etwas Beklommenheit und Nervosität. Ich kannte sie nicht, und sie kannten mich nicht. Wie schon erwähnt, dachte ich zunächst, die beiden hätten gerne ein saftiges Stück Fleisch aus meinen Waden, aber später stellte ich fest, dass diese Vermutung falsch war.

Richard hatte mich zwar mit den Grundregeln vertraut gemacht, dass ich mich vor den Löwen nicht hinhocken, setzen oder bücken sollte, ihnen nicht den Rücken zuwenden oder wegrennen durfte, und dergleichen mehr, aber die meiste Zeit war ich mit Tau und Napoleon doch auf mich selbst gestellt, sodass ich ungehindert experimentieren und Grenzen austesten konnte.

Während ich zunehmend sicherer im Umgang mit Tau und Napoleon wurde und ihr Verhalten besser verstand, lernte ich auch, was Spiel und was Ernst war. Manchmal war etwas, das ich für ziemlich ernst hielt, in Wirklichkeit Spiel, und umgekehrt. Manche Löwen sind beispielsweise sehr besitzergreifend. Wenn Tau knurrend nach meiner Jacke schnappte, wusste ich nicht, ob er sie haben wollte oder einfach nur gerne damit spielte. Ich musste lernen, welche Bewegungen und Laute bedeuteten, dass er es ernst meinte, und welche einfach ausdrückten, dass er Spaß hatte.

Die Art, wie ein Löwe schaut und sich bewegt, was er tut und wie er redet, wie sich sein Haar aufrichtet oder wie er mit dem Schwanz peitscht, all das kann einem sagen, was im Kopf dieses Löwen vorgeht. Aber natürlich muss man das Verhalten im Kontext sehen. Wenn ein Löwe einem in die Augen schaut, bedeutet das nicht etwa, dass er gleich angreifen wird, auch wenn es durchaus bedeuten kann, dass er etwas von einem haben will. Bei Dreharbeiten habe ich Tau hin und wieder direkt in die Augen geblickt, weil ich hoffte, er würde mich dann vielleicht anknurren. Das funktioniert manchmal, bei anderen Gelegenheiten aber auch nicht, weil er dann merkt, dass ich es nicht ernst meine, und den Bluff durchschaut.

Um mit Tieren zu leben und zu arbeiten, muss man sie kennenlernen und verstehen, dass ein Tier genau wie ein Mensch sein Verhalten gelegentlich ändert. Ich kenne die Löwin Maditau, seit sie ein Baby war, und während der letzten neun Jahre habe ich miterlebt, wie sie mehrere Würfe aufgezogen hat. Sie kennt mich gut und hat ihre Jungen bisher nie besonders eifersüchtig bewacht. Aber jetzt, bei ihrem letzten Wurf ist alles anders. Vielleicht liegt es daran, dass sie wahrscheinlich keinen weiteren Nachwuchs mehr bekommen wird, vielleicht hat es auch andere Gründe, jedenfalls mag sie es nicht, dass irgendjemand – weder Tau oder Napoleon (einer von beiden ist der Vater) noch ich – den Jungen nahekommt. Anscheinend fürchtete sie, wir würden ihre Babys fressen.

Zwar hat Maditau mir klargemacht, dass sie mich diesmal nicht an ihre Jungen heranlassen will, aber die Kleinen selbst kommen gelegentlich zu mir, wenn ich mit dem Rest des Rudels im Gehege sitze. Nach Möglichkeit liege ich zwei oder drei Stunden am Tag einfach mit meinen Löwen herum, döse in der Mittagshitze oder checke meine E-mails auf dem PDA. Welpen sind neugierig, und als sie einmal zu mir hinüberkamen, beobachtete Maditau sie mit Argusaugen. Sie ließ zu, dass sie mich unter die Lupe nahmen, und nachdem sie zu ihr zurückgekehrt waren, warf sie mir einen Blick zu, den ich erwiderte. Sie zog die Lefzen hoch und knurrte mich an. Also schaute ich weg. Als ich sie erneut anblickte, knurrte sie wieder. Also wusste ich, dass sie mich zwar duldete, aber meine Gegenwart in der Nähe ihrer Babys diesmal nicht erwünscht war. Ich muss ihre Wünsche respektieren, und deshalb entfernte ich mich auf allen Vieren langsam von ihr, so wie auch ein Löwe auf dieses Signal reagiert hätte. Ich stand während meines Rückzugs nicht auf, denn das hätte sie als eine Herausforderung missverstehen können. Ihr Verhalten und meine Reaktion darauf waren ein normales Verhalten für Löwen, aber andere Löwentrainer und Tierpfleger würden wahrscheinlich einen Herzinfarkt bekommen bei der Aufforderung: Erstens: Halte dich im Löwengehege in der Nähe einer Löwenmutter und ihrer Jungen auf. Zweitens: Kehre einem Löwen den Rücken zu. Drittens: Lass dich vor einem Löwen auf alle Viere runter. Und viertens: Krieche auf allen Vieren von der Löwin weg und kehre ihr dabei den Rücken zu.

Meine Löwen sind nicht daran gewöhnt, dass ich mich wie ein Löwendompteur oder ein Zoowärter benehme. Sie sind daran gewöhnt, dass ich mich wie ein Löwe verhalte.

Es gibt in Südafrika viele sogenannte Löwenexperten, und ich habe ein paar interessante Geschichten darüber gehört, wieso ich mit meinen Löwen so umgehen kann, wie ich es tue. Dabei wird am häufigsten die Theorie vertreten, meine Löwen würden so gut gefüttert, dass sie gar keinen Appetit auf Menschenfleisch hätten, oder es heißt, sie hätten alle keine Krallen mehr (Tsavo ist der einzige Löwe ohne Krallen, mit dem ich je zu tun hatte). Andere Theorien besagen, ich hätte immer heimlich eine Waffe oder einen Elektroschocker bei mir, oder draußen würde für den Notfall immer jemand mit einem AK-47 -Gewehr bereitstehen. Das ist alles Blödsinn. Manche Leute verstehen einfach nicht, dass ich eine persönliche Beziehung zu Löwen haben kann, und das steht ihnen natürlich frei. Ich rege mich nicht darüber auf, wenn mir jemand nicht glaubt. Wenn die Leute glauben wollen, dass ich einen Elektroschocker oder einen bewaffneten Wächter brauche, um mit meinen Löwen zu arbeiten, dann dürfen sie das gerne tun.

Es gibt manche Meilensteine im Leben, die man nie vergisst.

Als ich in meinen Anfangszeiten Tau und Napoleon besuchte, ging ich aufrecht wie ein Mensch zu ihnen ins Gehege – natürlich. Die Löwen zwickten und bissen mich in die Fußgelenke und Beine, sprangen mich an und krallten sich in meine Hosen und Hemden. Schließlich hatten sie genug davon, mich auf diese Weise zu begrüßen, und setzten sich in einiger Entfernung von mir hin. Zwar hatte man mich gewarnt, dass ich mich in ihrer Gegenwart nicht setzen oder in die Hocke gehen durfte, aber ich wollte Zeit mit den Löwen verbringen, und ich konnte schlecht zwei oder drei Stunden im Gehege herumstehen. Ich hätte nun ans äußerste Ende des Geheges gehen und mich dort hinsetzen und sie aus der Ferne beobachten können, aber das wäre nicht besser gewesen, als draußen vor dem Zaun zu sitzen, und ich wollte näher bei ihnen sein. Am Ende beschloss ich, mich zwei Meter entfernt von Napoleon hinzusetzen, weil ich ihn damals für vertrauenswürdiger hielt als den helläugigen Tau.

Ich weiß noch, wie ich eines Tages dort saß, mir von der Sonne den Rücken wärmen ließ, die beiden Jungs einfach beobachtete und dachte, was für ein Glückspilz ich doch war, dass ich meine Zeit mit diesen beiden faszinierenden, rasch wachsenden Katzen verbringen durfte. Napoleon stand auf. Er war damals etwa vierzehn Monate alt und wurde richtig groß. Unter seiner Brust zeigten sich gräuliche Haarfransen, aus denen später seine gewaltige Mähne werden sollte. Er streckte sich, gähnte, zeigte seine länger werdenden Fangzähne und kam auf mich zu.

Normalerweise erhob ich mich ebenfalls, sobald er aufstand, aber diesmal wollte ich wissen, was passieren würde, wenn ich einfach sitzen blieb. Er kam näher, ganz dicht, und ließ sich einfach neben mich plumpsen. Er wollte in meiner Nähe sein.

Inzwischen weiß ich, dass Löwen gerne Körperkontakt haben. Sogar mitten an einem heißen Sommertag sieht man Löwen in der Wildnis wie auch in Gefangenschaft eng aneinandergeschmiegt liegen. Sie lieben das. Tau, Napoleon und ich schlafen heutzutage oft gemeinsam im Gras, und sie müssen mich dann einfach berühren. Wenn ich mich zur Seite rolle und den Körperkontakt mit einem von ihnen unterbreche, spüre ich, wie eine dicke Pranke blind nach mir ausgestreckt wird oder ein Schwanz zuckt und quer über meinem Bein landet. Es ist so niedlich – ich finde es toll. Wenn ich irgendwann aufstehen muss, wachen beide auf und schauen mich an, als wollten sie sagen: „Was ist los, Kev, warum müssen wir denn jetzt aufstehen?"

Ich habe mit dem ganzen Spiri-Kram sonst nicht viel im Sinn, aber ich bin überzeugt, dass jeder Mensch und jedes Tier eine Aura hat – von einem Energiefeld umgeben ist. Manchmal mögen wir es nicht, wenn andere in dieses Feld eindringen, aber manchmal genießen wir es auch. Ich persönlich mag in meinem Energiefeld nur meine Frau, meine Löwen, meine Hyänen oder meine Hunde.

Als Napoleon sich damals zum ersten Mal eng neben mich gelegt hatte, wusste ich, dass er in mein Energiefeld gekommen war, und so dachte ich, ich dürfte das umgekehrt ebenfalls tun. Ich beugte mich hinüber und legte meinen Arm um ihn, und er tat nichts. Es war ein denkwürdiger Augenblick. Als ich das nächste Mal neben ihm saß, traute ich mich, seine Pranke zu berühren und zu hal-

ten. Später habe ich ihn dann am Bauch gekrault, und er hat mich spielerisch berührt, wenn ich im Gras lag oder dort herumkroch. Wenn ich ihr Gehege betrat, gab ich den Löwen zunächst immer Zeit, sich auszutoben, und begann mit meinen Experimenten erst, wenn sie sich beruhigt hatten.

Manchmal verliefen diese Experimente überraschend oder sogar erschreckend. Das hatte in den meisten Fällen mit Verhaltensweisen zu tun, vor denen ich gewarnt worden war, und mit den Vorurteilen, die mir andere eingehämmert hatten. Als Tau mir zum ersten Mal auf den Rücken sprang, hielt ich vor Schreck die Luft an. Ich kroch im Gras herum, und er sprang einfach auf mich drauf. Er hatte ein ziemliches Gewicht. Ich wartete, was er tun würde, aber er lag einfach da und umarmte mich. Allmählich wurde mir klar, dass meine Hemmungen diesem Löwen gegenüber nur mit meinem Denken zu tun hatten. In meinem Hinterkopf hockte der Typ, der sagte: „Trau nicht dem Löwen mit den hellen Augen." Heute vertraue ich meinen eigenen Wahrnehmungen und Instinkten, nicht mehr dem, was andere Leute sagen.

Berührungen, Spiele und das Herumrollen auf dem Boden führten zu Umarmungen, aber ich stellte fest, dass alles einfacher war, wenn ich mich nach unten auf die Ebene der Löwen begab. Irgendwann fragte ich mich, ob das wilde Spiel zu Beginn meiner Besuche vielleicht gar nicht so viel damit zu tun hatte, dass sie aufgeregt und voller Energie waren, sondern dass sie einfach versuchten, mich auf ihre Ebene herunterzuholen. Das nächste Mal kroch ich auf allen Vieren ins Gehege und legte mich dann flach auf den Boden. Wenn ich auf dem Bauch im Gras lag, brauchten sie mich nicht anzuspringen – denn ich befand mich schon auf ihrer Ebene.

Ich begann, Fleisch mit ins Gehege zu nehmen, um Tau und Napoleon zu füttern. Da ich es nicht besser wusste, fütterte ich sie mit der Hand. Doch bald erfuhr ich, dass man das bei Löwen auf keinen Fall tun darf. Fleisch sollte Löwen immer auf einer Stockspitze angeboten werden, weil viele Leute überzeugt sind, dass ein Löwe nicht zwischen dem Fleisch und der Hand unterscheiden kann. So wie man in Gegenwart eines Löwen nicht hocken oder kriechen sollte, so sollte man sich ihm auch nicht frontal nähern oder seinem Maul mit den Händen nahe kommen. Ich lasse meine Löwen

Wasser aus meinen hohlen Händen trinken, und das ist, wie die meisten Dinge, die ich tue, in der Welt der Löwenhaltung verboten. Ich hatte alle diese Regeln schon gebrochen, bevor ich überhaupt von ihrer Existenz wusste.

Die Köpfe aneinander zu reiben, ist bei Löwen eine Form der Begrüßung, und so übernahm ich diese Sitte im Umgang mit meinen Jungs. Obwohl sie inzwischen voll ausgewachsen sind, begrüßen wir uns immer noch auf diese Weise. In der Wildnis müssen Löwen sich auch gegenseitig putzen. Wenn sie einen Büffel oder ein Gnu erlegt und gefressen haben, dann sind ihre Gesichter mit Blut verschmiert. Wie Hauskatzen sind sie darauf angewiesen, dass Eltern oder Geschwister die Teile des Gesichts putzen, die sie selbst mit der Zunge nicht erreichen können. Meine Löwen putzen mich ebenfalls gerne, aber auch wenn das für die gegenseitige Bindung wichtig ist, kann es doch recht schmerzhaft sein.

Die Zunge eines Löwen ist mit zahllosen spitzen Papillen bedeckt. Auf der Zunge einer Hauskatze findet man sie ebenfalls, nur sind sie dort sehr viel kleiner. Beim Fressen dienen diese Papillen dazu, die Haut von den Beutetieren buchstäblich abzulecken und das Fleisch von den Knochen zu lösen. Wenn Tau oder Napoleon ein paar Mal über dieselbe Stelle an meinem Arm geleckt haben, dann zeigen sich dort winzige Blutströpfchen – es ist so, als würde man mit grobem Schmirgelpapier über die Haut reiben. Die Löwen lecken mich, weil sie mich putzen wollen, und weil ich mich nicht auf dieselbe Weise revanchieren kann, habe ich immer eine Haarbürste mit stabilen, aber flexiblen Plastikborsten bei mir. Damit bürste ich sie, vor allem ihre Gesichter und Mähnen, nicht nur, um sie von Kletten und Zweigen zu befreien, sondern auch, um unsere Verbundenheit zu bekräftigen.

Als wir begannen, Werbefilme zu drehen, lernten auch Leute, die nicht zum Park gehörten, meine „unorthodoxen" Methoden kennen. Wenn es Zeit für eine Pause war, musste ich die Löwen in ihr Gehege bringen und dann rufen: „Löwen wieder im Gehege – alles sicher!"

Stattdessen rief ich: „Löwen und Betreuer wieder im Gehege – alles sicher!" Dann legte ich mich mit meinen Jungs in den Schatten eines Baumes und hielt mit ihnen ein Nickerchen. Mit Napoleon

liege ich am liebsten im rechten Winkel, meinen Kopf auf seinem Bauch, die Arme jeweils auf seinen Vorder- und Hinterbeinen, so dass er eine Art großer, haariger Sessellehne für mich bildet. Ihm gefällt diese Position auch sehr gut.

Im Laufe der Zeit wurde den Leuten im *Lion Park* zunehmend klar, dass ich genau wusste, was ich tat, auch wenn meine Methoden ihnen etwas ungewöhnlich erschienen. Wenn wir Filme und Werbespots drehten, machten die Mitglieder der Filmteams gerne Schnappschüsse von mir und meinen Löwen, und so sahen immer mehr Leute, was ich tat, ohne genau zu wissen, wie ich es machte. Das war vielleicht der Auslöser für die Geschichten über vollgefressene Löwen ohne Krallen, Elektroschocker und unsichtbare Wächter mit ihren AK -47 Gewehren im Hintergrund.

Ich mache keinen Einzelkämpfer-Kreuzzug für eine andere Art des Umgangs mit zahmen Löwen. Natürlich glaube ich, dass meine Art von Beziehung zu Raubtieren gut für mich und gut für sie ist, aber ich kann kein Anleitungsbuch für Löwenhalter schreiben, aus dem sie lernen könnten, wie sie eine Beziehung zu ihren Tieren aufbauen. So funktioniert die Sache nicht.

Ich habe im Laufe der Jahre langsam gelernt, wie man mit Tieren umgeht, und ich lerne immer noch dazu. Wie schon gesagt, fahre ich gerne Motorradrennen, und deshalb will ich hier eine Analogie aus dieser Welt anführen: Die Leute haben mich gefragt, wie ich meine Methoden gelernt oder entwickelt habe. Das ist so, als hätten sie mich gefragt, wie ich es geschafft habe, eine Runde auf der Kyalami-Rennstrecke von Johannesburg auf dem Motorrad in weniger als einer Minute fünfzig zu fahren.

Als ich anfing, lag meine Bestzeit bei zwei Minuten zwanzig, und in jeder Kurve dachte ich, jetzt würde ich einen Crash bauen. Es dauerte mehrere Jahre, bis ich eine Minute fünfzig schaffte. Es gibt Superbike-Schulen, die ich hätte besuchen können, aber ich konnte ja schon Motorrad fahren. Eine Minute fünfzig war eine gute Zeit für einen Hobby-Rennfahrer wie mich, doch ich wollte mein Limit ausreizen. Ziemlich bald merkte ich, dass es mich nicht weiterbrachte, wenn ich mir besonders große Mühe gab, und dass ich wahrscheinlich bei dem Versuch, etwas zu erzwingen, sehr viel eher einen Unfall haben würde, als wenn ich

einfach zum Spaß fuhr und mich nicht wirklich auf das konzentrierte, was ich tat. Die Verbesserung von zwei Minuten zwanzig auf eine Minute fünfzig war schließlich auch nicht über Nacht gekommen, sondern ich hatte hier eine halbe Sekunde und dort eine Zehntelsekunde eingespart, und allmählich hatten diese Kleinigkeiten sich addiert.

Auf dieselbe Weise habe ich gelernt, mit großen Tieren umzugehen – Schritt für Schritt. Es fing an, als sie jung waren, und wir haben Jahre gebraucht, um dahin zu kommen, wo wir jetzt sind. Ein Löwe – irgendein Tier – gibt einem oft die Gelegenheit, etwas auszuprobieren.

Schwimmen ist ein Beispiel. Eines Tages war ich mit den Löwinnen Meg und Ami in einem der offenen Bereiche des *Lion Parks* unterwegs. Meg ist die Athletin. Wie Napoleon hat sie jede Menge Selbstvertrauen und probiert fast alles aus – ist andererseits jedoch extrem sensibel und kann wochenlang schmollen. Dann muss man selbst herausfinden, was sie bedrückt. Sie weiß, dass sie etwas Besonderes ist und einen wichtigen Platz in meinem Herzen einnimmt, so dass ich ihr viel durchgehen lasse, sobald sie mich bei meinen Emotionen packt.

Ami ist zierlicher und schlanker als Meg. Meist folgt sie Meg, wirkt aber immer etwas weniger lebhaft und nicht ganz so überzeugt von ihren eigenen Fähigkeiten. Ami ist wie ein Kind, das hin und wieder etwas Ermutigung braucht.

Es war Sommer, das Gras stand hoch und war saftig grün, und wir gingen an einer Talsperre vorbei, die randvoll und dicht von Schilf umgeben war. Ich bemerkte, dass Meg sich ziemlich für das Wasser interessierte und am seichten Ufer verhalten mit ihrer dicken Pranke darin herumplanschte. Es war ein warmer Tag, und ich dachte, was soll's, ich geh einfach ins Wasser und warte ab, was passiert. Ich zog meine Sandalen aus und watete, mit Cargo-Shorts und T-Shirt bekleidet, hinein. Trotz des Sonnenscheins war das Wasser kalt. Aber ich watete weiter bis in die Mitte, tauchte ganz ein und paddelte auf eine Weise herum, von der ich dachte, so etwa würden Löwen schwimmen – eine Art übertriebenes Hundeschwimmen.

„Komm Meggie. Willst du schwimmen, mein Mädchen? *Wuh-ooow, wuh-ooow*", rief ich sie, während ich hin- und herpaddelte.

Meg sah mich verwundert an, als wollte sie sagen: „Kev, was machst du denn da, Junge?"

Ich rief und schwamm immer weiter, und Meg kam vorsichtig, Schritt für Schritt, ins Wasser. Sie schaute nach links und nach rechts und ging dann weiter, bis ihre Vorderbeine nass waren. Sie stieß sich vom Ufer ab und schwamm zu mir herüber. Sobald sie mich erreicht hatte, wirkte sie erleichtert, aber auch etwas nervös. Sie klammerte sich an mich wie an ein menschliches Floß, die mächtigen Pranken auf meine Schultern gelegt. Ich hatte etwas Fleisch in der Hosentasche, das ich jetzt herausholte und ihr von Hand fütterte. Wir schwammen eine Weile, und es gefiel ihr. Anschließend saßen wir am Rand des Wassers im Gras und ließen uns in der Sonne trocknen, bevor wir unseren Spaziergang fortsetzten.

Ich hatte gehört, dass Löwen Wasser hassen, und es praktisch unmöglich ist, ihnen das Schwimmen beizubringen. Ich habe nicht einmal versucht, es Meg beizubringen – sie hat einfach gesehen, was ich tat, und beschlossen, es ebenfalls auszuprobieren. Jemand rief mir zu, vorsichtig zu sein. Er dachte wohl, sie würde mich mit ihren Krallen umbringen, als sie zu mir herüberschwamm und dabei mit ihren gewaltigen Pranken auf die Wasseroberfläche schlug. Aber mit Meg und Ami zu arbeiten, ist auch deshalb eine Freude, weil sie beim Spiel nicht automatisch ihre Krallen ausfahren. Das schafft nach meiner Erfahrung nur einer von vierzig Löwen.

Als Meg an diesem Tag schwamm, haben wir lediglich etwas ausprobiert. Löwen in Gefangenschaft haben nur begrenzte Möglichkeiten, Neues zu versuchen, und deshalb bin ich überzeugt, dass Meg Spaß daran hatte.

Ich empfinde meine Löwen als zahm, nicht als dressiert. Aber dass sie zahm sind, bedeutet für mich nicht, dass sie nicht einen Fremden töten könnten, und die Tatsache, dass sie nicht dressiert sind, heißt keineswegs, dass sie nicht tun, worum ich sie bitte.

Meine Löwen reagieren auf mich genauso wie mein Hund Valentino (nach meinem Helden benannt). Wenn ich ihn rufe, kommt er aus einem von zwei Gründen – weil er Futter oder Aufmerksam-

keit haben will. Meine Löwen reagieren aus denselben Gründen, und weil wir eine feste Beziehung haben.

Manchmal funktioniert etwas nicht wie geplant. Ich erhielt eine Anfrage nach zwei männlichen Löwen, die bei Sonnenuntergang für eine Fernsehwerbung gefilmt werden sollten. Die Sache klang einfach, aber ich habe in der Welt von Film und Fernsehen gelernt, dass es dort nichts Einfaches gibt. Während die Crew aufbaute, schaute ich nach meinen Jungs. Sie hatten sich eindeutig in der Nacht zuvor geprügelt, denn sobald ich ins Gehege ging, sah ich, dass Tau hinkte. Sein friedlicher und gelassener Bruder hatte ihm offenbar einen Hieb ins Bein versetzt. Napoleon konnte es kaum erwarten, auf den LKW zu kommen, der ihn für den Film in den offeneren, savannenähnlichen Teil des Parks bringen würde. Um die Filmcrew herum war ein Käfig aufgestellt worden, und alles ging gut voran, nur Tau wollte nicht auf den LKW, und ich fürchtete schon, wir müssten den Dreh absagen.

Schließlich holte ich Napoleon wieder vom Wagen herunter, und Tau zeigte nun mehr Bereitschaft, dort seinen Platz einzunehmen. Ich gab ihm etwas Fleisch und ließ mir Zeit mit ihm. Jemand anders hätte ihn vielleicht mit einem Elektroschocker oder einem Stock hinaufgetrieben, aber das kam für mich gar nicht in Frage. Die Aufnahmen wurden um einige Stunden verschoben, weil sich über Johannesburg ein Sommersturm zusammenbraute. Unheilvolle schwarze Wolken türmten sich am Himmel und verdunkelten die untergehende Sonne, sodass die Crew für künstliches Licht sorgen musste.

Tau sprang schließlich auf die Ladefläche, und ich schloss sanft die Tür hinter ihm. Er hatte seine eigene Entscheidung getroffen. Napoleon folgte ihm eifrig, und wir rollten zur anderen Seite des Parks. Meine Jungs benahmen sich tadellos, und die Crew bekam ihre dreißig Sekunden mit zwei majestätischen Löwen, die in die Ferne blickten und ihre von dichten Mähnen umrahmten Gesichter im (künstlichen) Licht badeten. Als wir fertig waren, sprang Napoleon gehorsam zurück auf den LKW, aber Tau beschloss, er würde bleiben, wo er war.

Tau ist stur, aber das gehört zu den Eigenschaften, die ich an ihm mag. Er ist wie ich. Wir machen alles in unserem eigenen

Tempo und auf unsere eigene Weise. Während die Crew einpackte und Napoleon nach Hause gefahren wurde, saß ich neben Tau, lehnte mich an ihn und beobachtete, wie es allmählich dunkel wurde. Wahrscheinlich tat ihm seine Verletzung noch etwas weh, und als er schließlich der Meinung war, er habe sich genug geschont – als er zum Aufbruch bereit war –, machten auch wir uns auf den Heimweg.

Ich sage nicht, dass irgendjemand anders genauso wie ich mit Löwen arbeiten sollte – ich tue einfach das, was bei mir funktioniert. Ich halte mich nicht für etwas Besonderes. Wie schon gesagt, wenn ich eine „Begabung" habe, dann ist das einfach meine Fähigkeit, meinem sechsten Sinn zu folgen. Auch meine Frau hält mich nicht für etwas Besonderes – sie weiß, dass ich ein ganz gewöhnlicher Mensch bin. Ich finde es arrogant, wenn manche Leute sagen, dass sie auf eine besondere Art mit Tieren arbeiten oder ein besonderes Talent haben und niemand das tun kann, was sie tun.

Als ich anfing, mit Tau und Napoleon zu arbeiten, tat ich das nicht in der Hoffnung, dass sie eines Tages in Fernsehwerbespots oder in Filmen auftreten würden. Ich habe auch keinen Gedanken daran verschwendet, dass ich irgendwann vielleicht die Chance haben würde, bei Dokumentarfilmen oder Spielfilmen mitzuwirken. Aber natürlich freue ich mich über das Interesse an meinen Tieren und an der Art und Weise, wie ich mit ihnen gearbeitet habe. Wir haben zweifellos eine Menge Publicity bekommen. Ich freue mich, wenn sich jemand einen meiner Dokumentarfilme anschaut und anschließend Hyänen nicht mehr für aasfressendes Gesindel hält, sondern sie als intelligente, umgängliche Tiere betrachtet. Und ich freue mich genauso, wenn mich jemand im Fernsehen mit Tau und Napoleon sieht und erkennt, dass Löwen keine blindwütigen Menschenfresser, sondern gesellige Tiere sind, die sich gegenseitig – und mir – Liebe und Zuneigung zeigen können.

Dokumentationen, Filme und Fernsehbeiträge erlauben mir, sehr viel mehr Menschen über Tiere und Naturschutz zu informieren, als ich das tun könnte, wenn ich lediglich Touristen und südafrikanische Schulkinder durch den *Lion Park* führen würde. Ich bin nicht der Erste, der das sagt, aber wir Menschen müssen immer wieder wachgerüttelt werden, damit wir uns ernsthaft für

den Umwelt- und Naturschutz engagieren. Die Zahl der Löwen in Afrika ist in weniger als zwanzig Jahren von 350.000 auf 23.000 bis 25.000 gesunken, und deshalb ist alles, was ich den Leuten über die Schutzwürdigkeit dieser Tiere beibringen kann, der Mühe wert. In fünfzig Jahren gibt es sonst vielleicht keinen einzigen Löwen mehr.

Der australische Naturschützer und Dokumentarfilmer Steve Irwin war ein toller Kerl, der vielen Menschen in aller Welt einfache Botschaften über Naturschutz vermittelt hat. Besonders bewundert habe ich an Steve, dass er seinen Worten auch Taten folgen ließ. Es gibt andere Dokumentarfilmer, die einfach nur Fernsehstars sind und sich nicht die Bohne darum kümmern, was aus dem Biber oder dem Eisbären wird, über den sie reden. Steve war anders. Er hat riesige Gelände gekauft und sie zu Naturschutzgebieten erklärt. Wenn ich es mir leisten könnte, ein Stück Land zu kaufen und einen Nationalpark daraus zu machen, würde ich das tun, aber ich kann es nicht. Also mache ich weiter Filme und Dokumentationen. Aber wenn morgen Schluss wäre mit der ganzen Filmerei, den Fernsehaufnahmen und der Publicity, würde ich für mich persönlich darüber keine einzige Träne vergießen, weil ich dann mehr Zeit mit meinen Tierfreunden und meiner Frau verbringen könnte. Für die Tiere und die Umwelt würde ich jedoch eine Menge Tränen vergießen, denn sie wären die Verlierer, wenn die Naturschutzbotschaft nicht weiter verbreitet werden könnte.

Wenn Leute mich fragen, wie ich mit den Tieren arbeite, wollen sie im Grunde meist wissen, warum ich tue, was ich tue. Es geht mir dabei nicht um Geld. Ich habe nicht angefangen, die Hälfte meiner Tage im *Lion Park* zu verbringen, oder einen Vollzeitjob dort angenommen, weil die Bezahlung gut war oder ich dachte, wir würden eines Tages vielleicht einen Film drehen. Ich habe Beziehungen zu diesen Tieren aufgebaut, und manchmal haben diese Beziehungen es mir ermöglicht, meine Freunde zur Arbeit mit mir zu überreden. In der ersten Zeit habe ich aus einem Gefühl der Verpflichtung heraus gehandelt. Meine Aufgabe im *Lion Park* bestand darin sicherzustellen, dass die Löwen, Hyänen und anderen Raubtiere im Park die bestmögliche Lebensqualität hatten, die Tiere in Gefangenschaft haben können. Dazu gehörte auch, den

Tieren Anregungen zu bieten, aber ich stellte bald fest, dass dieser Teil meines Jobs keine Einbahnstraße war. Die Beziehungen, die zwischen den Tieren und mir entstanden, machten mir mindestens so viel Freude wie ihnen.

Eines Tages kam ich zum Gehege eines anderen Löwen, Siam. Ich war erstaunt, dass er direkt am Zaun stand und mich rief: *„Wuh-ooow, wuh-ooow.“*

„Hallo, mein Junge. Das ist ja eine Überraschung.“ Was mich an dieser kleinen Begegnung so erstaunte, war die Tatsache, dass Siam sein Gehege mit einer Löwin teilte und beide sich gerade in der Paarungsphase befanden. Man hatte mir immer gesagt, ich solle mich während dieser Zeit von den Löwen fernhalten, weil sie mich nicht in ihrer Nähe haben wollten. Ich ging ins Gehege und beschäftigte mich eine Weile mit Siam, rieb meinen Kopf an seinem, bürstete ihn, kraulte ihn und trieb mich mit ihm herum, während seine Partnerin in der Nähe faulenzte. Als ich schließlich weitermusste, sagte ich: „Danke Siam.“ Aus irgendeinem Grund hatte er mich ins Gehege eingeladen. Das gab mir einen gewaltigen Kick.

Auch Napoleon hat mich während der Paarungszeit gerne in der Nähe, aber andere Leute, die mit Löwen arbeiten, glauben mir nicht, wenn ich ihnen von Siam und Napoleon erzähle. Seltsam ist dabei, dass Napoleon sich in der Paarungszeit zwar durch meine Gegenwart nicht gestört fühlt, aber Tau nicht in seine Nähe kommen darf. Tau duldet in der Paarungsphase kein anderes männliches Geschöpf neben sich.

Was ist denn nun mein Platz im Leben dieser Tiere, und wie nehmen sie mich wahr? Die kurze Antwort lautet: Ich weiß es nicht. Wenn es um Frauen geht, kommen Napoleon und ich besser miteinander klar als Tau und ich. Verstehen Sie mich nicht falsch, Tau und ich haben eine gute Beziehung, aber im Hinblick auf seine Mädels traut er mir einfach nicht über den Weg. Aber das ist unter Menschen ja nicht anders; es gibt Freunde, die ich bedenkenlos in die Nähe meiner Frau lasse, und es gibt andere, auf die ich lieber ein wachsames Auge halte. Könnte sich die Beziehung zwischen Tau und mir eines Tages so verschlechtern, dass er seine Zähne in mein Fleisch schlagen und mich töten würde? Ich glaube nicht, aber man kann niemals nie sagen. Was treibt Menschen dazu, sich

gegenseitig umzubringen? Frauen, möglicherweise. Aber sogar wenn einer meiner Löwen mich töten würde, bin ich mir sicher, ich würde, wenn ich denn könnte, mein Leben noch einmal genauso führen wie jetzt und nicht das Geringste ändern. Ich habe unendlich viel aus meinen Beziehungen zu Menschen und Tieren gelernt. Ich war früher aufsässig bis zur Unverschämtheit, aber in dieser Hinsicht war ich vermutlich wie ein zwei oder drei Jahre alter Löwe. Ich wollte meinen Platz in der Welt finden, und habe mit Freuden jede Gelegenheit ergriffen, Autoritäten herauszufordern.

Meine Beziehungen zu Löwen und anderen Tieren sind mir bei meinen Beziehungen zu Menschen sehr zugutegekommen. Bei der Arbeit mit Raubtieren muss man besonders aufmerksam auf ihr Verhalten und ihre Verhaltensmuster achten. Ich habe festgestellt, dass ich mich dadurch auch besser auf die menschliche Körpersprache einstellen kann und es mir auffällt, wenn jemand aufgeregt, aufmerksam oder verärgert ist. Bei Menschen will man gelegentlich ein bestimmtes Verhalten nicht akzeptieren und versucht vielleicht, diesen oder jenen Knopf zu drücken, um eine andere Reaktion zu bewirken. Bei einem Löwen lässt man das besser bleiben, sonst bekommt man eine Reaktion, auf die man wirklich gut verzichten kann.

In den zehn Jahren, die ich Tau und Napoleon nun kenne, habe ich mich verändert. Wir sind zusammengewachsen, und auch unsere Beziehung hat sich verändert. Heute gehe ich nicht mehr zu ihnen ins Gehege, weil es mir leid tut, dass sie nicht draußen in der Wildnis leben können, und weil ich es für meine Aufgabe halte, ihr Leben zu bereichern. Ehrlich gesagt, Tau und Napoleon haben ein verdammt gutes Leben, für Löwen und sogar für Menschen, wenn man bedenkt, unter welchen Bedingungen manche Menschen in Afrika existieren. Heute verbringe ich Zeit mit meinen Brüdern Tau und Napoleon, weil ich das will und weil es mir etwas gibt. Ich bin jetzt ein Teil ihres Lebens, und sie sind ein Teil meines Lebens.

Wenn ich auf Reisen bin, vermisse ich sie. In gewisser Weise schränkt mich das ein, aber nicht stärker als andere Beziehungen zu Menschen, die mir nahestehen, oder zu einem Haustier. Ich könnte sie nicht für sechs Monate verlassen, und Mandy behauptet, schon wenn ich drei Wochen von ihnen getrennt bin, benehme ich

mich wie ein Bär, der Kopfschmerzen hat. Ich mache mir Sorgen, was werden soll, wenn sie mich überleben, aber vermutlich gehört auch das zu einer normalen Familienbeziehung. Und wer kann überhaupt sagen, was in irgendeiner Familie normal ist?

Wird es also ein Buch von Kevin Richardson über die Haltung von Löwen in Gefangenschaft geben? Eindeutig nein.

Ich bin gerne bereit, anderen meine Regeln für den Umgang mit Löwen mitzuteilen, aber sie entsprechen weitgehend dem, was einem der gesunde Menschenverstand sagt. Die erste Regel lautet: „Weck mich nicht, wenn ich schlafe." Die zweite Regel: „Komm nicht in meine Nähe, wenn ich fresse (es sei denn, man füttert einen Löwen mit der Hand, was niemand versuchen sollte, nur weil es bei mir funktioniert)." Regel drei besagt: „Erschrecke mich nicht (mach mich darauf aufmerksam, dass du näherkommst)." Und schließlich Regel vier: „Wenn ich dir sage, dass ich genug von dir habe, dann meine ich das auch." Jeder Löwenhalter würde ungefähr dasselbe sagen, aber könnte ich irgendjemandem beibringen, das, was ich tue, auf dieselbe Weise wie ich zu tun?

Ich könnte jemandem beibringen, wie man Motorrad fährt, aber ich könnte ihm nicht beibringen, eine Runde auf dem Kyalami-Kurs in einer Minute neunundvierzig Sekunden zu fahren. Das müssen Sie selbst lernen, und schnell zu fahren lernt man nur, indem man es langsam angehen lässt.

Kapitel 7:

Verantwortung für das Leben anderer tragen

Als ich in meiner Kindheit im Zoo war, kam ich zu dem Schluss, dass ich Zoos nicht mochte. Heute würden manche Leute vielleicht sagen, dass der *Lion Park* und die Anlage, wo meine Löwen jetzt leben, das *Kingdom of the White Lion*, kaum mehr sind als ein Zoo mit großen Gehegen. Dem würde ich widersprechen.

Es gibt Leute, die meinen, wilde Tiere sollten nirgendwo in Gefangenschaft gehalten werden, egal unter welchen Bedingungen, sondern alle Tiere sollten in der Wildnis leben. Das ist eine nette Theorie, aber sie lässt sich nicht in die Praxis umsetzen, wenn man die Definitionen von „Gehege", „Bedingungen" und „Wildnis" hinterfragt.

Die „Wildnis" gibt es in Südafrika nicht mehr. Wir haben einige fantastische Nationalparks – die besten der Welt, würde ich sagen –, aber dabei handelt es sich doch um begrenzte Gebiete, die entweder eingezäunt oder auf andere Weise von Menschen so gestaltet sind, dass die dort lebenden Tiere nicht in die weitere Welt hinausgelangen können.

Der Krüger-Nationalpark, das Flaggschiff der südafrikanischen Reservate, ist riesig. Er erstreckt sich über ein Gebiet von der Größe Israels, aber obwohl er kürzlich bis über die Grenze nach Mosambik hinein zum Greater Limpopo Transfrontier Park erweitert worden ist, handelt es sich doch immer noch um ein Gehege – wenn auch ein sehr großes. Sobald man Tiere auf diese Weise daran hindert, auf ihren traditionellen Routen zu wandern und uneingeschränkt umherzustreifen, muss man sie in ihrem beschränkten Lebensraum betreuen. Wenn man zu viele Tiere in einem Teil des Parks hat, wo alles gut wächst, weil es das ganze Jahr hindurch Wasser und ausreichend Regen gibt, dann muss man einige dieser Tiere vielleicht in trockenere Gebiete locken, indem man dort Wasserlöcher gräbt, die mithilfe von Pumpen gefüllt werden. Und plötzlich beginnt man, die natürlichen Gegebenheiten eines Ökosystems zu verändern.

Wie schon erwähnt hat der Krüger-Nationalpark ein Problem mit Elefanten. Auf seinem begrenzten Gebiet kann der Park nur eine gewisse Anzahl dieser mächtigen Tiere halten, denn sie brauchen täglich riesige Mengen Futter und Wasser. Man hat versucht, die Elefanten in andere Reservate umzusiedeln, doch ohne nennenswerten Erfolg. Ungefähr sechshundert Elefanten wurden über die Grenze in den neuen mosambikanischen Teil des Parks geschafft, aber die meisten von ihnen kamen einfach zurück nach Südafrika. Auch Versuche zur Empfängnisverhütung bei den Elefantenkühen erwiesen sich als schwierig. Während die Zahl der Elefanten auf der mosambikanischen Seite des Parks seither gewachsen ist, gehört das Erlegen der Tiere, auf das man aufgrund nationaler und internationaler Proteste vorübergehend verzichtet hatte, heute wieder zu den üblichen Maßnahmen der Parkverwaltung.

Manche Leute sind dagegen, Tiere zu zähmen und auszubilden. Wären alle Menschen zu allen Zeiten dieser Meinung gefolgt, hätten wir heute weder Hauskatzen noch Hunde, und wir würden auch keine Rinder, Hühner, Ziegen oder Reitpferde züchten. Manche Leute sagen, ich sollte meine Löwen nicht zähmen, aber ich halte das für Blödsinn. Ich bereichere ihr Leben, und sie tun dasselbe für mich. Jeder Löwe, mit dem ich je gearbeitet habe, war in gewisser Weise schon domestiziert, weil er in Gefangenschaft gezeugt und geboren wurde. Ich bin nicht dafür, wilde Löwen einzufangen und sie in Gefangenschaft zu halten, aber ich bin auch nicht der

Meinung, dass man die in Gefangenschaft lebenden Löwen an der Fortpflanzung hindern und aussterben lassen sollte.

Was mich an der Debatte über Tiere in Gefangenschaft ärgert, ist die Tatsache, dass sie von einer kleinen Anzahl Extremisten von beiden Enden des Spektrums beherrscht wird. Auf der einen Seite stehen die grünen Betonköpfe, die jede Art von Gefangenschaft beenden wollen, auf der anderen Seite die unethischen Jäger und Halter, die ihre Tiere grausam behandeln und damit für den schlechten Ruf verantwortlich sind, unter dem jeder zu leiden hat, der Tiere in Gefangenschaft hält. Man kann nicht alle Tiere in die Freiheit entlassen oder alle in Gefangenschaft lebenden Tiere auslöschen – das ist kompletter Blödsinn. Wie ich schon gesagt habe, gibt es in Südafrika ohnehin keine „Wildnis" mehr, weil die Tiere wegen der räumlichen Beschränkungen sogar in den Nationalparks betreut werden müssen.

Sehnt sich ein Löwe in Gefangenschaft danach, frei durch die Serengeti oder den Krüger-Nationalpark streifen zu können? Das ist eine menschliche Vorstellung, und meiner Meinung nach lautet die Antwort nein. Ein Löwe weiß, was er weiß. Holt man einen Löwen aus einem 40 Hektar großen Gehege und steckt ihn in einen kleinen Käfig, dann gewöhnt er sich vielleicht an seine neue Umgebung, aber er wird darunter leiden. Das ist wie bei einem Menschen, den man ins Gefängnis steckt.

Andererseits nehme ich meinen Hund Valentino auf Fahrten und Wanderungen in Gebiete mit, die sehr viel größer sind als der Garten hinter meinem Haus, und dasselbe gilt für meine Löwen. Führen solche Ausflüge dazu, dass sie sich danach sehnen, frei herumzulaufen? Nach allem, was ich sehe, lautet auch hier die Antwort nein.

Löwen leben aus verschiedenen Gründen in Gefangenschaft. Erstens geht es hier um Bildung. Selbst wenn ich nicht mehr für Fernsehen und Film arbeiten würde, so würde ich meine Tiere doch immer noch Schulklassen zeigen wollen, weil ich unbedingt der Meinung bin, dass wir jungen Menschen die Schönheit und Wunder der Natur und die Probleme wild lebender Tiere vermitteln sollten. Manche Leute finden es vielleicht paradox, dass wir Löwen in Gefangenschaft halten, um mit ihrer Hilfe auf die bedrängte

Situation wild lebender Löwen hinzuweisen, aber viele Schulkinder, die ich im Laufe der Jahre durch den *Lion Park* geführt habe, würden in ihrem ganzen Leben keinen Löwen in der Wildnis zu Gesicht bekommen. Südafrika mag zwar den Ruf haben, ein Paradies für wild lebende Tiere zu sein, ist aber doch ein sehr urbanisiertes Land mit einer überwiegend armen Bevölkerung, die sich vor allem einen Job und ein ordentliches Dach über dem Kopf in einer größeren Stadt wünscht.

Ein weiterer Grund, warum Löwen in Anlagen wie dem *Lion Park* gehalten werden, ist der Tourismus. Nicht jeder, der nach Afrika kommt, hat die Zeit, das Geld und die Lust, auf Safari zu gehen, aber jeder wird wahrscheinlich einen Löwen sehen wollen. Auch in Zoos werden Löwen aus eben diesen Gründen gehalten.

Ich sehe darin kein Problem, solange die Löwen gut versorgt werden und glücklich sind. Das ist natürlich immer eine subjektive Einschätzung. Meine Ansichten darüber habe ich zunächst aus meinen Erfahrungen als Besucher entwickelt und später dann als jemand, dessen Job es war, das Leben von Raubtieren zu bereichern, die – was immer Sie davon halten mögen – ausersehen waren, ihr Leben in Gefangenschaft zu verbringen. Und ich habe festgestellt, dass meine sogenannte unorthodoxe Art, Beziehungen zu Löwen und anderen Raubtieren aufzubauen und mit ihnen zu arbeiten, mir geholfen hat, einige neue, andere und, wie ich glaube, bessere Methoden zu entwickeln, wie man das Leben von Tieren in Gefangenschaft einrichtet.

Im Laufe der Jahre habe ich festgestellt: Wenn die Besucher den Eindruck haben, dass die Tiere glücklich sind, dann sind sie es wahrscheinlich auch.

Nehmen wir zum Beispiel die Bewegungsfreiheit. Die meisten Leute haben den Eindruck, dass ein Tier in einem kleinen Gehege oder Käfig unglücklich ist. Das mag stimmen oder auch nicht. Wenn ich sehe, dass ein Tier vor dem Zaun auf- und abläuft, sei es nun ein vier mal vier Meter großer Käfig oder ein Gehege von fünfundzwanzig Hektar, dann bin ich überzeugt, dass etwas nicht stimmt.

Löwen sind seltsame Geschöpfe. Ein männlicher Löwe ist glücklich, wenn er Wasser, Futter und Sex hat. Solange er glücklich

ist, wird er höchstwahrscheinlich die meiste Zeit auf einem Fleck sitzen. Einer meiner weißen Löwen, Thor, lebt in einem fünfundzwanzig Hektar großen Gehege und sitzt Tag für Tag auf demselben Fleck unter seinem Lieblingsbaum. Wenn die Sonne dorthin scheint und es ihm zu warm wird, steht er auf und wechselt auf die schattige Seite des Baumes. Sein Verhalten gleicht dem eines wild lebenden Löwen, aber dieser muss auch noch durch sein Territorium patrouillieren. Um das zu simulieren und den Löwen eine Aufgabe zu stellen, werden sie gelegentlich in ein anderes Gehege umgesiedelt. Wenn ein Löwe in ein ehemaliges Hyänengehege kommt oder auch in ein Gehege, in dem sich vorher andere Löwen aufgehalten haben, läuft er eine Weile schnüffelnd herum und markiert sein Territorium. Auf diese Weise gibt man ihm etwas Interessantes zu tun. Sobald er zufrieden ist, dass er seine Ansprüche hinreichend deutlich gemacht hat, setzt er sich glücklich unter einen Baum.

Wir verschaffen den Löwen auch Bewegung und unternehmen mit ihnen Wanderungen hinaus in das offene Gelände des Parks. Bei einer dieser Gelegenheiten bekamen unsere Löwen mehr körperliche Bewegung, als wir erwartet hatten. Wir waren zu dritt mit Thunder und Rain unterwegs: Helga, eine fantastische Betreuerin im *Lion Park*, die ich die Mutter aller Welpen nenne, weil sie so viele aufgezogen hat, Alex, der Trainer, und ich. Wir verließen mit unseren Schützlingen das Löwengehege und nahmen sie mit in das größere eingezäunte Gebiet, in dem sich Gnus, Zebras, Giraffen, Impalas und andere Pflanzenfresser aufhielten.

Das war ein Experiment, und ich vermute, einige Leute im Park betrachteten unseren Ausflug etwas skeptisch. Aber ich wollte den Löwen neue Erfahrungen ermöglichen.

Thunder redete mit mir, und ich antwortete ihm in der Löwensprache und in der Menschensprache. „Hallo mein Junge. Das macht dir Spaß, stimmt's?"

Thunder blieb stehen und hob die Nase. Er begann zu schnuppern. Ich schaute in die Richtung, aus der der Wind kam, über die offene Ebene mit sanft wogendem goldenem Gras. Am Horizont sah ich eine kleine Gnuherde grasen. Thunder starrte aufmerksam dorthin.

„Er wittert sie", sagte ich zu Helga und Alex und wies auf den Löwen und die seltsamen Geschöpfe, die sein Interesse geweckt hatten.

Alex schüttelte den Kopf. „Nie und nimmer. Die beiden werden niemals ein Gnu fangen. Schau dir Thunder an, er ist nicht in Form, und die Gnus werden abhauen, bevor die zwei auch nur in ihre Nähe kommen."

Es gibt Leute – diese Leute, die alles über Löwen wissen –, die behaupten, man könne einen zahmen Löwen nicht auswildern und ihm nicht das Jagen beibringen. Ich warf einen Blick auf Thunder und sah, dass er die Tarnhaltung eingenommen hatte und seinen gelbbraunen Körper in das farblich passende Gras duckte. Er schlich vorwärts. Von wem hatte er dieses Verhalten gelernt? Er war in Gefangenschaft aufgewachsen und hatte in seinem ganzen Leben noch nie gejagt. Dasselbe galt für seine Mutter und seinen Vater. Das hier war angeborenes, instinktives Verhalten.

„Seht euch Rain an", forderte Helga uns auf.

Sie schien ebenfalls vom Jagdfieber erfasst zu sein und war, wie wir zunächst annahmen, zu einem klassischen Flankenmanöver losgeschossen.

„Zebra", sagte ich, während ich Rains Weg und Blick folgte. „Es hat ein Fohlen dabei." Rain hatte offensichtlich eine andere Beute als Thunder im Auge, und mir schien, dass sie sich mit dem Fohlen einen leichteren Fang ausgesucht hatte.

„Thunder!", zischte ich. „Was machst du da, mein Junge?" Hundert Meter vor uns schlich er durch das Gras und brach dann aus seiner Deckung hervor. Atemlos schauten wir zu, wie er auf die Gruppe ahnungsloser Gnus zustürmte. Auch sie hatten ein sehr behütetes Leben geführt, aber jetzt spritzten sie auseinander, als ginge es um ihr Leben – und genau darum ging es. Thunder pflügte bei seinem Angriff einen Pfad durch die Steppe. Dann sahen wir ihn inmitten der Staubwolke, die von den galoppierenden Hufen aufgewirbelt wurde. Er sprang einem glücklosen Gnu auf den Rücken und riss es zu Boden. Binnen weniger Sekunden hatte er ihm die Fänge in den Hals geschlagen, während das Opfer noch wild mit den Hufen um sich schlug.

Thunder erledigte das Gnu, als würde er jeden Tag seines Lebens auf die Jagd gehen.

Vom Erfolg ihres Gefährten wahrscheinlich ermutigt, griff Rain das Zebra an. Sie schloss zu dem Fohlen auf, doch in letzter Sekunde folgte das junge Tier seinem Instinkt und schlug plötzlich einen Haken. Rain versuchte, ihm nachzusetzen, und streckte eine ihrer gewaltigen Pranken aus, um sich mit den Krallen in den Hinterlauf des Zebras zu haken, aber sie verpasste ihn – knapp. Sie verlor das Gleichgewicht und stürzte, war aber sofort wieder auf den Beinen und schüttelte sich gleich darauf verärgert das Gras und den Staub aus dem Fell.

Das Gebiet, in dem wir uns befanden, war riesig – ungefähr zweihundert Hektar groß – und die Gnus und Zebras waren wild (das heißt, sie wurden nicht von Hand aufgezogen), sodass sie eine faire Chance hatten, Thunder und Rain zu entkommen. Ich glaube, wenn wir Rain noch einen Versuch zugestanden hätten, dann hätte auch sie Beute gemacht, aber so funktioniert der *Lion Park* nicht, und damit hatte das Experiment, mit den Löwen Ausflüge in das weitere Gelände mit anderem Wild zu unternehmen, ein Ende gefunden.

Futter ist ein wichtiger Aspekt, wenn man Tiere in Gefangenschaft hält. Im *Lion Park* und im *Kingdom of the White Lion*, wo meine Löwen jetzt leben, sind wir stark von den Spenden der Farmer abhängig, die Tiere durch natürliche Ursachen verloren haben.

Wir sammeln tote Kühe, Pferde und Schweine und erschießen Tiere, die alt, krank oder verletzt sind. Wir nehmen keine Tiere an, die vom Tierarzt eingeschläfert worden sind, weil wir auf die harte Tour gelernt haben, dass Reste von chemischen Stoffen im Fleisch der so getöteten Tiere einen Welpen umbringen können. Erwachsene Löwen werden davon nur bedröhnt, aber auch für sie ist dieses Fleisch ungesund. Für die Farmer ist es ein guter Service, dass wir ihnen die Kadaver abnehmen, weil deren Entsorgung sonst eine Menge Geld kosten würde.

Es gibt eine Lehrmeinung, die besagt, man solle Löwen in Gefangenschaft überfüttern. Manche Halter meinen, dass Löwen mit einem vollen Bauch glücklich sind und deshalb seltener dazu neigen, einen Betreuer anzufallen oder auf der Suche nach Beute auszubrechen. Ich habe das immer für Unsinn gehalten und zu be-

weisen versucht, dass die Zufriedenheit der Tiere wenig mit einem vollen Bauch zu tun hat.

Verschiedene Leute, mit denen ich gesprochen habe, vertraten unterschiedliche Theorien, wie viel Löwen fressen. Am weitesten verbreitet ist die Annahme, dass ein männlicher Löwe 35 Kilo Fleisch pro Woche braucht, während eine Löwin mit 15 bis 20 Kilo auskommt.

Ich war immer ein genauer Beobachter und habe sorgfältige Aufzeichnungen geführt, weil ich der Meinung bin, dass ich nie zu viele Informationen über die Tiere in meiner Obhut haben kann. Niemand im *Lion Park* konnte mir genau sagen, wie viel die Löwen fraßen. Es wurde nur herumgeraten, und das war ein rotes Tuch für mich.

Also begann ich, zu beobachten und mir Notizen zu machen. Im Verlauf eines Jahres kam ich zu dem Ergebnis, dass ein großer männlicher Löwe wie der weiße Löwe Thor im Schnitt 20 Kilo pro Woche braucht, aufgeteilt auf zwei Fütterungen. Wir füttern zweimal pro Woche, weil das in etwa der Häufigkeit entspricht, mit der ein Löwe in der Wildnis frisst, und weil es außerdem ein enormer Aufwand wäre, alle Löwen täglich zu füttern.

Während des folgenden Jahres begann ich, mit Thors Futtermengen zu experimentieren, indem ich sie manchmal erhöhte und manchmal verringerte. Auf diese Weise wollte ich herausfinden, wie viel Futter Thor durchschnittlich brauchte, um ein gesundes, stabiles Gewicht zu halten, ohne seine Form zu verlieren oder negative Verhaltensmuster zu entwickeln. Wenn Löwen an Gewicht und Form verlieren, zeigt sich das schnell an ihren Hüften und Rippen, und ihr Fell wird struppig.

Ich stellte fest, dass Thor 17 Kilo Fleisch pro Woche brauchte, also weniger, als wir ihm bisher gefüttert hatten, und nur knapp die Hälfte dessen, was andere als Minimum angaben. Ich finde nicht, dass Löwen übergewichtig sein sollten, nur weil manche Leute denken, das würde sie weniger gefährlich machen. Niemand will auf einem Filmset einen fetten Löwen sehen, aber darum ging es mir nicht bei meinen Experimenten mit Thor. Ich wollte einen zufriedenen, gesunden Löwen in Topform, und genau den bekam ich. Ich hoffe, dass nun wenigstens niemand mehr behauptet, ich könne nur deshalb zu meinen Löwen ins Gehege gehen und mit ihnen spielen, weil sie überfüttert sind. Ich spiele auch ganz unbesorgt eine Minute vor der regulären Fütterungszeit mit meinen Löwen. Sie betrachten mich nicht als Futter, und ihre Zufriedenheit hängt nicht davon ab, ob ihr Bauch voll ist.

Meine besondere Beziehung zu meinen Tieren bedeutet, dass ihre tägliche Versorgung für mich sehr viel einfacher ist als für jeden Tierpfleger in jedem beliebigen Zoo der Welt.

Das Gehege sauber zu halten, ist sehr wichtig, und wenn die Mitarbeiter kommen, die dafür zuständig sind, kann ich meine Löwen einfach rufen und sie in ihren Nachtpferch bringen. Ich weiß aus Erfahrung, wenn man ein Rudel „wilder" Löwen – denen man nicht nahe kommen darf – in einen Käfig bringen will, dann gibt es immer einen, der sich wehrt. Je sauberer ein Gehege ist, desto weniger Probleme hat man mit Fliegen und Krankheiten, aber wenn meine Löwen doch einmal Ärger mit Fliegen haben, dann kann ich ihnen eine Salbe direkt auf die Ohren streichen. Es gibt nicht viele Löwenpfleger, die das ohne eine Betäubung der Tiere wagen können.

Wenn meine Löwen verwurmt sind, dann kann ich zu ihnen gehen und ihnen das Wurmmittel geben. Um Zeckenbefall zu vermeiden, kann ich ihnen das betreffende Mittel direkt ins Fell reiben. Und wenn ich gelegentlich doch eine Zecke bei ihnen finde, kann ich sie einfach ziehen. Es ist schwierig, Löwen von Zecken zu befreien, wenn sie nicht daran gewöhnt sich, dass Menschen sie anfassen. Sie müssen dann in eine Art Zwinger getrieben und eingesprüht werden, und das hassen sie. Wenn einer meiner Löwen Antibiotika braucht, bekommt er sie von mir aus der Hand, und so bin ich sicher, dass er sie genommen hat.

Einmal hatten Napoleon und Tau einen Kampf, wie er unter Löwen üblich ist, und Tau verpasste Napoleon einen wirklich üblen Riss in eine seiner Pranken. Ich rief die Tierärztin an, und als sie zum Gehege kam, fragte sie mich, ob ich ihr die Wunde zeigen könnte, ohne dass sie Napoleon gleich betäuben musste. Also führte ich den hinkenden Napoleon zum Gatter, hob seine Pranke hoch und zeigte sie der Ärztin, die auf der anderen Seite des Zauns stand.

„Sieht übel aus", sagte sie, „aber das kann ich nicht nähen. Schließlich können wir die Pranke nicht verbinden und ihm dann sagen: ‚He, Napoleon, da darfst du ein paar Tage nicht drangehen.' Er wird den Verband schneller runterzerren, als wir ihn anlegen können."

Sie empfahl mir stattdessen, die Pranke zweimal täglich in einen Eimer Wasser mit Hibiscrub zu tauchen, die antibakterielle Seife, mit der sich Chirurgen vor einer Operation die Hände waschen. Danach sollte ich die Wunde eincremen und Napoleon ein Antibiotikum als Pille verabreichen.

„Kein Problem", sagte ich, und fragte mich, ob sie mir das glaubte.

Napoleon hatte Schmerzen, aber trotzdem ließ er mich genau das tun, was die Ärztin empfohlen hatte, und sogar ich dachte: „Wow, das ist klasse." Schließlich hinkte er mir schon entgegen, wenn er mich zum Tor kommen sah. Es muss ihm ziemlich wehgetan haben, wenn ich seine Pranke in den Eimer hielt, aber er wusste, dass die Behandlung gut für ihn war, und dass ich ihm keine Schmerzen zufügen wollte. Darin zeigte sich die Beziehung zwischen Napoleon und mir, aber ich weiß nicht, ob Tau ein ebenso geduldiger Patient gewesen wäre.

Wie schon erwähnt, ist Tau ganz anders als Napoleon. Nicht dass meine Beziehung zu Napoleon besser wäre, sie ist einfach anders. Tau ist nicht so vertrauensvoll wie Napoleon und scheuer. Napoleon ist total entspannt und gelassen und sehr selbstsicher. So wie bei Menschen können Brüder auch bei Löwen sehr verschieden sein. Und das kann natürlich zu Problemen führen. Tau und Napoleon mussten gechipt werden, damit sie identifiziert werden können, und obwohl ich diesen beiden Löwen auch ohne Betäubung und ohne Hilfe von anderen eine Menge zumuten kann, hätte ich mir bei dem Versuch, ihnen eine dicke Nadel mit einem Mikrochip in die Schulter zu rammen, wohl einen Biss eingehandelt. Manchmal bleibt auch mir nichts anderes übrig, als meine Löwenbrüder vor einer Behandlung zu sedieren.

Da ich einen Tierarzt brauchte, bat ich Dr. Paul Bartells, sich um das Chippen zu kümmern und bei dieser Gelegenheit auch gleich einige DNA-Proben von den beiden Löwen zu nehmen. Außen vor dem Zaun stehend zielte er auf Napoleon, atmete durch und

drückte auf den Abzug. Der Pfeil traf Napoleon in den Rumpf, und er ging zu Boden wie ein Sack Kartoffeln. Paul lud das Gewehr erneut und feuerte auf meinen anderen Löwen. Auch dieser Schuss war ein Treffer, aber Tau schien weniger empfindlich auf das Betäubungsmittel zu reagieren. Er machte ein paar schwankende Schritte, setzte sich, stand dann aber wieder auf. Aus irgendeinem Grund wirkte die Dosis einfach nicht.

„Ich gebe ihm noch eine Ladung", sagte Paul.

Ich nickte mit wachsender Sorge. Er schoss einen weiteren Pfeil ab und meinte: „Das sollte jetzt reichen, aber lass uns schon mit Napoleon anfangen, sonst wacht er zu früh auf."

Ich stimmte zu – wider besseres Wissen. Tau war benommen, aber für meinen Geschmack wirkte er immer noch zu wach. Außerdem war er vermutlich stinksauer, denn schließlich hatte er gerade zwei Pfeile in den Hintern bekommen. Aber zum Glück befand sich Tau am äußersten Ende des Geheges, während Napoleon in der Nähe des Gatters lag. Wir beschlossen hineinzugehen – Paul, seine Assistentin und ich. Wir knieten uns neben Napoleon und wollten gerade mit der Arbeit beginnen, als ein paar Zuschauer außerhalb des Geheges zu rufen begannen.

„Passt auf!", schrie einer. „Tau steht auf!"

Wir drehten uns alle drei um. Tau hatte gesehen, dass wir uns an seinem Bruder zu schaffen machten, und das gefiel ihm überhaupt nicht. Er startete zum Angriff, und wir sprangen auf und rannten zum Tor. Tau war ungefähr fünfzig Meter von uns entfernt, und wir hatten fünf Meter bis zum Tor.

Paul und ich drängten seine Assistentin durch das Gatter, und sie war in Sicherheit. Paul war als nächster am Tor, ich hinter ihm, aber Tau stürmte immer noch auf uns zu. Obwohl er eine doppelte Dosis Betäubungsmittel im Leib hatte, erreichte er uns, bevor Paul und ich es nach draußen schafften.

Tau richtete sich auf und stürzte sich auf Paul. Er stürmte an mir vorbei, obwohl ich das nähere Ziel gewesen war. Er packte mit seinen Kiefern den Arm des Tierarztes, und ich hörte es knirschen, als würde jemand in einen knackigen, saftigen Apfel beißen.

Tau schlug seine Krallen in Pauls Hinterteil und versuchte, ihn zurück ins Gehege zu zerren. Unterdessen hatten die Assistentin

und die anderen Leute draußen Paul ebenfalls gepackt und zogen ihn in die entgegengesetzte Richtung, um ihn in Sicherheit zu bringen. Der arme Paul stand kurz davor, auseinandergerissen zu werden, und ich hatte eine Höllenangst, der Löwe würde ihm den Arm abreißen.

Ich hatte an diesem Tag kein Pfefferspray bei mir, und so tat ich das Einzige, was mir einfiel, um Tau zum Loslassen zu bewegen. Ich griff um den gewaltigen Löwenkopf herum und rammte zwei Finger einer Hand in Taus Nasenlöcher. Die Finger der anderen Hand drückte ich unter seinen Kiefer und blockierte damit seine Luftröhre.

Tau schnappte nach Luft, und dieser kurze Moment, in dem seine Zähne von Pauls Arm abließen, reichte den Helfern aus, um den blutenden Mann nach draußen zu zerren. Ich dagegen befand mich immer noch im Gehege mit einem wutentbrannten, total verpeilten Löwen. Er wusste nicht mehr, wer ich war, was ich mit ihm tat, und warum ich es tat. Jetzt wollte er mich angreifen, und so rannte ich zurück ins Gehege. Ich muss ausgesehen haben wie ein Rodeo-Clown, der von einem wütenden Bullen gejagt wird, und ich hetzte wie ein Sprinter, der auf der Hundertmeterstrecke den olympischen Rekord brechen will, an der Innenseite des Zauns entlang, Tau immer auf den Fersen.

Ich steuerte auf den Ausgang zu, als mir ein etwa zwei Meter breites Wasserloch den Weg versperrte. Tau hatte den Abstand zwischen uns verringert, und so musste ich den Versuch wagen, über das Wasserloch zu springen, aber ich strauchelte beim Absprung und landete bäuchlings im Wasser.

Das Witzige war, dass genau in diesem Moment Tau ebenfalls ins Stolpern geriet, vollkommen synchron. Wahrscheinlich wirkte sich das Betäubungsmittel jetzt endlich auf seine Koordination aus. Wäre er nicht im selben Augenblick gestürzt wie ich, dann hätte mich mein geliebter zugedröhnter Löwe wahrscheinlich mit seinen Zähnen und Krallen in Stücke gerissen. Patschnass rappelte ich mich auf und hetzte zum Gatter, während Tau hinter mir – endlich betäubt – liegen blieb.

Paul wurde mit dem Rettungshubschrauber ins Krankenhaus gebracht, wo man seinen zerfleischten Arm mit hundert bis zwei-

hundert Stichen zusammenflickte. Er brauchte über ein Jahr, um sich zu erholen, und den Arm kann er bis heute nicht voll ausstrecken. Aber Paul ist ein zäher Bursche und hat sich davon nicht beeindrucken lassen. Wie ich fliegt er Ultraleichtflugzeuge, er ist Chef des National Zoo's Wildlife Biological Resource Center und wurde mit dem National Science and Technology Forum Award ausgezeichnet. Aber ich denke immer noch, er ist vielleicht am stolzesten darauf, dass er von einem Löwen zerfleischt wurde und es überlebt hat.

Ich kenne jemanden, über dessen Computer der Spruch hängt: „Schalte das Gehirn ein, bevor du dein Mundwerk in Gang setzt." Beim Umgang mit Menschen ist das sicher eine gute Philosophie. Nach meiner Erfahrung ist es eine noch bessere Philosophie, beim Anblick eines Löwen erst einmal darüber nachzudenken, wie er behandelt wird. Bevor ich irgendetwas über einen Löwen mutmaße oder einen Schritt auf ihn zu mache, versuche ich, alle mir bekannten Fakten zu berücksichtigen. Ich habe beispielsweise Löwen in Gefangenschaft gesehen, die mir unglücklich erschienen. Aber ich weiß nicht wirklich, was im Kopf dieses Löwen vor sich geht, der da hinter seinem Zaun lebt, und ich weiß nicht, welche Beziehung der Löwe zu seinem Betreuer hat. Ebenso wenig verstehen die meisten Leute, welche Beziehung ich zu meinen Löwen habe, und das führt zu Meinungsverschiedenheiten. Aber ich kann vielleicht erklären, wie ich über einen Löwen denke, und Ihnen auf diese Weise eine Vorstellung vermitteln, wie ich mit den Großkatzen umgehe, mit denen ich arbeite.

Zunächst einmal habe ich nicht zu allen meinen Löwen dieselbe Beziehung wie zu Napoleon, und ich versuche immer daran zu denken, dass jedes Tier ein Individuum ist. Tau und Napoleon sind beispielsweise Brüder, aber wie alle Brüder streiten sie gelegentlich, und das beeinflusst die Art und Weise, wie sie mir begegnen. Wir müssen uns klarmachen, dass auch Tiere, die miteinander verwandt sind, unterschiedliche Persönlichkeiten haben können, und wir dürfen nicht vergessen, dass sie in ihrem Leben verschiedene Stadien durchlaufen. So wie wir können sie gute und schlechte Tage haben. Die Beziehung kann durch viele Faktoren beeinflusst wer-

den, etwa dadurch, wie ich zum jeweiligen Zeitpunkt mit einem oder mehreren der männlichen Tiere des Rudels zurechtkomme, oder wie die Mutter eines neuen Wurfs mich anschaut.

Zweitens kommt es darauf an, wie lange ich einen Löwen schon kenne. Es gibt beispielsweise eine Gruppe von Löwen, die ich als „Bekannte" bezeichne. Sie sind mir nicht so vertraut wie meine eigenen Löwen. Ich arbeite zwar mit ihnen, aber ich bin vorsichtiger. Solche Dinge können sich natürlich im Laufe der Zeit verändern. Aus einem bekannten Löwen kann ein guter Freund werden. Probleme, die es zwischen uns gab, waren vielleicht nur altersbedingt und können sich auswachsen.

Das bringt mich zu einem dritten Punkt, dem Alter des Löwen. Wie ich von Tsavo und anderen gelernt habe, können die Beziehungen zu Löwen im Alter zwischen zwei und drei Jahren etwas heikel werden. Löwen, mit denen ich in diesem Alter nicht auf besonders gutem Fuß stehe, können mit fünf Jahren zu meinen guten Freunden zählen. Umgekehrt kann es auch vorkommen, dass Tiere, mit denen ich in ihrer Jugend eine freundschaftliche Beziehung hatte, in späteren Jahren nicht mehr gut auf mich zu sprechen sind. Wenn Löwen in die Phase kommen, die der menschlichen Pubertät entspricht, verändern sie sich, und das kann sich darin zeigen, wie sie mit jüngeren oder älteren Artgenossen umgehen. So wie ich als Jugendlicher aus dem Ruder gelaufen bin, kann das bei ihnen auch passieren, und das berücksichtige ich, wenn ich mit ihnen zusammen bin. Außerdem muss man immer darauf achten, was sonst noch im näheren Umfeld der Tiere geschieht. Wenn ich beispielsweise ein paar attraktiven jungen Löwendamen das Gehege gleich neben Thor gebe, dann kann es sein, dass er eine Weile nichts mehr von mir wissen will. Das ist nicht schwer zu verstehen. Wenn ich als Jugendlicher ein hübsches junges Mädchen zur Nachbarin bekommen hätte, dann wäre es mir auch nicht recht gewesen, meine Mutter ständig in der Nähe zu haben – wie hätte ich denn sonst ungestört mit der neuen Nachbarin sprechen können? Aber manche Betreuer denken nicht an ihre eigenen menschlichen Erfahrungen, wenn sich das Verhalten eines Löwen verändert, und das ist in meinen Augen ein großer Fehler.

Für Löwen, die neu in einen Zoo kommen, ist es wahrscheinlich furchtbar, die seltsamen Rufe der anderen Tiere rundherum zu hören, ohne sie sehen oder Kontakt mit ihnen aufnehmen zu können. Stellen Sie sich vor, wie Sie sich fühlen würden, wenn man Sie ganz allein mitten in einem Land aussetzen würde, wo Sie die Sprache der Bewohner nicht verstehen könnten. Es würde Ihnen genauso gehen wie diesen Löwen. Das sind die Tiere, die in ihren Käfigen hin- und herlaufen. Sie sind „wilde" Tiere, die in Gefangenschaft gehalten werden. Mit wild meine ich, dass sie keinen Kontakt mit Menschen aufnehmen können und sie nur als Wesen betrachten, die sie entweder fürchten oder hassen. Sie wissen nicht, ob sie ihren Pflegern gegenüber aggressiv oder unterwürfig sein sollen. Meine Löwen sind nicht wild. Sie kennen mich, sie kennen ihre Umgebung, und das macht das Leben für uns alle einfacher.

Ein Löwe in Gefangenschaft hat vielleicht auch deshalb Probleme, weil er früher als niedliches kleines Jungtier von Hand aufgezogen wurde und Kontakt zu Menschen hatte. Ich glaube, dass Jungtiere, denen diese Art von Aufmerksamkeit zuteil wird, genug Anregungen bekommen, um zufrieden zu sein. Sie spielen, bis sie müde werden, und schlafen dann ein. In der Wildnis bekommen sie eine vergleichbare Aufmerksamkeit von den anderen Mitgliedern des Rudels und dürfen bis zur Erschöpfung spielen. In Gefangenschaft kommt irgendwann der Zeitpunkt, wo die Jungtiere isoliert werden, weil sie eine bestimmte Größe erreicht haben, und für den Rest ihres Lebens haben sie dann nie wieder einen freundlichen Kontakt zu Menschen. Kein Wunder also, dass sie unglücklich wirken. Ich wünschte, es wäre anders. Ich wünschte, die Betreuer, die die Jungtiere aufgezogen haben, würden die Beziehung zu ihnen weiter pflegen, und sei es auch in anderer Form. Die Mitarbeiter in Zoos oder Löwenparks kommen und gehen, aber so wie ich versuche, meine Löwen als Individuen zu behandeln, so habe ich mich auch verpflichtet, dafür zu sorgen, dass sich jemand um sie kümmert, wenn ich nicht da bin.

Es gibt zwei Möglichkeiten, wie man in der Gefangenschaft geborene Löwenbabys behandeln kann – entweder man lässt sie bei ihrer Mutter oder zieht sie von Hand auf.

Überlässt man es der Löwin, ihre Jungen innerhalb des Rudels aufzuziehen, können die Besucher das gesamte Rudel beobachten, was eine schöne Erfahrung ist. Es spart außerdem Geld, denn Löwenjunge von Hand aufzuziehen, kostet rund 800 Dollar pro Tier. Und der Unterschied ist unverkennbar – Löwenjunge, die Muttermilch bekommen, wachsen schneller, sind robuster, und ihr Fell ist in einem hervorragenden Zustand.

Aber wenn man der Löwin ihre Jungen lässt, dann wachsen sie gewöhnlich „wild" auf und haben keinen direkten Kontakt zu Menschen. Deshalb ist es auch gängige Meinung, dass sich ein Mensch nie einer Löwin und ihren Jungen nähern kann, weil Mütter ihre Jungen so nachdrücklich schützen, dass sie jeden töten würden, der sich ihnen zu nähern versucht. In der Wildnis müssen junge Löwenmännchen das Rudel verlassen, wenn sie ein Alter zwischen achtzehn und sechsundzwanzig Monaten erreichen, weil der Rudelführer sie sonst töten würde. Das ist bei Löwen in Gefangenschaft nicht anders, aber wenn die jungen Löwenmännchen „wild" aufgewachsen sind, kann kein Mensch mit ihnen arbeiten.

Falls man der Löwin ihre Jungen gleich nach der Geburt wegnimmt, können sie von Menschen aufgezogen und später vielleicht in Filmen eingesetzt werden. Aber eine Löwin, die ihre Jungen verliert, wird sofort wieder brünstig, sodass sie wahrscheinlich gute drei Monate später erneut einen Wurf hat, der weitere Kosten verursacht. Außerdem braucht man mehr Platz, und es ist eine teure Angelegenheit, weitere Löwengehege zu errichten.

Ich hatte ein besseres Modell zur Aufzucht der Welpen vor Augen, aber alle sagten mir, es sei nicht praktikabel. Warum konnten wir nicht das Beste aus beiden Welten haben – die Jungen bei der Mutter lassen, während ich zu ihnen hineinging, solange sie noch klein waren, um sie an Menschen zu gewöhnen und eine Beziehung zu ihnen aufzubauen? Ich dachte, wenn Tau oder Napoleon sich mit Maditau paaren würden, einer der Löwinnen, die etwa sechs Monate nach meinen Jungs zur Welt gekommen war, und wenn ich Maditau dazu bewegen könnte, mich in der Nähe ihrer Babys zu dulden, dann würde das eine ganze Reihe von Problemen lösen. Die Jungen würden zu gesunden und kräftigen Tieren heranwachsen. Sie würden von klein auf an mich gewöhnt sein. Der

Lion Park würde die Kosten für die Aufzucht von Hand sparen. Maditau würde nicht sofort wieder paarungsbereit sein und nicht so bald erneut werfen. Und die Besucher würden die jungen Löwen zusammen mit dem gesamten Rudel beobachten können.

Nach einer Weile würden wir die männlichen Jungtiere dann vom Rudel trennen, und ich würde mit ihnen arbeiten können, weil ich ja schon eine Beziehung zu ihnen aufgebaut hätte. Die weiblichen Jungtiere könnten im Rudel bleiben. Sie würden die Pille bekommen, damit Tau und Napoleon sich nicht mit ihren eigenen Töchtern paarten.

In der Wildnis wird das Inzuchtproblem meist dadurch gelöst, dass die männlichen Rudelmitglieder schon durch andere, nicht verwandte Männchen ersetzt worden sind, bevor die jungen Löwinnen geschlechtsreif werden. Aber in Gebieten, wo zu viel gejagt oder stark gewildert wird, kann es vorkommen, dass die dominanten Männchen das Rudel länger führen und sich dann auch mit ihren Töchtern paaren. Gelegentlich passiert es auch, dass der Rudelführer zu früh von einem Jäger getötet wird und sich die jüngeren Männchen anschließend mit ihren Schwestern oder sogar Müttern und Tanten paaren.

Die Vorstellung, eine Beziehung zu den Löwenjungen aufzubauen, solange sie noch bei ihren Müttern waren, war verlockend, aber würde mich eine Löwin wirklich in die Nähe ihrer Jungen lassen? Und noch wichtiger, würde ich verrückt genug sein, den Versuch zu wagen?

Kapitel 8:

Der Löwenfarmer

Mandy und ich verbrachten den Abend in einem Restaurant, gemeinsam mit Bekannten, aber es waren auch einige neue Gesichter dabei.

Eine Frau, die wir gerade kennengelernt hatten, sprach mich quer über den Tisch an: „Ich weiß, du arbeitest mit Löwen, und ich finde es falsch, sie in Gefangenschaft zu halten."

Nun hätte ich mich darüber aufregen können, dass jemand, den ich zum ersten Mal traf, sich das Recht zu einer derart pauschalen Äußerung herausnahm, aber ich bin daran gewöhnt. „Und was ist mit Kühen?"

„Wie bitte?" fragte sie verwirrt.

„Findest du es auch falsch, dass Kühe auf einer Farm in Gefangenschaft gehalten werden?"

Sie rümpfte ein wenig die zierliche Nase und warf mir einen Blick zu, in dem sich die Erkenntnis, woher ich kam, mit ihrem Gefühl der eigenen Überlegenheit mischte. „Ich bin Vegetarierin und habe grundsätzlich etwas dagegen, dass Tiere als Fleischlieferanten gehalten werden."

„Das ist ein sehr hübsches Lederarmband an deiner Uhr", bemerkte ich daraufhin und hob die Tischdecke an, um einen Blick unter den Tisch zu werfen. „Und deine Lederschuhe sehen ebenfalls gut aus. Außerdem wette ich, dass du Ledersitze im Auto hast. Findest du es falsch, Kühe zur Fleischgewinnung zu halten, aber richtig, sie wegen ihrer Häute zu töten?"

„Das ist irrelevant", erwiderte sie, wie Leute es tun, wenn sie merken, dass sie in einer Auseinandersetzung den Kürzeren ziehen. „Kühe werden für den Konsum gehalten, und obwohl mir das nicht gefällt, kann ich es verstehen. Aber Löwen sind nicht für den Konsum gedacht, sondern man hält sie, damit Trophäenjäger sie abschießen können."

Ganz gewiss wird niemand einen meiner Löwen zum Spaß erschießen, aber ich wollte weiterhin des Teufels Advokat spielen – zumindest bis der Hauptgang serviert wurde. „Okay", fuhr ich deshalb fort, „also wäre es in Ordnung, Löwen zu halten, wenn wir sie essen würden?"

„Nein."

„Warum nicht? Schließlich werden auch Krokodile gezüchtet, weil wir ihr Fleisch und das Leder haben wollen. Wenn das akzeptabel ist, warum dann nicht auch Löwen züchten, wenn wir ihr Fleisch und ihre Haut haben wollten? Das ist Konsum. Wäre die Sache damit in Ordnung?"

„Nein."

Ich lehnte mich auf meinem Stuhl zurück. „Dann ist es also akzeptabel, Kühe und Krokodile zu züchten, um ihr Fleisch und das Leder zu bekommen, nicht aber Löwen. Ist eine Kuh weniger wert als ein Löwe?"

Sie konnte mir nicht antworten. Es ist ein Streit, der sich immer wieder im Kreis dreht und bei dem die Leute ihre festgefügten Meinungen haben, die einer genauen Prüfung nicht immer standhalten. Wir Menschen neigen dazu, alles und jeden in Schubladen zu stecken, und dabei gibt es gewöhnlich eine Grenze, die wir nicht überschreiten. Bewusst oder unbewusst hatte die Frau im Restaurant ihre Grenze zwischen Fleisch und Leder gezogen. Ein Tier wegen seines Fleischs zu töten, hielt sie für falsch, nicht jedoch, ein Tier wegen seiner Haut zu töten. Sonderbar. Wenn man ihrer Logik folgte, dann waren Menschen, die Kühe hielten, akzeptabel, während jemand wie ich, der Löwen hielt, entsetzlich war.

Als ich darüber nachdachte, wurde mit klar, dass ich mich nicht anders verhielt: Auch ich hatte meine Grenzen, wenn es um Löwen ging.

Wie viele Leute in Südafrika und später in der ganzen Welt war ich schockiert, als unser regionaler Fernsehsender *Carte Blanche* Bilder von einer Löwin in einem Käfig zeigte, die bei einer „Gatterjagd" erschossen wurde. Ich arbeitete damals im *Lion Park* und baute gerade eine enge Beziehung zu Tau und Napoleon auf. Bei einer Gatterjagd wird ein Tier geschossen, das einzig und allein zu dem Zweck gezüchtet wurde, gegen Geld als Jagdtrophäe zu dienen. In diesem Fall hatte man die Löwin dadurch in die Nähe des Jägers gelockt, dass man eins ihrer Jungen in einen Nachbarkäfig gesperrt hatte.

Ich kann nicht verstehen, warum jemand ein Gewehr nimmt und einen Löwen nur deshalb erschießt, weil das Tier eine dicke, schwarze Mähne hat. Genauso wenig verstehe ich, warum jemand einen wunderbaren Kudu-Bullen erschießt, nur weil diese Antilope lange, gewundene Hörner besitzt. Andererseits verstehe ich sehr gut, warum jemand eine Antilope wegen ihres Fleischs tötet. Für mich ist das nicht anders, als würde man eine Kuh wegen ihres Fleischs schlachten.

Als jemand, der Löwen hält und das eine oder andere über sie weiß, begann ich mir Gedanken über die Löwenjagd zu machen, in der Wildnis und auf den Farmen, wo die sogenannten Gatterjagden stattfinden. Das ist ein Thema, über das sehr emotional diskutiert wird, besonders in Afrika, aber nicht nur hier. Ich gehöre nicht zu den Leuten, die sich der gängigen Meinung anschließen und die Ansichten anderer als Evangelium betrachten. Das war nie mein Ding, und deshalb beschloss ich, mir eine dieser Löwenfarmen anzusehen, wo Löwen gezüchtet und dann zum Abschuss freigegeben werden. Ich wollte mir ein eigenes Urteil bilden.

Ich nahm Kontakt mit dem Eigentümer einer Jagdhütte auf, wo Löwen gezüchtet wurden, und er erklärte sich bereit, mir alles zu zeigen. Ich verrate nicht, wo sich die Anlage genau befand, aber sie war weit genug von meinem Zuhause entfernt, um zu rechtfertigen, dass ich mich mit einem Leichtflugzeug dorthin begab.

Der Löwenfarmer

Ich fliege gerne, und ich fliege so, wie ich mit meinen Löwen umgehe. Wenn sich außer mir sonst noch jemand im Flugzeug befindet, fliege ich konservativ – so wie ich mich auch meinen Löwen gegenüber verhalte, wenn Besucher mich beobachten. Ich veranstalte mit meinen Löwen keine Show, wenn andere dabei sind, und genauso halte ich es auch beim Fliegen. Sitze ich jedoch alleine im Cockpit, dann ist das eine ganz andere Sache. Zwar achte ich auch bei einem Soloflug auf die Sicherheit und halte die Gesetze ein, aber ich habe meinen Spaß. Es war schön, wieder in der Luft zu sein, und die Sonne durchflutete das Cockpit, als ich meine Maschine über die offene Savanne mit ihrem goldenen Gras und die in ordentlichen Kreisen und Rechtecken angeordneten Felder lenkte. Während mein Kurs mich weiter ins Landesinnere führte, ging das Ackerland in Hügel und Täler über, die von grau-grünem und khakifarbenem Buschwerk bestanden waren. Abseits der asphaltierten Highways zogen sich Feldwege wie rote Adern zum Herzen Afrikas hin.

Ich befragte das GPS und fand die entlegene Landebahn. Als ich darauf eindrehte, flog ich in geringer Höhe einmal darüber hinweg, um zu prüfen, ob nicht irgendwelches Wild auf dem kurzen Gras weidete.

Der Farmer erwartete mich, an seinen staubigen Land-Cruiser-Pickup gelehnt, die Augen von der Krempe seines Buschhutes beschattet, die Arme verschränkt. Ich kletterte aus dem Flugzeug, nahm meine Sonnenbrille ab und ging zu ihm hinüber. Er war noch jung – jünger als er am Telefon geklungen hatte – aber Gesicht, Arme und Beine waren wie bei den meisten Farmern von der Sonne und dem Leben im Freien tief gebräunt. Sein Händedruck war fest.

Ich warf meine Tasche nach hinten in den Cruiser, und nachdem wir losgefahren waren, fragte ich Dirk, wie ich ihn hier nennen werde, wie lange er die Jagdfarm schon betrieb.

„Mein Leben lang. Ich bin ein geborener *Leew boer*," sagte Dirk und benutzte dabei den Afrikaans-Ausdruck für Löwenfarmer, während wir über die unebene Straße rumpelten. „Mein Vater und mein Großvater haben schon Löwen gezüchtet. Mein Vater hat diese Farm vor vielen Jahren gekauft. Ich habe nie woanders gelebt.

„Warum Löwen?", fragte ich ihn.

Er zuckte mit den Schultern und sah mich an. „Warum nicht? So wie mein Nachbar Kühe züchtet, so züchtet meine Familie eben Löwen. Für uns sind sie nicht wie dein Tau oder dein Napoleon im *Lion Park*. Für uns sind Löwen eine Ware, keine Schmusetiere."

Dann fragte er mich: „Bist du ein Jäger?"

„Ich geh gerne angeln", erwiderte ich.

„Isst du die Fische, die du fängst, oder lässt du sie ausstopfen und stellst sie ins Regal?"

„Meist werfe ich meinen Fang zurück ins Wasser", gab ich ehrlich zu, „und außerdem schmecken die großen Fische scheußlich." Er lächelte. „Die Jagd ist nichts für mich, aber ich verstehe, warum manche Leute scharf darauf sind. Viele kritisieren, dass ich zu meinen Löwen ins Gehege gehe oder sie zähme, aber das führt nur dazu, dass ich es erst recht tun will."

„Ich dachte schon, weil du Löwen so liebst, musst du einer von diesen fanatischen Tierschützern sein, die meinen, sie wüssten alles besser", sagte Dirk, als wir uns den Farm-Gebäuden näherten.

„Ich bin kein Jäger und auch kein fanatischer Tierschützer", versicherte ich ihm. „Ich liege wahrscheinlich irgendwo in der Mitte."

„Was wir tun, ist nicht illegal, weißt du? Dieser Allrad-*Bakkie*, in dem wir fahren, ist von dem Geld gekauft, das wir mit Löwenzucht und Löwenjagd verdienen. Ich zahle Steuern wie jeder ehrliche Bürger."

Dirk hielt vor einem hohen Elektrozaun, stieg aus, schloss das Tor auf und öffnete es. Ich stieg ebenfalls aus und zog es wieder zu, nachdem er den Wagen hineingefahren hatte. Anschließend gingen wir zu Fuß zu den Käfigen und ich sah seine Löwen.

Erst war ich entsetzt, und dann wurde ich wütend. Dort stand Käfig neben Käfig, und darin waren Löwen und Löwen und Löwen – mehr als ich je an einem Ort zusammen gesehen hatte. Ich weiß nicht mehr, wie viele es waren, vielleicht mehrere hundert, überwiegend männliche Tiere in unterschiedlichem Alter, denn sie brachten offenkundig das Geld für die Trophäen. Ich sah winzige Welpen, die noch quiekten und quäkten, Jungtiere, nicht älter als Tau und Napoleon, als ich sie kennenlernte, Zwei- und Dreijährige, die ihre Wut und ihren Ärger offen zeigten, als wir an ihnen vorübergingen. Die größten Männchen mit den dunkelsten Mähnen würden als nächste sterben. Die Weibchen waren einfach nur Brutmaschinen, nicht anders als Hennen auf einer Eierfarm. Welch ein Leben mussten diese armen Katzen fristen, dachte ich bei mir.

Wir verließen die Käfige und fuhren zurück zum Farmhaus. Unterwegs dachte ich über das nach, was ich gesehen hatte. Ich bin ein scharfer Beobachter, und ich hatte darauf geachtet, in welchem Zustand die Käfige waren. Die Löwen waren gut genährt, hatten ausreichend Wasser und ihre Käfige wurden sauber gehalten. Vermutlich hatte der Löwenfarmer dafür dieselben Gründe wie ich – die Löwen gesund zu halten und möglichst wenig Fliegen anzuziehen. Die erwachsenen männlichen Löwen waren bei guter Gesundheit, und gewiss würde ein reicher professioneller Jäger aus Übersee genauso wenig einen ausgemergelten Löwen schießen wollen, dessen Rippen man zählen konnte, wie irgendein Dokumentarfilmer einen meiner Löwen in schlechter Form sehen wollte.

Während wir durch das Tor zu Dirks Haus fuhren, wurde mir etwas klar: Hätte ich dort hinter dem Zaun Schweine oder Kühe, Hühner oder Ziegen gesehen, dann hätte ich an dieser Farm nichts auszusetzen gehabt. Diese Löwen waren nicht „frei laufend", aber sie wurden auch nicht misshandelt. Sobald ich nicht mehr darüber nachdachte, wie Tau und Napoleon sich fühlen würden, wenn sie so eingesperrt wären wie Dirks Löwen, ohne irgendwelche Abwechslung oder Anregungen, sondern die Tiere stattdessen mit Kühen verglich, legte sich meine Wut.

Ich überlegte, ob man Dirk jemals zu einer anderen Art von Tierzucht würde überreden können, aber dann sah ich seine zwei kleinen Söhne im Garten spielen. Jeder hatte ein Spielzeuggewehr, und sie spielten Großwildjagd und verfolgten imaginäre Löwen, Leoparden und Büffel.

„Ich habe alles organisiert, dass du mit auf die Jagd gehen kannst, Kev. Willst du immer noch?", fragte Dirk.

„Aber sicher." Ich wusste zwar nicht, ob ich den Nerv haben würde, dabei zuzusehen, wie ein Löwe erschossen wurde, aber Dirks Klient, ein reicher amerikanischer Geschäftsmann, wollte auf der Farm auch anderes Wild jagen.

Nachmittags stieg ich in den Land Cruiser und lernte Dirks Klienten kennen. Ich schaute mich nach einem Gewehr um, sah aber keins. „Womit wollen Sie schießen?" Der Amerikaner zog eine 44er Magnum aus einem handgearbeiteten Lederholster und hielt sie stolz in die Höhe. Der vernickelte Lauf glitzerte in der Nachmittagssonne.

Wir verließen die Farm und fuhren hinaus in den Busch. Dirk verringerte das Tempo und zeigte nach links. „Rappenantilope", sagte er leise.

„Wo?", wollte der Amerikaner wissen.

Während Dirk ihm die Richtung genauer beschrieb, bewunderte ich das majestätische Geschöpf. Die Rappenantilope ist die schönste Antilope der Welt. Die männlichen Tiere haben ein pechschwarzes Fell mit einer weißen Zeichnung im Gesicht, während die Weibchen in einem satten Rotbraun gefärbt sind. Was die Rappenantilopen – vor allem die Männchen – für Trophäenjäger so attraktiv macht, sind ihre langen, gebogenen Hörner. Eine Rappenantilope kann einen Löwen töten, indem sie ihren Kopf nach hinten wirft und den Angreifer mit den scharfen Spitzen ihrer Hörner durchbohrt.

„Wie viel willst du dafür haben, Dirk?"

Dirk nannte eine beachtliche Summe US-Dollars, und der Handel war besiegelt.

Dirk fuhr näher heran, was mich überraschte, weil ich angenommen hatte, der Jäger wurde jetzt aussteigen und sich zu Fuß an das Tier heranpirschen. Stattdessen fuhren wir direkt auf die Antilope zu, die den Anblick des Wagens offenbar gewöhnt war. Dieses Tier hatte ein besseres Leben gehabt als die Löwen und frei durch das Buschland auf Dirks Farm streifen können, doch jetzt würde seine Stunde schlagen.

Der Jäger – und ich benutze diesen Ausdruck hier nun in einem sehr weiten Sinn – lehnte sich in seinem Sitz im offenen hinteren Teil des Wagens zurück, zog seine Pistole, zielte und schoss. *Peng, peng, peng, peng.*

Er feuerte vier Schüsse ab, und obwohl er mit dem letzten die Antilope traf, war sie nicht tot. Sie begann zu rennen, obwohl sie offenbar Höllenqualen litt und auskeilte, als wolle sie damit dem

entsetzlichen Schmerz entkommen. Dirk griff nach seinem Gewehr, nahm sie durch das Zielfernrohr ins Visier und gab ihr den Gnadenschuss. Die Antilope fiel zu Boden. Wenigstens Dirk wusste, was er tat.

Wir fuhren zu der Stelle, wo die Antilope lag, und der Jäger stieg unbeholfen aus dem Wagen. Zum ersten Mal an diesem Tag setzte er einen Fuß in den afrikanischen Staub. Er watschelte zu der Antilope hinüber, kniete sich daneben und hob ihren Kopf für die Fotos, auf denen er stolz seine neueste Trophäe präsentierte.

Während ich das Schauspiel beobachtete, dachte ich: „Sie, mein Herr, sind kein Jäger, sondern ein Schaumschläger."

Nach dieser kleinen Vorführung beschloss ich, auf die „Löwenjagd" zu verzichten, ließ mir aber von Dirk den Ablauf erklären.

Es würde nicht die archetypische, grausame Gatterjagd sein, denn Dirk gehörte nicht zu den Leuten, die es dem Jäger erlaubten, einen seiner Löwen durch den Zaun zu erschießen, während sich das Opfer im Käfig befand. Nach Löwenfarmer-Standards verhielt er sich ethisch: Achtundvierzig Stunden, bevor die Jagd beginnen sollte, hatte er einen großen männlichen Löwen auf einem tausend Hektar großen Gelände freigelassen. Das entsprach den damals geltenden Regeln.

Aber auch wenn es so klingt, als hätte der Löwen damit eine gewisse Chance, funktioniert die Sache nicht so. Wenn man einen Löwen, der sein gesamtes Leben in einem kleinen Käfig verbracht hat, in ein Gelände bringt, das im Grunde nur ein größeres Gehege ist, dann gerät er in Panik. Er rennt zum Zaun, und sobald er ihn erreicht, wird er dauernd daran entlanglaufen. Das ist vermutlich der Grund, warum die Medien filmen konnten, wie Löwen durch Zäune hindurch erschossen wurden. Ob es sich um einen Käfig von sechzehn Quadratmetern oder ein Gelände von tausend Hektar handelt, wenn der Löwe erschossen wird, befindet er sich wahrscheinlich in der Nähe des Zauns. Manche Farmer legen auch einen Kadaver weiter drinnen im Gehege ab, und sobald der Löwe das Fleisch gefunden hat und zu fressen beginnt, bringen sie ihre Klienten dorthin und sagen: „Schau! Der Löwe hat Beute gemacht! Das beweist, wie wild er ist. Töten wir ihn jetzt, während er frisst."

Ich fürchte, dasselbe gilt auch für einen wirklich wilden Löwen, der in einem begrenzten Gebiet wie einem privaten Wildreservat aufgewachsen ist. Wenn der Eigentümer den Löwen als tauglich für die Jagd identifiziert hat, wird er aufgespürt und – bildlich gesprochen – mit einem X markiert. Der Eigentümer des Reservats weiß, wo das Tier zu finden ist, und wenn der Jäger aus Übersee eintrifft, hat der Löwe nicht die geringste Chance, seinem Schicksal zu entkommen. Man muss sich vergegenwärtigen, dass eine Löwenjagd eine Menge Geld kostet, und wenn der Jäger seine Trophäe nicht bekommt, wird der Farmer oder Landeigentümer nicht bezahlt. Deshalb ist es im allseitigen Interesse – vom Löwen abgesehen –, das Opfer zu markieren, seinen Aufenthaltsort zu kennen und es zum Abschlachten anzubieten.

Das Problem, das ich mit Löwenfarmern habe, die ihre Löwen aus dem Käfig in ein größeres Gelände freilassen, ist die Sorge, dass der Löwe vielleicht nicht mit dem ersten oder auch zweiten Schuss getötet wird. Die schnellste und humanste Art, ein Tier zu erschießen, ist meines Erachtens ein Schuss in den Kopf. Aber die meisten Löwenjäger wollen sich ihre Trophäe nicht verderben und zielen deshalb auf den Herz-Lungen-Bereich. Das ist zwar ebenfalls eine effiziente Möglichkeit, ein Tier zu erschießen, aber das Ziel ist sehr viel schwerer zu treffen. Manchmal braucht man zwei oder drei Schüsse, um ein schnelles Ende herbeizuführen. Wenn der Jäger nicht richtig trifft, kann sich der verletzte Löwe leicht auf dem großen Gelände verbergen und leidet vielleicht tagelang unter starken Schmerzen, bis ihn schließlich jemand findet und ihm den Gnadenschuss gibt.

Nach dem Aufschrei der Medien und den öffentlichen Protesten gegen die Gatterjagd erwog die Regierung, dem Gewerbe ein Ende zu machen, aber finanzielle Überlegungen standen dem entgegen.

Löwenzucht und Löwenjagd sind ein großes Geschäft. Ein Trophäenjäger zahlt ungefähr 35.000 Dollar für einen Löwen, sodass ein Löwenfarmer mit nur fünf Jagden pro Jahr schon gutes Geld macht. Auf der Löwenfarm, die ich besucht habe, waren etwa vierzig Afrikaner beschäftigt. Als die Regierung verlauten ließ, man denke darüber nach, die Löwenjagd zu verbieten, gab es einen Aufschrei afrikanischer Farmer, die Affen als Futter für die Löwenfarmen züchteten. Eine ganze Industrie fühlte sich plötzlich bedroht.

Die Debatte über die Löwenjagd hat auch mit der Bewirtschaftung der Löwenpopulation in privaten Wildreservaten zu tun. In vielen Gegenden Südafrikas kaufen reiche Leute ehemaliges Ackerland und richten dort private Naturschutzgebiete ein. Und sogar wenn die Eigentümer eines Wildreservats im Prinzip gegen die Jagd sind, lässt ihnen die Bewirtschaftung der Tierbestände oft keine Wahl, denn in einem begrenzten Reservat kann nur eine begrenzte Zahl von Tieren leben. Die Leute, die etwas gegen die Löwenjagd haben, wenden nur selten etwas dagegen ein, dass Impalas oder Kudus oder Gnus getötet werden. Aber mit der Löwenjagd ist es so wie mit der Debatte über das Töten von Elefanten: Das Thema heizt die Emotionen leidenschaftlicher Umweltschützer an. Was passiert beispielsweise, wenn in einem privaten Wildreservat zu viele junge Löwen das Erwachsenenalter erreichen? Sogar wenn der Eigentümer gegen die Jagd ist, muss er sich vielleicht der Realität stellen, dass es sehr viel einfacher ist, ein paar Löwen zu erschießen – oder jemanden für dieses Privileg zahlen zu lassen –, als den mühsamen Weg zu gehen, wilde Löwen mit Empfängnisverhütungsmitteln zu behandeln oder sie zu betäuben und als lebende Tiere an andere Reservate zu verkaufen. Abgesehen davon gibt es nur wenige Reservate, die solche Löwen zu einem anderen Zweck als für die Jagd kaufen würden.

Wenn Sie sieben Leute in Südafrika bitten, die Gatterjagd zu definieren, bekommen Sie sieben verschiedene Antworten. Manche sagen, dass es letztlich von der Größe des Geheges abhängt, aber ob es sich nun um vier, zehn oder zwanzig Quadratmeter, zweihundert, fünfhundert oder zweitausend Hektar handelt, ein begrenzter Raum ist nun mal ein begrenzter Raum. Andere meinen, dass es sich nicht um Gatterjagd handelt, wenn der Löwe seine Beutetiere selbst jagen kann. Meine Antwort darauf lautet: Wenn ein Farmer Gnus kauft oder ihre Vermehrung zulässt, um seine Löwen mit Futter zu versorgen – und wahrscheinlich ein paar Gnus erschießt, wenn sie sich zu stark vermehrt haben –, dann wird dieser Löwe in Gefangenschaft gehalten, und wenn man ihn zum Abschuss freigibt, handelt es sich um eine Gatterjagd.

Was ist mit einem von Hand aufgezogenen Löwen, der später ausgewildert oder in einem privaten Reservat ausgesetzt wird? Wie schon gesagt, wir alle haben unsere Grenzen, und dies ist meine. Ich habe ein Problem mit jedem Löwen, der von Menschen aufgezogen wurde und später von einem Trophäenjäger erschossen wird, und das hat nichts mit der Größe des Geheges zu tun, in dem die Jagd stattfindet. Mein Hund Valentino ist ein wunderschöner Staffordshire Terrier, und wenn eines Tages Jäger auf die Idee kämen, Staffies als Trophäen jagen zu wollen, dann würde ich ihn für kein Geld der Welt zu diesem Zweck hergeben. Warum? Weil ich ihn als Welpen bekommen und selbst aufgezogen habe. Ich könnte nicht mehr in den Spiegel sehen, wenn ich irgendjemandem erlauben würde, ihn zu jagen und zu töten. Das wäre so, als würde ich Blutgeld akzeptieren.

Dasselbe gilt für Tau und Napoleon, und für ihre Köpfe habe ich tatsächlich schon Angebote bekommen. Sie werden jetzt alt, und in ein oder zwei Jahren fallen ihnen die Zähne aus, aber das heißt doch nicht, dass ich nun plötzlich entscheiden könnte oder würde, sie zu Geld zu machen, indem ich jemandem erlaube, sie zu töten. Sie gehören zu meiner Familie wie ich zu ihrer gehöre. Mit diesen beiden Löwen verbinden mich gemeinsame Erlebnisse, wie ich sie mit Menschen nie hatte. Ich habe mich auf der langen Fahrt von Johannesburg nach Kapstadt zu ihnen auf die Ladefläche des Lasters gesetzt – etwas, das Löwenhalter angeblich auch nicht tun sollten –, nur um sicher zu sein, dass es ihnen während des Transports gut ging.

Andererseits habe ich kein Problem mit Leuten wie Dirk, dem professionellen Löwenfarmer und Jäger, der Löwen für die Jagd züchtet. In diesem Land ist es sein verfassungsmäßiges Recht, damit seinen Lebensunterhalt zu verdienen, und solange er seine Löwen nicht misshandelt, solange er sie in ordentlichen, sauberen Gehegen hält und angemessen füttert, sind seine Löwen in meinen Augen nicht wichtiger als irgendwelche anderen Tiere, die auf Farmen gehalten werden.

Problematisch finde ich dagegen manche Einrichtungen, die ihre Löwen als Mehrzwecktiere halten. Einerseits präsentieren sie sich als Streichelzoo, wo die Besucher Löwenbabys anfassen

dürfen und die Jungtiere allmählich eine Beziehung zu ihren Pflegern entwickeln. Doch später werden eben diese Löwen verkauft, damit Trophäenjäger sie abschießen können. Das empfinde ich als Übergriffe in mein Territorium, die mir nicht gefallen.

Wenn es um die Jagd auf wild lebende Löwen geht, wird es manche Leute vielleicht überraschen, dass ich damit kein Problem habe, solange die Jagd professionell abläuft.

In Botswana haben wirklich professionelle und ethische Jäger langfristige Projekte eingerichtet, zu denen auch eine Überwachung von Löwenrudeln in der Wildnis gehört. Sie können das Schicksal jedes einzelnen Löwen genau verfolgen, kennen das Alter der Tiere und deren Position im Rudel. Wenn beispielsweise ein oder zwei männliche Löwen des Rudels von jüngeren Rivalen verdrängt werden, sind ihre Tage in der Wildnis gezählt. Diese Löwen, deren Lebensende naht, zu erschießen, würde die Funktionsfähigkeit der Rudel in der Gegend nicht beeinträchtigen. Gleichzeitig würden solche Tiere für einen Jäger eine sehr viel größere Herausforderung darstellen, und im Gegensatz zur Gatterjagd gibt es keine Garantie, dass man sie tatsächlich erwischt, sodass jedes Tier eine faire Chance hätte.

Das ist ein Beispiel für nachhaltige Jagd, aber leider gibt es zahlreiche Beispiele für das Gegenteil. Das Erschießen dominanter männlicher Tiere, die noch ihre Funktion im Rudel erfüllen, kann katastrophale Folgen haben. Wenn ein jüngeres Männchen das Rudel kampflos übernimmt, ist die natürliche Ordnung gestört. Der neue Rudelführer wird sofort die Nachkommen des älteren töten, und diese Jungtiere hätten durchaus das Erwachsenenalter erreichen können, wenn ihr Erzeuger hätte leben dürfen, bis seine Zeit abgelaufen war. Andererseits kann, wie schon erwähnt, auch die Situation eintreten, dass eins der männlichen Jungtiere heranwächst, sein eigenes Rudel übernimmt und sich mit den Weibchen seiner Familie paart.

In gewisser Weise ist die Jagd auch nur eine Art von Landwirtschaft. Man hat eine Ware und verdient sein Geld durch deren Verkauf. In diesem Fall ist die Ware das Leben eines Tieres. Ich kritisiere den ethischen Löwenjäger, der mit seinen Löwen Geld

verdient, genauso wenig wie den Viehzüchter, der seine Tiere an den Schlachthof verkauft. Aber die Dinge laufen aus dem Ruder, wenn die Ethik fehlt und die Jagd allein von Geldgier beherrscht wird. Ein Viehzüchter, der seine Tiere schlecht behandelt, um seine Kosten zu senken, ist genauso schlimm wie ein Löwenjäger, der einen männlichen Löwen in seinen besten Jahren erschießt. Ein unethischer Löwenjäger ist nicht schlimmer als ein schlechter Viehzüchter – egal was die Medien darüber sagen. Einer ist genauso schlimm wie der andere.

Auf dem Heimflug von Dirks Farm hatte ich Zeit, darüber nachzudenken, was ich gesehen und erfahren hatte. Das wiederum führte mich zu meinen spirituellen Überzeugungen und der Frage, was sie mit den Tieren zu tun hatten, die ich kannte und mit denen ich täglich arbeitete.

Als Teenager war ich eine Weile Ministrant in der anglikanischen Kirche gewesen. Meine Mutter hatte sich das gewünscht, und ich hatte ihr gesagt, ich würde es tun, solange sie mich den Mini fahren ließ. Sie erklärte sich einverstanden, und so war es kein schlechter Deal, aber ich kümmerte mich nicht um religiöse Fragen, bis Lisa und ihre Familie mich überredeten, wieder zur Kirche zu gehen. In meinem Herzen habe ich mein Leben lang den Unterschied zwischen Gut und Böse gekannt. Aber heute bin ich ein gläubiger Mensch, und Mandy und ich besuchen den Gottesdienst meist aus den richtigen Gründen, und nicht, weil ich irgendjemanden beeindrucken will oder auf eine Belohnung spekuliere.

Am Abend vor meinem Rückflug hatten Dirk und seine Familie mich zum Essen eingeladen. Vor Beginn der Mahlzeit fassten wir uns alle bei den Händen und senkten den Kopf. „Danke, Herr, für alles, was wir auf dieser Farm haben, und danke für die Speisen, die wir jetzt essen werden. Amen", sagte Dirk. Für einen Moment dachte ich: „Das ist so falsch. Wie können diese Leute Löwen abschlachten und dabei ihren christlichen Glauben wahren?" Als ich nun friedlich alleine im Cockpit meines Flugzeugs saß, wurde mir klar, dass mir solche Vorbehalte nicht in den Sinn gekommen wären, wenn diese Familie Rinder oder Schafe gezüchtet hätte, und ich schämte mich, dass ich ein solcher Heuchler gewesen war und

meinen Glauben auf diese Weise benutzt hatte, andere zu verurteilen.

In meinen Gebeten geht es um das, was in meinem Leben wichtig ist, und ich bitte um Gottes Führung für meine Arbeit mit meinen Tieren. Wenn es Gottes Wille ist, dann hoffe ich, diese Arbeit noch lange fortsetzen zu können. Ich stelle fest, dass mir mein Glaube hilft, Entscheidungen zu treffen – mir die Fähigkeit verleiht, zwischen Recht und Unrecht zu unterscheiden – und meine persönliche Ethik zu entwickeln. Mein „Glaube" im Hinblick darauf, wie ich mit meinen Tieren lebe und arbeite, unterscheidet sich nicht von meinem religiösen Glauben. Ich bin kein Prediger, und ich will niemanden bekehren, weder zu meinen Methoden des Umgangs mit Löwen und anderen Tieren noch zu meinen christlichen Überzeugungen. Ich freue mich, wenn ich jemandem, der mich um Hilfe bittet, helfen kann, den richtigen Weg zu finden, im Leben, im Glauben oder bei der Tierhaltung, aber ich bin nicht jemand, der über andere richtet.

„Wer bin ich", dachte ich, als ich vom Cockpit aus meinen Blick über die wilde Schönheit Afrikas schweifen ließ, „wer bin ich, dass ich behaupten dürfte, das Leben eines Löwen sei wichtiger als das Leben einer Kuh?"

Zärtlichkeiten unter Freunden.

Wie heißt es so schön? - Früh übt sich wer später mal was werden will!

„Wo ist denn die Zunge ... äh, ich meine, Hand geblieben?"

Kevin beim Küsschen geben.

Gemeinsames Toben im Freien.

„Schau mir in die Augen Kleines!"

Schnell noch das Kinn gekrault und alles ist gut.

Kevin und seine Freunde beim gemeinsamen Relaxen.

Der Löwenflüsterer mal ohne Löwe.

Zärtliches Anknabbern der Hand.

Die braune Hyäne Shy demonstriert, dass sie fester zubeisen kann als ein Löwe!

Kapitel 9:

Freche Geparde und eifersüchtige Schakale

Üppigkeit ist eine Eigenschaft, die in manchen afrikanischen Kulturen geschätzt wird. Viele afrikanische Männer finden eine Frau mit üppigen Rundungen – rundherum – ausgesprochen attraktiv. Lenny, der Gepard, war in diesem Sinne das Urbild eines afrikanischen Mannes.

Als ich meinen Morgenkaffee im *Lion Park* getrunken hatte, traf ich mich mit der neuen Gruppe ehrenamtlicher Helfer. Wie verschiedene andere afrikanische Wildreservate, Bildungsinstitutionen und Wohlfahrtsorganisationen akzeptiert auch der Park ehrenamtliche Mitarbeiter aus dem Ausland. Es sind meist Rucksacktouristen, die etwas Zeit übrig haben und einen Beitrag leisten wollen.

Diese Gruppe war ziemlich typisch, ungefähr ein halbes Dutzend Leute aus aller Welt: Holland, Deutschland, Italien, dazu eine Australierin und ein Neuseeländer. Sie alle waren noch recht jung, und es handelte sich überwiegend um Frauen, aber grundsätzlich gab es erhebliche Altersunterschiede bei den Freiwilligen, von halben Kindern, die gerade die Schule abgeschlossen hatten, bis zu Senioren jenseits der Siebzig.

Nachdem ich ihnen zunächst die Löwenbabys gezeigt hatte, ließ ich sie vor dem Gehege der erwachsenen Löwen warten, während ich zu Tau und Napoleon hineinging. Wie üblich spielte ich in der Gegenwart von Fremden etwas zurückhaltender mit ihnen, denn ich hatte von Tsavo gelernt, dass Tiere vor Publikum anders als gewohnt reagieren können. Ich hatte eine Sprühflasche aus Plastik dabei und sprühte etwas von ihrem Inhalt in die riesigen, haarigen Gesichter. Die Jungs schnupperten, rieben sich an mir und bettelten um mehr Spray.

„Was ist das für ein Spray?", fragte die Australierin, noch bevor ich mit meinen Erklärungen hatte beginnen können.

„Eine Mischung aus Wasser, Zitronella und anderen guten Dingen. Löwen lieben Duftstoffe, und dieses Zeug ist so eine Art Katzenminze für Löwen. Sie riechen es gerne und wälzen sich darin. Zur Demonstration sprühte ich etwas aufs Gras, und Napoleon senkte seinen massigen Körper auf den Boden und begann sich zu wälzen. Wir verließen die Jungs und besuchten noch einige meiner anderen Löwen – Siam, Kaiser und Gandalf, einen meiner weißen Löwen. Kaiser liebt das Spray ebenfalls und drückte seinen zottigen Kopf gegen mich, um sich noch etwas mehr zu erbetteln. Die Gruppe stand draußen am Zaun, beobachtete und fotografierte.

„Was würde passieren, wenn einer von uns mit ins Gehege ginge?", wollte ein junger Deutscher wissen.

Das ist eine gute Frage, die jedes Mal gestellt wird. „Ich weiß es nicht", antwortete ich wahrheitsgemäß. „Löwen riechen die Angst und das Adrenalin, das durch euren Körper kreist. Wenn jemand selbstsicher ist und keine Anzeichen von Furcht erkennen lässt, könnte es gut gehen. Oder aber der Löwe würde beschließen, dass er dich nicht leiden mag. Dann würde er dich angreifen, sich auf deinen Bauch oder Hals stürzen, dich auf den Boden werfen und töten."

Da ich mir nun ihrer Aufmerksamkeit sicher war, erklärte ich weiter: „Ich kenne alle diese Löwen seit ihrer Geburt. Ich habe sie nicht alle von Hand aufgezogen, aber ich habe Zeit mit ihnen verbracht und eine Beziehung zu ihnen aufgebaut. Sie sind zwei bis drei Jahre alt – das entspricht ungefähr zehn Menschenjahren, und folglich haben einige von ihnen schon ihren eigenen Kopf. Ich ken-

ne sie, also kann ich mich auf sie einstellen, aber wenn jetzt ein Fremder hereinkommt, dann ist das ungefähr so, als hätten sich eure Eltern scheiden lassen, als ihr noch klein wart, und euer Vater würde plötzlich wieder in eurem Leben auftauchen, wenn ihr zehn Jahre alt seid. Es könnte sein, dass ihr ihn toleriert, aber ihr könntet ihn auch für einen Idioten halten und ihm am liebsten eine kleben, weil er nach Belieben aus eurem Leben verschwindet und wieder auftaucht.

Die jungen Leute nickten. Ich benutze diese Analogie oft, weil Löwen genauso unberechenbar sind wie Menschen. Ich erläuterte der Gruppe dann, wie ich bei den Löwen zwischen Verwandten, Freunden und Bekannten unterscheide. „Der da hinten", sagte ich und wies auf einen Löwen, vor dem ich einen gesunden Respekt habe, „ist ein Bekannter. Wir kennen uns, wir arbeiten am selben Ort, und wir kommen miteinander klar, aber wie bei manchen Menschen weiß ich bei ihm, dass er mir, sobald ich mich rumdrehe, in den Rücken fallen würde."

Dann erzählte ich dieser Gruppen von Freiwilligen dasselbe wie jeder anderen Gruppe vor ihnen: Nach unserem Besuch bei den Löwen würden sie mit mir ein Gehege mit einem ausgewachsenen Gepard betreten dürfen.

Von Anfang an hatte Rodney Fuhr den *Lion Park* zu einem Raubtierpark erweitern wollen, und deshalb gab es hier auch Hyänen, Leoparden, Jaguare und einige Geparde.

Manche Leute in Afrika halten Geparde als Haustiere, und gewöhnlich sind diese Raubkatzen Menschen gegenüber nicht aggressiv. Dokumentarfilmer und sogar Touristen im kenianischen Masai Mara Nationalpark und in der Serengeti in Tansania haben erlebt, dass Geparde auf die Motorhauben und Dächer ihrer Autos geklettert sind, um bei ihrer Beutesuche einen besseren Blick über die Savanne zu haben. Wir hatten einen alten Gepard namens Ricksey, der einige Jahre die Rolle des Streicheltiers für die Freiwilligen übernommen hatte. Ihm folgte ein jüngeres Männchen namens Lenny, das zusammen mit Arusha, einem Weibchen in ähnlichem Alter, nun die Hauptattraktion für die Besuche der ehrenamtlichen Helfer darstellte.

Ich öffnete das Tor und die Neulinge folgten mir etwas beklommen in das Gehege. Da die Freiwilligen vielleicht mit den Geparden arbeiten würden, wollten wir dafür sorgen, dass sich alle kennenlernten. Arusha war nie ein Problem. Auf einen Wink trottete sie zu mir herüber und begann, mich zu beschnuppern und abzulecken. Einer der Freiwilligen streichelte sie, und sie war sanft wie ein Kätzchen, ein sehr großes, laut schnurrendes Kätzchen.

„Geparde sind keine gefährlichen Menschenfresser", erklärte ich der Gruppe, während alle Arushas weiches Fell streichelten. Ich kenne keinen einzigen Fall, wo ein Gepard in Gefangenschaft oder in der Wildnis einen Menschen getötet hätte – ich könnte wetten, es gibt keinen." Die Freiwilligen nickten tapfer.

„Lenny, komm mein Junge", rief ich. Lenny erhob sich von seinem schattigen Platz, wo er gesessen hatte, und kam zu uns herüber.

Er fasste die Gruppe junger Leute ins Auge, die sich hinter mir verteilten, um unseren prächtigen männlichen Gepard zu fotografieren.

„Bleibt in meiner Nähe, aber streichelt ihn ruhig", sagte ich. „Achtet auf seine Zähne."

Lenny setzte sich in Bewegung, und ich spürte eine gewisse Entschlossenheit in seinen ausgreifenden Schritten. Als er die Gruppe erreichte, traten einige der mutigeren jungen Leute vor, um ihre Hände über Lennys gefleckte Flanken gleiten zu lassen. „Guter Junge, Lenny", sagte ich, während ich ihn kraulte und striegelte.

Aber Lenny, auch wenn er die Streicheleinheiten vielleicht genoss, hatte etwas anderes im Sinn, etwas ganz Bestimmtes.

Er machte einen Satz weg von den streichelnden Händen und war blitzartig hinter uns. Er stürzte sich auf eine der jungen Frauen, legte seine Pranken um ihre Taille und krallte sich mit seiner Afterkralle an ihr fest. Die meisten Leute wissen nicht, dass Geparde ihre Afterkrallen einziehen können, aber Lenny hatte seine ausgefahren und meinte es ernst.

Das Mädchen kreischte, als die scharfen Krallen sich durch ihre Kleidung bohrten und auf die empfindliche Haut trafen. Der Rest der Gruppe zog sich schnell zurück, und einige rannten zum Tor. Lenny hielt seine Beute fest umklammert und senkte seine Zähne in den Körperteil, auf den er es abgesehen hatte – ihre Pobacken.

„Lenny, ab!", rief ich und versetzte ihm einen Klaps auf die Nase. Lenny senkte seine Zähne noch etwas tiefer in das zarte, saftige Fleisch, aber schließlich konnte ich seinen Kiefer aus der Pobacke lösen und das schreiende Mädchen aus dem Gehege führen.

„Lasst uns bitte einen Moment allein", forderte ich die anderen auf. Das Mädchen öffnete den Reißverschluss und zog die Jeans herunter. Auf der weißen Haut ihrer Pobacke zeichneten sich vier hübsche rote Punkte ab. „Ich muss die Stellen desinfizieren", sagte ich.

Das Mädchen seufzte. „Brauche ich eine Tetanus-Spritze?", fragte sie jammervoll.

„Ich fürchte, ja", erwiderte ich. Sie tat mir leid, denn ich selbst hätte die Spritze viel schlimmer gefunden als Lennys Biss, aber es waren immerhin blutende Wunden.

Danach haben wir nie wieder Freiwillige zu einem erwachsenen Gepard ins Gehege gelassen. Es war das dritte Mal, dass Lenny versucht hatte, einen Besucher zu beißen, wenn auch das erste Mal, dass er seine Zähne erfolgreich ins Fleisch gesenkt hatte. Bei manchen Gruppen verhielt sich Lenny ganz unproblematisch, aber in allen drei Fällen, wo er zugebissen hatte, war es ein üppiges Hinterteil gewesen, dessen Anblick ihn offenbar animiert hatte. Und sein Interesse hatte immer nur weiblichen Hinterteilen gegolten. Ähnlich gut gepolsterte Männer im Gehege hatte er konsequent ignoriert.

Ich war in einer schwierigen Lage, denn ich konnte schließlich nicht gut einem Mitglied der Gruppe sagen: „Tut mir leid, aber du musst draußen bleiben, weil Lenny auf üppige Frauenärsche steht."

Sogar der alte Ricksey, dessen Benehmen weit besser war als Lennys, konnte unberechenbar sein.

Ricksey war der erste Gepard, den wir für den *Lion Park* gekauft hatten, und Ian war durch die südafrikanischen Zoos und Parks getourt, um ihn zu finden. Es gab zwar jede Menge Leute, die Geparde für den Tourismus oder die Auswilderung züchteten, aber sie wollten ihre Tiere meist nicht verkaufen, und wenn überhaupt jemand dazu bereit war, verlangte er einen horrenden Preis.

Schließlich meldete sich ein afrikanischer Farmer aus dem Freistaat telefonisch auf Ians Anfrage und erklärte, er würde uns einen Gepard zu einem vernünftigen Preis verkaufen.

„Ist er zahm?", fragte Ian.

„Zahm? Mann, der ist *hondmak*", antwortete der Farmer, womit er ausdrücken wollte, der Gepard sei so zahm wie ein Hund. Er versicherte uns, dass Ricksey ein toller Gepard in Topform war, der sich auch Menschen gegenüber tadellos verhielt. Jemand fuhr in den Freistaat, um ihn zu holen. Ich freute mich riesig darauf, mit unserem ersten Gepard zu arbeiten, aber als Ricksey dann kam, sah er aus, als hätte ihn jemand vom Sterbelager gezerrt.

Ein Ohr war zur Hälfte mottenzerfressen, die Augen waren glasig-trüb, sein Atem stank, und sein Fell war in schlechtem Zustand, ähnlich struppig wie das Fell von Löwen, wenn sie alt sind und nicht mehr lange zu leben haben. Nach allem, was ich heute weiß, würde ich sagen, dass Ricksey wahrscheinlich zwölf Jahre alt war, denn er lebte noch ein paar Jahre, aber selbst in Gefangenschaft werden Geparde kaum älter als fünfzehn Jahre.

Doch er war ein netter, freundlicher Kerl, wenn auch nicht wirklich *hondmak*, weil er hin und wieder kleine Anfälle von Aggressivität bekam. Ich kraulte ihn beispielsweise unter dem Kinn, und er schnurrte laut, und dann verwandelte er sich urplötzlich in einen hektischen Ball aus gelbem und schwarzem Fell, als hätte er einen Stromschlag von zehntausend Volt bekommen, und versuchte mich anzugreifen. Irgendwann beruhigte er sich dann wieder. Mit den Freiwilligen ging er allerdings sehr gut um, im Gegensatz zu seinem Nachfolger Lenny.

Ich habe meine Frau Mandy in einer Bar kennengelernt, in der es sehr ungehobelt zuging. Das Lokal hieß Tempos und war ein Ort, wo die Arbeiter, die dort ihre Mittagspause verbrachten, von Stripperinnen bedient wurden. Mandy arbeitete damals als persönliche Assistentin bei einer Versicherungsgesellschaft. Das Tempos liegt an der R 512, nicht weit vom *Lion Park* entfernt und ganz in der Nähe meines Wohnortes. An den Wochenenden war das Publikum in der Bar etwas gemischter, und ein Kumpel von mir hatte mich dort sonntags auf einen Drink eingeladen.

Ich hatte noch ein blaues Auge, weil ich zwei Wochen vorher am Montag eines verlängerten Wochenendes im Tempos in eine Prügelei verwickelt gewesen war. Ich hatte mich nett mit einem Mädchen unterhalten, doch sie hatte versäumt, mir zu sagen, dass sie einen festen Freund hatte. Als der auftauchte, sagte ich: „Wie geht's?", und als Antwort verpasste er mir eine Kopfnuss.

„Da geh ich nie wieder hin", sagte ich meinem Kumpel.

„Ach was, komm schon. Wir werden unseren Spaß haben."

Also ging ich mit meinem Kumpel ins Tempos. Wir waren kaum drinnen, da ließ er seinen Blick auf der Suche nach Mädels über die Bar schweifen. „Schau mal da hinten", sagte er und zeigte auf zwei attraktive Frauen.

Ich befingerte mein Auge und erklärte, ich würde an die Bar gehen und uns Drinks holen. Als ich bezahlt hatte, sah ich, dass mein Freund bereits mit den beiden Frauen ins Gespräch gekommen war und sich dabei besonders auf eine von ihnen konzentrierte. Die andere war blond – damals – und sehr hübsch. Lächelnd schlenderte ich zu ihnen hinüber.

„Das ist er", sagte mein Kumpel. „Kevin arbeitet mit den Löwen im *Lion Park*. Ernsthaft. Ihr müsst unbedingt in den Park kommen und ihn in Aktion sehen. Kevin wird seine Show für euch abziehen und mit den Löwen ringen – das wirst du doch, Kev, oder?"

Ich stöhnte innerlich. Es ist so peinlich, wenn Freunde einen zur Anmache missbrauchen. Aber es passierte mir nicht zum ersten Mal, und so erklärte ich mich bereit, die Mädels durch den Park zu führen, und mein Kumpel machte sich eifrig daran, Termine zu organisieren und Telefonnummern zu erfragen.

Eine Woche später war ich mit meinem Kumpel im *Lion Park*, und er konnte es kaum erwarten, „sein" Mädel wiederzusehen. Stattdessen kam Mandy, die Blonde, mit einer anderen Freundin, die wir beide noch nicht kannten. Mein Kumpel war am Boden zerstört, denn er hatte ein Picknick vorbereitet und ein paar ernstere Annäherungsversuche geplant. Unbeirrt packte ich alle ins Auto und begann mit der großen Tour durch den *Lion Park*.

Tau und Napoleon benahmen sich vorbildlich, und wir zogen weiter zum Gehege von Ricksey. „Ricksey ist zahm. Wir können

alle zu ihm reingehen. Kommt", forderte ich die Mädels und meinen Kumpel auf.

Doch kaum hatte ich einen Fuß ins Gehege gesetzt, da griff Ricksey mich an und begann, mir Prankenhiebe zu versetzen. „Ganz ruhig, mein Junge", redete ich ihm zu, während sein Krallen mir Arme und Beine zerkratzten. Ich lächelte und lachte und mimte den mutigen Raubtierexperten, aber Ricksey steckte mitten in einer seiner Psycho-Attacken. „Guter Junge, Ricksey", redete ich auf ihn ein, während er mir die Hosen zerriss. „Wollt ihr nicht reinkommen, Leute?", rief ich den anderen zu, die in der Nähe des Tors stehen geblieben waren.

„Ähm, nee, lieber nicht", erwiderte Mandy.

Ich kam mit zerrissenem Hemd, zerrissener Hose und zerkratzter Haut zu ihnen zurück, und tat den Vorfall lachend als unbedeutend ab. Mandy hielt mich unverkennbar für einen Spinner. Ich hörte, wie sie später zu ihrer Freundin sagte: „Es heißt, der Typ hätte eine besondere Begabung, aber ich glaube eher, dass er lebensmüde ist."

Trotz seiner Ausraster war Ricksey ein tolles Tier, und wir wollten mehr Geparde. Es gelang uns, Lenny und Arusha zu kaufen, die damals ungefähr sechs Monate alt waren, aber als sie bei uns eintrafen, waren sie mehr tot als lebendig. Unsere Tierärztin zeigte sich wenig begeistert von den Neuerwerbungen. Sie schaute uns an, als wären wir Kinder, die in der Tierhandlung aus Mitleid einen Kümmerling gekauft oder auf dem Heimweg von der Schule einen Streuner aufgelesen hatten. Arusha befand sich in einem etwas besseren Zustand als ihr Bruder, aber Lenny war ein Bild des Jammers.

Doch wir hatten im Grunde keine Wahl gehabt. Natürlich hätten wir den Deal ablehnen können, aber weil wir um jeden Preis Geparde wollten, nahmen wir, was wir kriegen konnten. Lenny und Arusha brauchten eine Rund-um-die-Uhr-Pflege, und ich übernahm sie.

Trotz meiner „beeindruckenden" Vorstellung mit Ricksey hatte sich Mandy nach unserem Picknick im *Lion Park* auf weitere Treffen mit mir eingelassen, und als Lenny und Arusha ankamen, wohnten wir schon zusammen in einem Stadthaus in Lone Hill.

Mandy ist meine Inspiration und in schwierigen Zeiten zugleich mein Fels in der Brandung. Ich kann mit ihr über unausgegorene Ideen diskutieren, und sie sagt mir ungeschminkt und aufrichtig ihre Meinung. Sie glaubt fest an das, was ich tue, wie ich es tue und warum ich es tue. Für mich ist es fantastisch, eine Partnerin zu haben, die nicht meint, sie müsste mit den Tieren in meinem Leben konkurrieren. Mandy liebt Tiere, aber zum Glück nicht auf dieselbe handgreifliche Weise wie ich. Wir sind sehr verschieden, und auch als wir gemeinsam im *Lion Park* und im Umfeld der Tiere gearbeitet haben, gab es zwischen uns keine Konkurrenz, was ich für sehr wichtig halte. Mandy kann hervorragend mit Menschen umgehen, und so arbeitet sie im PR- und Marketingbereich, während ich weniger gesellig bin und mich lieber an meine Tiere halte.

Mandy hatte schon ihre Erfahrungen mit der Aufzucht von Tieren gemacht, und deshalb wusste sie, dass sich die Neulust an der Flaschenfütterung niedlicher kleiner Fellbündel ziemlich bald abnutzte. In einem Haus auf dem Gelände von Rodney Fuhr, das wir eine Weile bewohnten, hatten wir ein Leopardenbaby aufgezogen. Die Kleine hieß Sabrina und war eine echte Hexe. Sie biss und kratzte und riss uns und alles im Haus zu Fetzen. Man hatte uns gesagt, sie sei in Gefangenschaft geboren und zum Teil von Hand aufgezogen worden, aber heute bin ich davon überzeugt, dass sie aus der Wildnis kam, und das ist eine Praxis, die ich ablehne. Sie war ein angriffslustiger kleiner Quirl, aber Mandy und ich schafften es schließlich, sie zu zähmen. Wir beide hatten keine Probleme mit ihr, aber dummerweise hat sie ein paar andere Leute, die sich in ihr Gehege wagten, ziemlich übel zugerichtet. Heute lebt sie gemeinsam mit einem männlichen Leoparden in einem anderen Park.

Als ich Mandy sagte, ich würde zwei junge Geparde in unser hübsches Stadthaus bringen, rollte sie mit den Augen. Rodney Fuhr war glücklich über meine Bereitschaft, Lenny und Arusha aufzuziehen, weil er wusste, dass ich die nötige Geduld und Erfahrung dafür mitbrachte. Es gab immer wieder Leute, die versuchten, Jungtiere aufzuziehen, weil die Kleinen doch so niedlich waren, aber nur wenige hatten die Geduld und Ausdauer, bis zum Ende durchzuhalten. Helga, die Mutter aller Welpen, war eine Ausnahme. Leute, die sich für geeignet halten, Jungtiere aufzuziehen,

revidieren diese Einschätzung oft, wenn sie feststellen, dass sie auf Geburtstage, Partys, Feiern und Treffen mit Freunden verzichten müssen, um ihre Schützlinge regelmäßig, auch mitten in der Nacht, füttern und versorgen zu können. Ich habe diese Opfer gebracht, aber es hat mir auch Spaß gemacht. Wie immer habe ich dabei genau Buch geführt, und wenn ich wusste, dass ein Tier 92,3 Milliliter Milch brauchte, dann bekam es genau diese Menge und nicht neunzig oder hundert Milliliter.

Lenny und Arusha sahen aus wie abgemagerte Ratten. In dem Gebäudekomplex, wo Mandy und ich wohnten, waren Haustiere verboten, und einige unserer Nachbarn wären bei dem Gedanken, dass wir zwei Geparde aufzogen, sicher ausgeflippt. Lenny und Arusha in einem Pappkarton ins Haus zu schmuggeln, war also eine kleinere militärische Operation.

„Alles klar", zischte Mandy aus der Dunkelheit.

„Ich komm jetzt rein", antwortete ich, den Karton mit den quiekenden kleinen Geparden auf dem Arm. „Pst!"

Lenny und Arusha waren anstrengend. Sie forderten permanente Aufmerksamkeit, und es dauerte eine Weile, sie an die Flasche zu gewöhnen. Als wir es schließlich geschafft hatten, gab es Probleme mit der Entwöhnung. Sie vertrugen beide keine feste Nahrung, erbrachen alles wieder und bekamen Durchfall. Dadurch trockneten die kleinen Körper aus, so dass wir sie mit Elektrolyten und anderen Flüssigkeiten zum Schutz der Darmflora versorgen mussten.

Nach wochenlanger harter Arbeit und vielen schlaflosen Nächten begannen Lenny und Arusha sich endlich zu erholen. Sie wurden niedliche kleine Fellbündel und entwickelten ihre arttypische Persönlichkeit. Wir dachten, wir könnten sie nun bald wieder in den *Lion Park* bringen. Da sie putzmunter waren, wollten Mandy und ich unser gewohntes Leben wieder aufnehmen und am Samstagabend ausgehen, endlich mal wieder im Restaurant essen und anschließend ins Kino. Was für andere Paare selbstverständlich war, erschien uns inzwischen als außergewöhnliches Vergnügen. Ich fütterte die Geparde und sperrte sie in die Küche. Als wir nach unseren Jacken griffen, warf ich noch einen letzten Blick über die Küchentheke, um zu sehen, ob alles mit ihnen in Ordnung war. Sie hatten ihre Schlafbox und genug Platz zum Spielen. Meine Erfah-

rungen mit den Hyänenbabys hatten mich gelehrt, dass man die Jungtiere am besten ins Bad oder in die Küche sperrt, weil diese Räume am leichtesten zu säubern sind. Lenny und Arusha schauten zu mir hoch, ein Bild der Unschuld. „Seid schön brav."

Unser Essen war großartig und der Film eine nette Abwechslung, nachdem wir wochenlang nicht aus dem Haus gekommen waren. Ich war ziemlich glücklich, bis ich die Haustür öffnete und von einem ekelhaften Gestank geradezu überwältigt wurde.

In der Wildnis sitzen Geparde gerne auf dem höchsten Aussichtspunkt, um ihr Gelände überblicken und nach Beute absuchen zu können. In Gefangenschaft sitzen unsere Tiere tagsüber oben auf ihren Pferchen, in denen sie die Nacht verbringen. Die höchsten Punkte in unserem Stadthaus waren die Rückenlehnen von zwei wunderschönen cremefarbenen Sofas, die Mandy und ich gerade erst vor einigen Tagen als Ersatz für die Sitzsäcke gekauft hatten, die bisher Teil unserer Wohnzimmerausstattung gewesen waren.

Ich hielt eine Hand über Mund und Nase und tastete mit der anderen nach dem Lichtschalter. Als das Licht anging, sah ich Lenny und Arusha auf unseren neuen Sofas schlafen. Beide waren inzwischen so fit, dass sie es geschafft hatten, vom Küchenboden auf die Durchreiche zur Essecke zu springen, wobei sie alles, was dort stand, heruntergeworfen hatten. Von hier aus waren sie mit wenigen Sprüngen ins Wohnzimmer gelangt.

Leider lernte ich an diesem Abend auch, dass Geparde gerne ihr Geschäft auf dem höchsten Aussichtspunkt erledigen, und unsere beiden süßen Kleinen hatten genau das getan – unsere schönen, neuen, cremefarbenen Sofas waren komplett vollgeschissen.

„Das hatte ich so aber nicht bestellt!", beschwerte sich Mandy.

„Doch mein Schatz, hast du, in dem Moment, als du mich kennengelernt hast."

Schakale sind unglaublich intelligente Tiere, aber sie gelten als Gefahr für Viehherden und Wildfarmen in Südafrika.

Farmer befürchten, dass Schakale in der Nähe von Antilopen und anderen Tieren herumlungern, die kurz davor stehen, ihre Jungen zu werfen, um den Nachwuchs dann zu töten, sobald er

geboren ist. Forschungsergebnisse belegen jedoch, dass ältere, erfahrenere Schakale nicht die Kälber oder Fohlen töten, sondern stattdessen die Placenta, die Nachgeburt, fressen.

Probleme können allerdings auftauchen, wenn ein erfahrener Schakal gefangen und getötet wird. Sobald jüngere Schakale in ein Gebiet vorrücken, das bisher von einem einzelnen, älteren Artgenossen dominiert wurde, sterben mehr Tiere. Die Neulinge vergreifen sich an den Viehherden, ihre Territorien werden kleiner, und weil sie sich vermehren, gibt es immer mehr hungrige Mäuler zu stopfen. Meines Erachtens ist es für den Farmer besser, wenn er einen einzigen alten Schakal in seinem Gebiet leben lässt, der gelegentlich ein Tier aus seiner Herde reißt, statt diesen Räuber zu töten und damit praktisch mehr Schakale in das Territorium einzuladen, die dann schlimmere Schäden anrichten. Aber diese Überlegung ist schwer zu vermitteln, und so begegnen wir Schakalen seit Generationen mit Vorurteilen.

Nandi, ein junger weiblicher Schabrackenschakal, wurde uns von einem Farmer in den *Lion Park* gebracht. Der Farmer hatte ihre Eltern erschossen, und Nandi war dabei verwundet worden. Ich fand es erstaunlich, dass der Mann zwar keine Gewissensbisse wegen der Elterntiere hatte, für das Baby aber offenbar Mitgefühl empfand.

Nandi war im Rücken getroffen worden, und ihr kleiner Körper steckte voller Schrotkugeln. Wir behandelten ihre Wunden, und einige von uns übernahmen die Aufgabe, sie von Hand aufzuziehen. Ich hoffte, wenn wir Nandi den Besuchern zeigen und ihnen die Zusammenhänge erklären würden, könnten wir vielleicht einige Vorurteile gegen Schakale abbauen. Die Einstellung zum afrikanischen Wildhund, einem der am stärksten bedrohten Säugetiere des Kontinents, hat sich beispielsweise in den letzten Jahrzehnten drastisch verändert. Früher hielt man ihn für einen Schädling, heute gehört er zu den beliebtesten Tieren, die man in einem Wildreservat oder Nationalpark beobachten kann, und deshalb gibt es vielleicht auch Hoffnung für Nandi und ihre Artgenossen. Ich war nicht der einzige Mensch, der sich um Nandi kümmerte, aber ich glaubte, ich könnte eine enge Beziehung zu ihr aufbauen.

Als Nandi älter wurde, begann sie, einige der Leute, die sie aufgezogen hatten, zu beißen, wenn sie zu ihr ins Gehege kamen. Eine der Pflegerinnen, Cara, begann zu ihr hineinzugehen, ebenso Helga, aber keine von beiden hatte eine so enge Beziehung zu Nandi wie ich. Nandi tolerierte Cara und war freundlich zu Helga, aber das war auch schon alles. Im Verlauf einiger Monate begann sie immer mehr Menschen aus ihrem Leben auszusortieren, bis klar wurde, dass sie auf ihrem Territorium nur noch mich vollständig akzeptierte.

Wir beschlossen, dass Nandi Gesellschaft von einigen Artgenossen bekommen sollte, besonders weil sie inzwischen fast alle ihre menschlichen Freunde ablehnte. Aus dem Zoo von Johannesburg erhielten wir einen Schakal namens Wilbur. Ich hoffte, die beiden würden sich paaren, damit wir im Park auch Schakalbabys zeigen konnten. Nach allem, was ich über Schakale gelernt hatte, war ich mir ziemlich sicher, dass Nandi und Wilbur schnell zur Sache kommen würden. Aber ich hatte mich getäuscht. Nandi duldete Wilbur, und gelegentlich stritten sie und schnappten nacheinander, aber Nandi war nicht bereit, sich von Wilbur decken zu lassen.

Wann immer ich das Gehege betrat, sprang Nandi auf, lief zu mir und machte einen Satz in meine Arme. Wilbur war darüber offensichtlich verärgert, und gelegentlich schlich er sich in meinen Rücken, während ich Nandi im Arm hielt, und zwickte mich mit seinen scharfen kleinen Zähnen ins Hinterteil.

„Ich versteh das nicht", sagte ich eines Tages zu Cara.

Cara lächelte. „Ich schon. Schakale sind monogam."

„Ja, das weiß ich", erwiderte ich, begriff aber immer noch nicht, was mir die Augen des Tieres in meinen Armen gesagt hatten. „Also, warum lässt sie sich dann nicht von Wilbur decken?"

„Weil du ihr Traummann bist, Kev. Sie meint, du bist ihr Lebenspartner, und deshalb interessiert sie sich für keinen anderen."

Kapitel 10:

Teil des Rudels

Der *Lion Park* hatte sich beworben, für einen französischen Film unter dem Titel *Le Lion* – der Löwe – die Tiere zu stellen und als einer der Drehorte zur Verfügung zu stehen. Für den Park war es eine große Sache, als wir den Zuschlag für den Film erhielten, aber für mich persönlich war zu diesem Zeitpunkt eine bevorstehende Geburt das Wichtigste in meinem Leben.

Im Park kursierte das Gerücht, Mandy sei schwanger, und ich würde zum ersten Mal Vater werden. Das Gerücht stimmte nicht ganz, denn schwanger war nicht Mandy, sondern mein Löwenmädchen Maditau.

Maditau und Tabby, die beiden weiblichen Löwenbabys, die erst wenige Wochen alt waren, als ich Tau und Napoleon kennenlernte, hatten ein Weile das Gehege mit meinen beiden Jungs geteilt, die vorher als Junggesellen miteinander gelebt hatten. Das war für sie ebenso natürlich wie für mich gewesen, bis ich Mandy traf. Es hatte Tau und Napoleon Zeit gegeben zu wachsen, Disziplin zu lernen und zu erfahren, wie man sich als Löwe benimmt. Es bedeutete außerdem, dass sie nicht völlig austicken würden, wenn sie zum ersten Mal auf eine paarungsbereite Löwin trafen. Meine Jungs hatten sich ihre Streifen verdient, und schließlich durften sie zu Maditau und Tabby, meinen beiden Mädels, ins Gehege.

Die französische Filmgesellschaft teilte uns mit, dass sie im Juni drehen wollte, mitten in südafrikanischen Winter. Das ist bei Dreharbeiten im südlichen Afrika üblich, weil unsere Winter lang und trocken sind. Um diese Zeit kann man sicher sein – soweit man beim Wetter jemals sicher sein kann – dass man durch den Staub und Rauch und Smog über Johannesburg einen klaren blauen Himmel und spektakuläre blutrote Sonnenaufgänge und Sonnenuntergänge zu sehen bekommt.

Zwei Wochen vor Beginn der Dreharbeiten brachte Maditau drei kleine Jungs zur Welt, und ich war im siebten Himmel. Einige Tage später überraschte Maditaus Schwester Tabby mich und alle anderen mit der Geburt von zwei Mädchen. Wir hatten nicht einmal gewusst, dass sie trächtig war. Da ich Tau und Napoleon als meine Brüder betrachtete, war ich nun also Onkel dieser fünf kleinen Löwen. Ich hatte keine Ahnung, wer den jeweiligen Nachwuchs gezeugt hatte, aber das spielte auch keine Rolle, denn wir waren alle glücklich.

Maditau und Tabby hatten beide zum ersten Mal geworfen, aber zwischen ihnen lagen Welten. Maditau war eine wunderbare Mutter, zog ihre Kleinen sofort an die Zitzen und leckte die winzigen Hinterteile, um ihnen bei Darmentleerung zu helfen. Sie war so stolz und beschützend, wie eine Löwenmutter sein sollte. Tabby dagegen lehnte ihre beiden Babys ab und wollte nichts mit ihnen zu tun haben.

Ich hatte gelesen, dass Löwinnen in der Wildnis manchmal die Jungen einer Schwester adoptieren, wenn der Mutter etwas zustößt, und ich habe inzwischen auch einigen Erfolg gehabt, solche Adoptionen in Gefangenschaft zuwege zu bringen. Ich machte einen Versuch mit Maditau und hoffte, sie würde nicht zwischen drei und fünf Jungen unterscheiden können. Ich trug die beiden kleinen Mädchen in Maditaus Nachtpferch, während sie sich in sicherer Entfernung befand, und ließ sie dort. Dann setzte ich mich draußen hin, um zu beobachten, was passieren würde.

Maditau schlenderte herum, ging dann hinüber zu einem der Neuankömmlinge, ergriff das Baby mit dem Maul am Nacken und

hob es hoch. Einen Moment schöpfte ich Hoffnung. Sie hatte das Junge identifiziert, war aber nicht darüber hergefallen und hatte es auch nicht ignoriert. Maditau trug das winzige Bündel zu ihrer Wasserschüssel und ließ es platschend hineinfallen.

Während das hilflose Baby quiekte und im Wasser strampelte, ging Maditau in aller Ruhe zu dem zweiten Jungtier hinüber, hob es ebenso auf, trug es zur Wasserschüssel und ließ es hineinplumpsen. Ich war fassungslos. Die beiden Löwenmädchen schrien aus Leibeskräften, doch Maditau begab sich ungerührt zurück zu ihrem eigenen Nachwuchs, legte sich daneben und schlief ein.

„Das bringt's nicht!", dachte ich, stand auf und ging ins Gehege. Jeder hatte mich gewarnt, auf keinen Fall zu einer Löwin mit Neugeborenen ins Gehege zu gehen, aber schließlich konnte ich die beiden kleinen Mädels ja nicht ertrinken lassen. Maditau öffnete die Augen, als ich hereinkam, blieb aber genauso ruhig und gelassen wie zuvor, als sie sich darangemacht hatte, ihre kleinen Nichten zu ertränken. Ich fischte die nassen, panischen Tierchen aus dem Wasser und brachte sie eilig zurück in ihre Kinderstube.

Die glücklosen Mädels wurden Meg – nach der Schauspielerin Meg Ryan – und Ally – nach Ally McBeal – getauft, weil die gleichnamige Fernsehshow damals gerade ein großer Hit war. Da aber einige unserer Mitarbeiter Probleme hatten, Ally richtig auszusprechen, nannten wir sie schließlich Ami.

Meg und Ami, die Töchter meiner Brüder Tau und Napoleon, wurden gewissermaßen meine Pflegekinder. Wenn ich für Maditaus Jungs der Onkel war, dann war ich für Meg und Ami der Vater. Ich war ihr Leben lang für sie da. Aber ich war wütend auf Maditau, die sie nicht adoptiert hatte, und auf Tabby, die sie abgelehnt hatte. Meine Mädels hatten mich in eine schwierige Situation gebracht. Die Dreharbeiten sollten bald beginnen, und das hieß, dass ich nach langen, hektischen Tagen am Set nachts zwei Löwenbabys mit der Flasche füttern musste. Außerdem würde Tabby, die ihre Jungen nicht säugte, schon nach kurzer Zeit wieder brünstig sein, was unsere Hauptdarsteller Tau und Napoleon von der Arbeit ablenken würde.

Es waren anstrengende Dreharbeiten. In Afrika filmt man am besten während der sogenannten goldenen Stunden direkt nach

dem Sonnenaufgang und direkt vor dem Sonnenuntergang, wenn das Licht mild und weich ist und das Grasland wie auch das Fell der Löwen wirklich so aussieht, als sei es aus kostbarem geschmolzenem Metall. Ich musste morgens um vier Uhr aufstehen, um die Löwen auf den Drehtag vorzubereiten. Gegen Mittag kümmerte ich mich dann um Meg und Ami, lud die anderen ins Auto und bereitete sie auf den Nachmittagsdreh vor.

Ich konnte Maditau nicht ewig böse sein – ich kannte sie genauso lange wie Tau und Napoleon. Außerdem war sie eine großartige Mutter und kümmerte sich hingebungsvoll um ihre Jungen.

Wir hielten sie mit ihrem Nachwuchs in einem eigenen Gehege, um die etwa acht Wochen dauernde Zeit zu simulieren, während der sich Löwenmütter in der Wildnis nach der Geburt ihrer Jungen vom Rudel fernhalten. Die Theorie besagt, dass die männlichen Löwen den Nachwuchs vielleicht nicht als ihren eigenen erkennen und töten würden, oder dass die winzigen Jungtiere einfach noch nicht kräftig genug sind, um die wilden Spiele der anderen Rudelmitglieder auszuhalten.

Wenn ich mich ihrem Gehege näherte, kam Maditau wie immer an den Zaun und begann, mit mir zu reden. „*Wuh-ooow, wuh-ooow.*"

„*Wuh-ooow*", erwiderte ich dann. „Wie geht es meinem Mädchen heute?"

Ich kraulte sie durch die Zwischenräume im Tor, und es schien so, als hätte sich nichts zwischen uns verändert. Bei meinem nächsten Besuch war Maditau mit ihrem Nachwuchs draußen, und die Kleinen trotteten auf ihren winzigen Beinchen zu uns hinüber, um zu sehen, mit wem sich ihre Mutter unterhielt. Neugierig wuselten sie zwischen Maditaus Beinen herum und versuchten, näher an den Zaun heranzukommen, um zu sehen, was das ganze Theater sollte.

Ich kniete mich hin, um die Jungen genauer anzuschauen. Wo das Tor und der Zaun aufeinandertrafen, befand sich eine schmale Lücke, und während ich mit den Kleinen redete, zwängte sich eins von ihnen ganz nah heran und fiel durch diese Lücke nach draußen.

„Mist!" Ich rechnete damit, dass Maditau jetzt austicken würde. Rasch griff ich nach dem quiekenden Löwenjungen und hob es mit beiden Händen hoch. Maditau senkte ihren mächtigen Kopf zu dem Ausreißer und schaute mich an. Als ich das winzige Bündel durch die Lücke zurück ins Gehege schob, sah sie mich völlig entspannt an, als wollte sie sagen: „Danke, Kev."

Als Helga und ich einige Tage später unsere Runden drehten, war Maditau mit ihren Kleinen noch im Nachtpferch. „Ich geh jetzt zu ihnen rein", sagte ich.

„Kev, du bist wahnsinnig. Es ist eine Sache, die Jungen durch den Zaun anzusehen, aber du willst doch wohl nicht ernsthaft zu einer Löwin mit ihren Jungen ins Gehege gehen?"

„Ich geh rein", sagte ich zu Helga. „Aber ich möchte, dass du hier bist, nur für den Fall, dass was passiert. Ich will das nicht ganz alleine ausprobieren."

Ich öffnete das Tor, schloss es wieder hinter mir und ging zum Nachtpferch, um dessen Tür zu öffnen. Statt nun aber das Gehege wieder zu verlassen, wartete ich dort. Maditau kam herausgelaufen und begrüßte mich genauso wie sonst, wenn ich mich hinter dem Zaun befand. Ein paar Sekunden später waren auch die Jungen da und begannen, mich näher zu untersuchen. Maditau strahlte nicht die geringste Feindseligkeit aus. Helga beobachtete uns besorgt von draußen, und mir kam der Gedanke, dass wir Menschen um die ganze Sache viel mehr Wind machten als die Löwin.

Die Jungen waren jetzt nah bei mir, und ich begann eins davon zu streicheln. Maditau konnte sehen, was ich tat, und es schien ihr nichts auszumachen. Das wäre vielleicht anders gewesen, wenn ich zu den Jungen hinübergegangen wäre und versucht hätte, vor ihren Augen eins aufzuheben. Es ist ganz ähnlich wie bei uns Menschen. Wenn eine Mutter sagt: „Hier Kev, halt mal das Baby", ist das in Ordnung, aber wenn ich hingehe und sage: „Komm, lass es mich halten" oder einfach ohne Erlaubnis das Kind nehme, dann werden manche Mütter vielleicht nervös.

Tau und Napoleon, die männlichen Mitglieder dieses Rudels, hatten mich akzeptiert, und Maditau war glücklich, dass ich mich bei ihr und ihren Jungen im Gehege aufhielt. Als die Kleinen zu mir herüberkamen und Maditau keine Zeichen von Aggression

zeigte, war das ein großes Ereignis für mich. Wie viel näher konnte ich der Familie noch kommen, nachdem ich auf diese Weise akzeptiert worden war? Man hatte mir immer wieder gesagt, dass Löwen Menschen zwar tolerieren, aber eine engere Beziehung zu ihnen nicht möglich ist. Es ist wie bei dem Spruch, dass Hunde Besitzer haben, Katzen jedoch nur Dosenöffner. Ich glaube nicht, dass das für Löwen gilt. Manche Löwen tolerieren mich – so wie auch manche Leute mich nur tolerieren – aber an diesem Tag wusste ich, dass Maditau mich akzeptiert hatte.

Ich wusste, dass ich Teil des Rudels war.

Die Dreharbeiten begannen einige Wochen, nachdem die beiden Löwinnen geworfen hatten, und Maditau schien weiterhin damit einverstanden zu sein, dass ich mich in der Nähe ihrer Jungen aufhielt. Dadurch konnte die französische Crew sie auch dabei filmen, wie sie ihre Jungen aufhob und herumtrug und sie säugte.

Wie üblich wurde die Crew im Gehege durch einen Käfig geschützt, aber Maditau hatte nichts dagegen, dass ich mit ihr im Freien arbeitete. Die Filmleute waren begeistert, denn sie hatten getrennte Aufnahmen mit von Hand aufgezogenen Jungtieren geplant, die sie dann nachträglich in den Film über Löwinnen einfügen wollten. Es ist gängige Meinung, dass Löwinnen ihre Jungen extrem beschützen und deshalb gegenüber Außenstehenden sehr aggressiv sind, sodass wir nicht nah genug herankommen würden, um zu filmen, wie Maditau sich um ihren Nachwuchs kümmerte. Aber wenn ich sie dazu aufforderte, trug sie ihre Jungen bereitwillig herum, und ich habe es als Ehre und Privileg empfunden, bei diesem Film mit ihr arbeiten zu dürfen.

Was wir mit Maditau taten, war bahnbrechend, und nun ging ich noch einen Schritt weiter und machte Tau und Napoleon mit ihrem Nachwuchs bekannt. Natürlich besagt die gängige Meinung, die männlichen Tiere würden die Kleinen töten, weil sie noch keine acht Wochen alt waren. Also stand ich erwartungsvoll dabei, als wir Tau und Napoleon zu Maditau und ihren Jungen ins Gehege ließen.

Tau und Napoleon waren nervös, Maditau war nervös, und ich war es auch. Ich hatte keine Ahnung, wie die Löwin reagieren

würde – ob sie wegen der Männchen jetzt aggressiver sein würde. Schließlich war es Tau, der das Eis brach. Er ging zu den Kleinen und leckte sie ab, so als wolle er sagen, er würde gerne zu ihrem Leben dazugehören.

Napoleon dagegen verhielt sich wirklich seltsam. Er war wie eine Katze auf einem heißen Blechdach oder Tigger in *Pu der Bär* – total aufgedreht sprang er im Gehege herum. Hin und wieder hielt er inne und beschnupperte die Jungen, die sich in der allgemeinen Aufmerksamkeit sonnten und „*Wa-OW, wa-OW*" riefen. Natürlich war das alles für die Kleinen nicht nur ein Vergnügen. Wenn Jungtiere zum ersten Mal dem Rudel vorgestellt werden, sind sie extrem nervös. Manchmal urinieren oder koten sie sogar aus purem Stress.

Ich staunte, dass in diesem ganzen Durcheinander nicht die geringsten Anzeichen von Gewalt oder Aggressivität zu spüren war. Maditau begrüßte die anderen Löwinnen zum ersten Mal, seit sie sich zum Werfen zurückgezogen hatte. Tau begrüßte die Jungen, und Napoleon sprang aufgeregt herum, alles gleichzeitig. Und mittendrin stand ich. Ich empfand das als einen weiteren Moment oder Meilenstein reiner Akzeptanz und fühlte mich privilegiert, an diesem ganz besonderen Tag dazuzugehören.

Tau und Napoleon, Maditau und ihren Jungen, allen ging es gut und niemand tötete oder fraß irgendwen. Vielleicht waren meine Jungs einfach außergewöhnliche Väter, aber vielleicht sollte man die gängige Meinung auch etwas öfter infrage stellen.

Pelokghale war eine riesige Löwin.

Sie muss ungefähr 180 Kilo gewogen haben und war so groß wie manche ausgewachsenen Männchen. Sie konnte ein brutales Monster sein, und ich fragte mich, was für eine Mutter sie wohl abgeben würde – ob der Nachwuchs sie vielleicht noch übellauniger machen würde.

Als Pelo geworfen hatte, kam sie an den Zaun und redete mit mir, wenn ich an ihrem Gehege vorüberging, aber dann trottete sie zurück zu ihrem Nachtpferch, der den Jungen als Höhle diente.

Schließlich entschied ich mich, zu ihr hineinzugehen. Zu Maditau hatte ich zwar immer eine enge Beziehung gehabt, aber ich sah keinen Grund, warum Pelokghale etwas dagegen haben sollte, dass

ich ihr Gehege betrat, denn durch den Zaun hindurch war sie mir gegenüber genauso kommunikativ gewesen wie Maditau, nachdem sie geworfen hatte.

Ich betrat ihr Gehege und rief nach Pelo. Die gewaltige Löwin kam mit großen Schritten auf mich zu und blieb dann stehen. Sie drehte sich um zu dem Pferch, in dem sich ihre Jungen befanden und blickte dann zu mir zurück. Als nächstes schloss sie zu mir auf und begann, mich anzustoßen.

„Komm, komm. Schau dir das an, Kev", schien sie mir sagen zu wollen. Sie führte mich zum Pferch.

Ich folgte der Aufforderung und ging bis zum Pferch hinter ihr her. Pelo verschwand darin. Da ich nicht völlig bescheuert bin, wartete ich am Eingang. Ich wusste, wenn ich hineinkriechen würde, dann säße ich in der Falle und könnte nicht mehr fliehen.

Ich spähte nach drinnen, damit sich meine Augen an das Dämmerlicht gewöhnen konnten. Pelokghale war zur anderen Seite des Pferchs gegangen, wo ihre Jungen in einem Strohnest saßen. Sie hob eins der winzigem Bündel mit dem Maul hoch, trug es zu mir hinüber und setzte es sanft auf dem Zementboden vor mir ab, damit ich es anschauen konnte. Es lag so nah bei mir, dass ich es hätte berühren können, aber das tat ich nicht. Sie ging zurück, brachte mir ihre Jungen, die nur wenige Tage alt waren, eins nach dem anderen und legte sie vor mir ab.

Damals drehten wir gerade den Dokumentarfilm *Dangerous Companions* über meine Beziehungen zu den verschiedenen Tieren im *Lion Park*. Als ich Pelo und ihre Jungen das nächste Mal besuchte, begleitete mich ein Kameramann, und ich nahm einen kleinen digitalen Camcorder mit, für den Fall, dass Pelo mir erneut ihre Jungen bringen würde.

Bei laufender Kamera ging ich ins Gehege, und Pelo führte mich erneut zum Nachtpferch. Ich kniete mich vor den Eingang, und wieder hob sie eins ihrer Jungen hoch und legte es direkt vor mir ab. Sie stand vor mir und leckte das Junge und redete, und im nächsten Moment schob sie ihr Baby in meine Hände.

Ich kniete dort, die Hände ausgestreckt, das winzige Löwenjunge auf meinen Handflächen, und ich hielt es, während die Mutter es leckte und säuberte.

Was ich mit Maditau und ihrem ersten Wurf und Pelokghale und ihren Jungen erlebt habe, passiert nicht bei jeder Löwin und noch nicht einmal bei diesen beiden mit jedem Wurf.

Als Maditau und Pelokghale mich so uneingeschränkt akzeptierten, bin ich ohne irgendwelche Hintergedanken zu ihnen ins Gehege gegangen. Ich hatte keine Pläne mit ihnen und ihren Jungen, sondern wollte nur herausfinden, was möglich war. Es war nicht meine Absicht, unsere Beziehung zu festigen, damit ich eine Löwin mit ihren Jungen filmen oder Bilder vorzeigen konnte, auf denen ich ein Löwenjunges in den Händen hielt. Ich tat es, weil ich es wollte, und weil die Löwinnen sich freuten, mich bei sich zu haben. Und Pelo vertraute mir damals sogar genug, um mir ihren Nachwuchs in die Hände zu legen.

Doch Beziehungen verändern sich – das gilt für Tiere ebenso wie für Menschen. Vielleicht gehe ich eines Tages zu Tau und Napoleon ins Gehege, und einer von ihnen sagt: „Komm nicht näher, Kev." Wenn das passiert, kann ich nur antworten: „Danke für die tollen zehn Jahre, Jungs." Ich werde ihnen meine Freundschaft nicht aufdrängen. Es würde mir schwerfallen, aber ich müsste in einem solchen Fall respektieren, dass sich etwas geändert hat, und mir vielleicht mein eigenes Verhalten etwas genauer ansehen.

Einer der kritischsten Momente, den ich je mit einem Löwen erlebt habe – einschließlich meiner Begegnung mit Tsavo – ereignete sich während der Arbeit an diesem Buch und hatte mit Maditau zu tun. Ich war in Johannesburg gewesen, wo der Soundtrack für unseren Spielfilm *Der weiße Löwe* aufgenommen wurde. Wir hatten einige anstrengende Wochen damit verbracht, dem Film den letzten Schliff zu geben, und mich plagte das schlechte Gewissen, dass ich so lange nicht mehr bei meinen Löwen gewesen war. Tabby hatte eine Woche zuvor drei Junge geworfen – wieder eine erfreuliche Überraschung – und ich hatte es eilig, zurück zum *Kingdom of the White Lion* zu kommen, um zu sehen, wie es den Kleinen ging.

Am Sonntagnachmittag waren wir mit der Arbeit am Film fertig, und ich fuhr auf dem schnellsten Weg nach Hause. „Kommst du mit zu den Löwen?", fragte ich Mandy.

„Nein, danke, ich werde mich ums Abendessen kümmern."

Es ist schwer zu erklären, aber das Gefühl, dass ich mir Zeit für die Löwen nehmen musste, nagte schon eine ganze Weile an mir. Ich stieg ins Auto und auf dem kurzen, malerischen Weg durch das Kingdom fühlte ich mich immer noch unbehaglich, obwohl ich ja nun gleich bei meinem Rudel sein würde.

Ich fuhr direkt zum Gehege von Tau und Napoleon, weil ich Tabbys Nachwuchs sehen wollte, aber als ich aus dem Wagen stieg, stellte ich fest, dass sich die ausgewachsenen männlichen Löwen in der hintersten Ecke befanden, während Tabby offensichtlich gestresst war. „*Wuh-aaah, wuh-aaah*", klagte sie, fast so, als würde sie ihre Jungen rufen.

„Was ist denn los, mein Mädchen?", fragte ich. Ich fand es seltsam, dass sie nach ihren Jungen rief, die doch höchstwahrscheinlich im Nachtpferch lagen, der den Löwinnen gewöhnlich als Höhle für ihre Neugeborenen diente.

Plötzlich bemerkte ich hektische Aktivitäten in der Mitte des Geheges. Ich sah Maditau und ihre drei kleinsten Jungen, die mit fünfzehn Wochen sehr viel älter waren als Tabbys Nachwuchs und schon ihren eigenen Kopf hatten. Zwei von Maditaus älteren Töchtern – ungefähr dreieinhalb Jahre alt – waren ebenfalls mit von der Partie, und die Mutter samt allen Kindern drängten sich um etwas, das sie offenbar mächtig interessierte.

Ich ging näher an Tabby heran und stellte fest, dass sie eindeutig massiv gestresst war. Bei einem Blick in den Nachtpferch erkannte ich mit wachsendem Entsetzen, dass sich dort nur zwei der drei Jungen befanden.

Maditau und die anderen hatten es geschafft, eins von Tabbys Jungen nach draußen zu zerren, und als ich näher herankam, sah ich, dass alle Löwen sich an diesem dritten Jungtier zu schaffen machten und dabei waren, es fast in Stücke zu reißen. Nun hörte ich das Kleine auch schreien und jammern. Immer wieder stieß es ein gequältes, raues *raaarrr, raaarrrr* aus. Der tapfere Winzling kämpfte um sein Leben.

Ich rannte auf Maditau zu. Nicht zum ersten Mal in meinem Leben handelte ich, bevor ich mein Gehirn einschaltete, aber ich konnte doch nicht einfach herumstehen und zuschauen, wie sie das Kleine zu Tode quälten. Als ich auf fünf Meter herangekommen

war, drehte sich Maditau zu mir um, und in den neuneinhalb Jahren, die ich diese Löwin kenne, habe ich noch nie eine solche Aggressivität in ihren Augen gesehen. Sie hatte das Junge im Maul. Wenn sie gewollt hätte, dann hätte sie es auf der Stelle töten können, aber stattdessen ließ sie es von ihrem eigenen Nachwuchs quälen, beißen und drangsalieren, wobei sie die Stimmung anheizte, indem sie sich das unglückliche Baby immer wieder selbst schnappte.

Ich sah, dass der Winzling übel zugerichtet war und wahrscheinlich bald sterben würde, wenn ich seiner nicht habhaft werden konnte. Das Kleine schrie vor Schmerzen und aus purer Angst um sein Leben. Maditau duckte sich tief auf den Boden und rollte ihren Schwanz ein. Ihre Augen waren so wild wie die einer Schlange. Sie machte sich zum Angriff bereit.

Jeder weiß, dass man vor einem angreifenden Löwen nicht wegrennen sollte, und ich habe jahrelang geübt, in potenziell gefährlichen Situationen ruhig zu bleiben. Diesmal war ich mir jedoch nicht sicher, ob mein menschlicher Urinstinkt zu fliehen mich nicht doch überwältigen würde. Aber dann waren meine Beine plötzlich wie gelähmt. Selbst wenn ich hätte rennen wollen, wäre ich nicht dazu fähig gewesen.

Maditau blieb einen halben Meter vor mir stehen. Sie starrte mich schnaufend und keuchend an, während ich wie angewurzelt auf einem Fleck stand. Sie warf einen Blick auf den Tumult, den sie zurückgelassen hatte, und auf das verletzte Junge, das sie hatte fallen lassen. Sie wollte es wiederhaben, und lief deshalb zurück zu ihm. Aber mit mir war sie keineswegs fertig.

Noch drei Mal verließ sie das Rudel und das Kleine, um mich immer wieder anzugreifen. Nach dem zweiten Angriff hob ich einen Stein vom Boden und warf ihn nach ihr. Er prallte harmlos von ihr ab und schien sie nur noch wütender zu machen. Ich sah ein, dass ich nicht besonders geschickt vorgegangen war. Mit jedem weiteren Pseudoangriff schien sie aggressiver zu werden. Ich wusste, wenn ich nur einen einzigen Schritt von der Stelle zurücktreten würde, an der meine Füße fest verwurzelt zu sein schienen, oder wenn ich rennen würde, dann würde sie wieder auf mich losgehen.

Ich fürchtete, bei einem fünften Angriff könnte mein Buch am Ende den Titel tragen: *Unter Löwen – zur Erinnerung an Kevin Richardson.*

Maditau kehrte zu den anderen und zu dem verwundeten Jungen zurück, und ich setzte mich auf den Boden. Einige Minuten lang, die mir wie Stunden vorkamen, starrten wir einander in einer angespannten Pattsituation an. Sie lenkte ein, aber als sie die anderen Löwen verließ, nahm sie das geschundene, schreiende Baby zwischen ihre Zähne und rannte damit in den Busch.

„Scheiß drauf!", dachte ich. Ich würde nicht zulassen, dass sie eins der Babys ihrer Schwester umbrachte und ihrem eigenen Nachwuchs zeigte, wie man einen solchen Winzling quält. Ich rannte zum Tor, öffnete es und sprang in den Land Cruiser. Ich startete den Motor, rammte den Gang rein und lenkte den Wagen ins Löwengehege.

„Maditau! Maditau!", brüllte ich, hielt den Arm an der Fahrerseite aus dem Fenster und schlug mit der Hand gegen die Wagentür, während ich langsam über den steinigen Boden holperte und nach der aufsässigen Löwin suchte.

Ich fand sie schließlich am äußersten Ende des Geheges, das verletzte Baby immer noch zwischen den Zähnen. Als sie mich sah, ließ sie das Kleine fallen. Ich hatte angenommen, wenn sie mich im Auto sah, würde ihr klar sein, dass „das Spiel aus" war, aber ich hatte mich geirrt. Das Spiel ging weiter. Sie stürmte auf den Land Cruiser los, und einen Moment dachte ich, sie würde sich durch das offene Fenster auf der Fahrerseite stürzen.

Der Prado hat elektrische Fensterheber, und ich drückte mit aller Kraft auf den Knopf, um den verdammten Motor zu beschleunigen. Sie wollte mich umbringen, aber wie schon vorher wollte sie auch ständig das verletzte Junge wieder in ihre Gewalt bringen. Sie rannte also zurück zu dem Jungen und beschloss dann, mich erneut anzugreifen.

Als sie auf mich zukam, sah ich eine Chance, sie auszutricksen. Ich fuhr um sie herum und direkt auf das Junge zu. Es war so winzig, dass ich mit dem Wagen darüber fahren konnte – die Räder zu beiden Seiten – sodass es nun unter einem schützenden Stahlschirm lag.

Als sie nicht mehr an das Junge herankam, stürmte Maditau davon und rannte im Gehege herum. Frustriert, weil sie das Junge verloren hatte, ließ sie ihre Wut an ihren älteren Töchtern aus und grub ihre Zähne mit einem Geräusch, das mich zusammenzucken ließ, in deren Hinterteil.

Inzwischen hatten Tau und Napoleon begriffen, welch ein Wahnsinn sich in ihrem Gehege abspielte. Sie rannten beide zu Maditau und einer von ihnen – ich weiß nicht mehr welcher – verabreichte ihr eine Tracht Prügel. Das Durcheinander gab mir zum Glück die Gelegenheit, das verletzte Löwenbaby in den Wagen zu holen.

Als ich nun Richtung Tor fuhr, schüttelte Maditau die empörten männlichen Löwen ab und folgte mir. Eine Weile umkreiste sie mich und ließ mich nicht aus dem Wagen steigen, um das Tor zu öffnen, doch schließlich machte sie sich zum Glück davon.

Mein Herz raste, aber ich musste mich jetzt zuerst um das schwer verletzte Baby kümmern, das vor allem am Hals und an der Seite lebensbedrohliche Wunden hatte. Es mag seltsam erscheinen, aber ich wusste aus Erfahrung, dass ich ihm jetzt wahrscheinlich nichts Schlimmeres antun konnte, als es von seiner Mutter zu trennen und es zum Tierarzt zu bringen. Es war ein beherztes kleines Ding, und nachdem es alle diese Torturen überlebt hatte, dachte ich, es könnte vielleicht durchkommen, wenn ich seine Wunden notdürftig versorgen und es dann so schnell wie möglich seiner Mutter übergeben würde.

Ich habe immer einen üppig ausgestatteten Erste-Hilfe-Kasten im Auto, aus dem ich eine antiseptische Creme und einen speziellen Puder nahm, der Blutungen verlangsamt. Ich ließ meine Finger über das quiekende Tierchen gleiten, um das Fell zu teilen und mir die Wunden genauer anzusehen. Wo die anderen Löwen zugebissen hatten, waren ihre Zähne durch zwei Schichten von Bauchmuskeln gedrungen, sodass nur noch eine dünne Hautmembran die inneren Organe daran hinderte, herauszufallen. Wenn sie auch diese Hautschicht zerstört hätten, wäre das Kleine unweigerlich gestorben. Die Wunden mussten eigentlich genäht werden, aber ich hielt es trotzdem für besser, das Baby sofort zu Tabby zu bringen, damit sie es versorgen und über Nacht säugen konnte. Ich würde es am nächsten Tag zum Tierarzt bringen, sobald sich die Aufregung

im Gehege endgültig gelegt hatte. Also begab ich mich zu Tabby zurück, die ihr Baby gnädig entgegennahm. Aber sobald sie es in Sicherheit gebracht hatte, machte sie kehrt und drohte, mich zu fressen. Sie muss mich für denjenigen gehalten haben, der es ihr geraubt hatte. Ich hatte keine Chance.

Total erschüttert fuhr ich zu Mandy zurück, den Kopf voller Sorgen. Ich befürchtete nicht nur, dass ich gerade meine neuneinhalb Jahre während Beziehung zu Maditau zerstört hatte, sondern war auch beunruhigt, wie Tau und Napoleon auf die Ereignisse reagieren würden, nachdem wir doch alle eine so glückliche Familie gewesen waren. Ich begann mich in Gedanken zu zerfleischen. Ich hätte zulassen sollen, dass Maditau das Kleine tötete, dachte ich. Warum hatte ich eingegriffen? Ausgeschlossen, widersprach ich mir selbst. Ich hätte nicht mehr in den Spiegel schauen können, wenn ich untätig zugeschaut hätte, wie Maditau Tabbys Baby umbrachte.

Natürlich kommt ein Unglück wie dieses nie allein. Zwei Tage später, am Dienstag, sollte ein Team von ABC News aus den USA eintreffen, um mich mit den Löwen zu filmen. Der Anchorman von ABC war fasziniert davon, wie ich mich in das Rudel integriert hatte und wie mir die Löwinnen den freien Umgang mit ihren Jungen erlaubten. Großartig. Das Problem war nur: Jetzt wollte mich eine dieser Löwenmütter umbringen! Montag mussten wir die Audio-Synchronisierung für die Stimmen der Schauspieler im Film *Der weiße Löwe* fertigmachen. Außerdem mussten wir Tabbys Baby zum Tierarzt bringen. Und dann gab es noch etwas zu bedenken: die düstere Aussicht, dass mein Tod am nächsten Tag von ABC Prime Time aufgezeichnet würde.

Montagabend ging ich zurück zum Gehege und machte mir dabei fast in die Hosen. Ich öffnete das Tor und ging hinein. Maditau griff mich zwar nicht an, war aber auch nicht besonders entzückt, mich zu sehen. Sie starrte mich an und zog die Lefzen hoch. Ich ging weiter, sprach mit den anderen Löwen und tat so, als sei nichts gewesen. Tau und Napoleon begrüßten mich auf die traditionelle Weise, indem sie ihre Köpfe an mir rieben, und Maditaus Nachwuchs kam ebenfalls zur Begrüßung. Maditau war zwar weiterhin

mürrisch, aber sie hatte mich nicht gefressen, und das war so ziemlich die einzige gute Nachricht, die ich für Mandy hatte.

Ich machte mir immer noch Sorgen, als am Dienstag das Fernsehteam von ABC auftauchte. Ich hatte erwogen, die Aufnahmen in letzter Minute abzusagen, aber als wir zu den Löwen kamen, sah ich, dass Tau und Napoleon sich nicht in der Nähe von Maditau aufhielten. Wir hatten das verletzte Junge wieder vom Tierarzt abholen können, und als wir es Tabby jetzt zurückgaben, zeigte sie keine Anzeichen von Aggression, worüber die Fernsehleute begeistert waren. Was sie aber wirklich filmen wollten, war mein Umgang mit den ausgewachsenen männlichen Löwen, und so ging ich zu Tau und Napoleon hinein, und sie begrüßten mich. Maditau hielt sich fern, und das war mir nur lieb.

Ich ging zuerst zu Tau, und er war völlig entspannt. Dann kamen einige von den Jungen zu unser hinüber, und schließlich begaben wir uns alle einträchtig zu Napoleon. Wir saßen gemeinsam im Gras, und es war großartig. Das Fernsehteam hatte drei Kameras, und sie waren begeistert von dem Blick, den sie auf das gesamte Rudel bekamen – so schien es jedenfalls. Maditau hielt sich weiterhin abseits.

Und dann passierte etwas Erstaunliches. Maditau beschloss, dass sie nicht länger allein sein wollte, kam direkt auf mich zu, trennte mich vom Rest des Rudels und rieb dann – direkt vor den Kameras - ihren Kopf so hingebungsvoll an mir, wie sie es seit Jahren nicht getan hatte. Ich lag zu diesem Zeitpunkt auf dem Boden, sehr verletzlich, und als sie schließlich aufhörte, sich an mir zu reiben, ließ sie sich zwischen Tau und mir hinplumpsen. Und so lagen wir nun alle faul unter einem Baum im schattigen Gras und waren wieder ein großes Rudel.

Wir Menschen sind so daran gewöhnt, andere Leute ungerecht zu behandeln, dass wir versuchen, dieses Verhalten auch auf Löwen und sonstige Tiere zu projizieren. Wenn man einen anderen Menschen ungerecht behandelt, kann er am Ende einen Groll gegen uns hegen, und wir meinen, dasselbe würde auch für Tiere gelten. Vielleicht hätte Maditau mich wirklich am liebsten umgebracht, weil ich ihr bei dem Baby in die Quere gekommen bin, aber sie hat es nicht getan. Vielleicht hatte sie auch einfach nur einen schlechten

Tag. Ich war sehr besorgt, dass sie mir auf Dauer böse sein würde, aber sie konnte diesen Zwischenfall sehr viel schneller vergessen als ich und fand schon nach kurzer Zeit wieder zur Normalität zurück. Das liebe ich wirklich an Löwen, diese Fähigkeit, so schnell zu vergeben und zu vergessen.

Wenn ich abends im Bett liege, frage ich mich manchmal, ob ich zu großspurig werde. Denke ich, dass ich die Welt erobern kann? Stelle ich mir vor, ich könnte nach Amerika gehen und Klapperschlangen für einen weiteren Dokumentarfilm zähmen? In solchen Momenten atme ich tief durch und versuche mich daran zu freuen, was ich schon habe und erreicht habe, und ich versuche, einfach dankbar für den Tag zu sein, der hinter mir liegt.

Hin und wieder – gelegentlich im Abstand von zwei Wochen oder auch einigen Monaten – überwältigen mich meine Emotionen, und ich fange an, dummes Zeug zu reden.

Wir liegen im Bett, und ich sage zu Mandy: „Weißt du eigentlich, was ich für ein Glück habe?"

„Du hast es mir gesagt, Kev", antwortet Mandy dann. Sie sorgt gerne für den nötigen Ausgleich.

„Nein, du verstehst nicht, was es mir bedeutet, dass diese Löwen mich akzeptieren. Sie sind unglaublich. Du bist unglaublich. Ich kann nicht glauben, wie viel Glück ich habe."

„Ja, Kev."

Mir ist bewusst, dass es zur menschlichen Natur gehört, das, was man hatte, nur wirklich würdigen zu können, wenn es verloren ist. Mir ist wichtig, mir klarzumachen, wie privilegiert ich bin, weil ich gerne würdige, was ich habe. Ich bemühe mich, es nicht für selbstverständlich zu halten, und ich versuche, bescheiden zu sein. Es passiert uns Menschen so leicht, dass wir uns überschätzen und alles, was wir tun, für etwas Besonderes halten.

Was in meinem Fall besonders ist, das ist meine Frau, und das sind meine Tiere, die mir einen Platz in ihrem Leben gewährt haben.

Wenn Meg und Ami mich begrüßen, dann stürmen sie auf mich zu, als würden sie versuchen, ein Zebra zu erlegen.

Als ich sie von Hand aufgezogen habe, waren sie lebhafte Jungtiere, aber jetzt, als ausgewachsene Löwinnen, wiegen sie jeweils fast 180 Kilo und können mich beim Spiel glatt umwerfen. Das treibt Mandy zum Wahnsinn. Wenn ich mit den Löwinnen spiele, macht sie sich viel mehr Sorgen, als wenn ich mich mit Tau und Napoleon beschäftige, die zu alt sind, um mir noch auf den Rücken zu springen und mich umzuwerfen. Mandy ist nicht eifersüchtig auf Meg und Ami, sondern macht sich Sorgen wegen ihrer rauen Spiele. Für mich dagegen sind Meg und Ami die sanftesten Löwinnen, die ich kenne, nicht im Hinblick auf ihre Körperkraft, sondern auf ihren Charakter. Zum Glück besucht Mandy die Löwen nicht jeden Tag, sodass sie nicht alles sieht, was bei unsern Spielen geschieht.

Als ich Meg und Ami aufzog, und auch bei Tau und Napoleon, haben mir die Leute immer gesagt, irgendwann dürfte ich sie nicht mehr auf mir herumspringen lassen. Sie dachten, wenn ein Löwe ein bestimmtes Alter erreicht hat, dann würde er mich eher töten als einfach mit mir zu spielen. Ich habe das immer für Unsinn gehalten. Sicher, ich habe auf die harte Tour gelernt, gegenüber einigen Löwen während ihrer Teenagerzeit – wenn sie zwei bis drei Jahre alt sind – wachsam zu sein, aber die Löwen, die ich von Hand aufgezogen habe, wollten mich niemals töten. Als Meg und Ami ungefähr zwei Jahre alt waren, wurden sie so schwer, dass ich sie nicht mehr huckepack durch das Gehege schleppen konnte. Sie wollten immer noch auf meinen Rücken springen, aber wenn sie das taten, warfen sie mich damit einfach um. Doch die Tatsache, dass sie nun dazu in der Lage waren, mich von den Füßen zu holen, bedeutete nicht, dass sie mich töten würden, sobald ich vor ihnen lag.

Bei Meg und Ami gibt es für mich nur eine Gefahr – dass sie mich erdrücken, und das ist tatsächlich fast einmal passiert. Eines Tages lag ich mit den Mädels faul herum, als erst die eine und dann die andere auf die Idee kam, sich quer über mich zu legen. Ich konnte mich nicht mehr rühren, und bei jedem Ausatmen drückte ihr gemeinsames Gewicht meinen Brustkorb etwas mehr zusammen. Ich konnte nicht mehr atmen, weil Meg und Ami meine Lunge zusammenpressten. Und ich hatte nicht genug Kraft, sie zu heben. Viele Leute hatten mir vorhergesagt, dass meine Löwen mich eines Tages

umbringen würden, aber nicht auf diese Weise. Voller Panik lachte und weinte ich gleichzeitig über diese lächerliche Situation. Zum Glück sind die Löwinnen gerade noch rechtzeitig beiseitegerückt.

Wenn wir so herumliegen, kommt es gelegentlich vor, dass eine von ihnen mir aus Versehen eine Pranke ins Gesicht schlägt, wenn sie aufstehen will. Ich bekomme Schnitte und Kratzer und blaue Flecken ab, aber das gehört alles mit zum Spiel. Diese Mädels sind ganz besondere Löwinnen und meine ganz besonderen Freundinnen, und meine Beziehung zu ihnen ist so eng, wie die Beziehung zwischen einem Menschen und einem Löwen nur sein kann.

Ich glaube, dass mich die verschiedenen Löwen in meiner Familie unterschiedlich wahrnehmen. Tau und Napoleon behandeln mich wie einen Adoptivbruder, aber sie wissen, dass ich kein Löwe bin, und so gibt es in ihrem Inneren etwas, das sie ein wenig zurückhält, wenn wir miteinander spielen. Ich bin ihnen einmal auf den Rücken gesprungen, um zu sehen, wie sie damit umgehen würden. Sie ließen mich eine Weile dort bleiben, bevor sie mich abschüttelten.

Meg und Ami halten mich für einen anderen Löwen, und genauso spielen sie mit mir – rau. Von klein auf habe ich die beiden huckepack getragen, und die Leute haben mich deshalb für verrückt gehalten. Wenn ich auf ihren Rücken springe, dann springen sie auf meinen – und werfen mich um. Sie halten sich mir gegenüber nicht zurück, aber als sich Meg beispielsweise beim Schwimmen an meinen Rücken klammerte, wusste sie genau, dass sie die Krallen nicht ausfahren durfte – denn das wäre kein Spiel gewesen.

Wenn ich bei Tau und Napoleon die Grenzen der Beziehung zwischen Mensch und Löwe weiter hinausgeschoben habe, dann habe ich bei Meg und Ami jede einzelne Regel über den Umgang mit Löwen gebrochen. Vom Tag ihrer Geburt an, als ich sie aus dem Wasser zog, in dem Maditau sie ertränken wollte, habe ich ihnen meinen Stempel aufgeprägt.

Eines Tages war ich beim Tierarzt, als jemand einen südamerikanischen Jaguar hereinbrachte. Es war ein faszinierendes Tier. Zurück im *Lion Park* erzählte ich den Kollegen, was ich gesehen

hatte, und setzte damit unwissentlich die Räder für den Kauf eines solchen Tieres in Bewegung.

Ich persönlich habe zwar immer die Meinung vertreten, wir sollten bei afrikanischen Tieren bleiben, aber andere Leute hatten primär einen Raubtierpark im Sinn, und so bekamen wir bald Zuwachs: einen Jaguar, der nach Rodney Fuhrs Stieftochter Jade genannt wurde. Jade war wunderschön mit einem farbenprächtigen Fell ähnlich dem eines Leoparden, aber mit größeren, lebendigeren Rosetten. Sie war wunderschön … und bösartig.

Jade verbreitete Angst und Schrecken – sie war eine Hexe. Schon im Alter von sieben Monaten griff sie Menschen an. Helga war die einzige von uns, die ein wenig Erfolg bei ihr hatte, ansonsten hatte Jade nichts anderes im Sinn, als alle und alles umzubringen, was ihr in die Quere kam. Sie war verrückt nach Jacken und griff viele Mitarbeiter an, um ihre Krallen in deren Kleidung zu schlagen. Sobald sie etwas gepackt hatte, gab sie es nicht wieder her. Sie war sehr besitzergreifend.

Eines Morgens drehte ich meine Runden, und als ich zu Jades Gehege kam, war sie verschwunden. „Oh nein!"

Ich ging weiter zu Meg und Ami, die nebenan mit mehreren anderen braunen und weißen Löwinnen untergebracht waren. Zu meiner Verblüffung sah ich Jade bei ihnen. Sie war über den hohen Zaun ihres Geheges geklettert und auf der anderen Seite bei zwei quirligen Löwinnen gelandet, die sie wie einen Zwerg aussehen ließen. Etwas war geschehen – Jade hatte endlich ihre Meister gefunden. Die Löwinnen hatten sie im Verlauf der Nacht offenbar zurechtgestutzt, sie aber nicht in Stücke gerissen, und nun saß sie ganz friedlich zwischen ihnen.

Meg und Ami und Jade leben immer noch zusammen. Die Mädels haben Jade auf ihren Platz verwiesen, aber sie trauen ihr nicht über den Weg. Jade ist und bleibt eine Hexe, doch die Löwinnen haben sie unter Kontrolle.

Ich bin dafür kritisiert worden, dass ich verschiedene Arten in einem Gehege halte, aber ich habe es immer nur getan, wenn ich meinte, dass es im besten Interesse der Tiere war. Jade wäre in der Wildnis eine Einzelgängerin gewesen, aber sie brauchte ein oder zwei ausgewachsene Weibchen, die sie in ihre Schranken wiesen

Brüderliche Umarmung - ein jüngerer Kevin und ein etwa fünf-zehn Monate alter Napoleon.

Kevin– Typischer Transport der braunen Hyäne Shy.
Ohne Betäubung, völlig unkompliziert und stressfrei!

Kevin lässt sich von der gefleckten Hyäne Bongo das Gesicht waschen.

Baby Homer, noch ohne Flecken!

Kevin, Valentino und Baby Homer. Ein stolzer Augenblick.

Darum geht es bei der Schauspielerei! Trelli hält in einer Drehpause ein Nickerchen auf dem Rücksitz eines brandneuen Kombis.

Kevin und Meg kühlen sich im Crocodile River ab.

Einmaleins des Schwimmens: „Lern erst mal, Blasen ins Wasser zu prusten, Meg."

Ich küsse nur Löwinnen auf den Mund! Kevin und Suja in einem intimen Moment.

Kevin und Thor warten nach einem harten Drehtag auf Nash´s Farm darauf, dass sie abgeholt werden.

Letsatsi und ich auf Nash´s Farm bei Dreharbeiten zu *Der weiße Löwe* - Letsatsi erster und letzter Auftritt vor der Kamera. Wenige Augenblicke später begann er seinen vierstündigen Marsch durch das Gelände.

Thor, der Hauptdarsteller im Film *Der weiße Löwe*, denkt mit mir darüber nach, ob wir durch den Fluss schwimmen sollen.

„Jetzt mal ehrlich, wesssen Zähne sind weißer?" Kevin und Thor.

Schluss mit den Gerüchten, dass ich nur mit Löwen arbeite, denen die Krallen gezogen wurden. Thunder präsentiert seine Waffen.

und ihr etwas Disziplin beibrachten. Manchmal habe ich auch junge Hyänen zu den Löwen ins Gehege gesteckt, und sie sind gut miteinander ausgekommen. Löwen und Hyänen sind gesellige Tiere, die in einem hierarchisch organisierten Rudel leben. Sie mögen Gesellschaft und sind – anders als man gemeinhin annimmt – von Natur aus keine Feinde. Im Augenblick halte ich eine Hyäne namens Spannies mit ein paar quirligen, sechs Monate alten Löwenjungen zusammen. Sie sind alle im gleichen Alter, und auch wenn die Löwen Spannies jetzt schon wie einen Zwerg erscheinen lassen, betrachtet das kleine Hyänenmännchen sich selbst doch zweifellos als Anführer des gemischten Rudels. Irgendwann werde ich sie trennen und Spannies wieder zu den Hyänen zurückbringen – ein äußerst komplizierter Prozess –, aber im Moment lernen sie alle etwas über Beziehungen.

Ich mochte zwar Teil des Löwenrudels und Ehrenmitglied von Unos Hyänenclan sein, aber im *Lion Park* war ich weiterhin nur ein Angestellter. Ich hatte Beziehungen zu den Tieren aufgebaut, mit denen ich arbeitete, aber ich hatte keine wirkliche Kontrolle über ihr Schicksal.

Mandy und ich verbrachten einen Badeurlaub in Knysna auf der Garden Route, ungefähr 1500 Kilometer von Johannesburg entfernt. Manche Leute denken vielleicht, dass ich nie Urlaub mache, aber ich bin in dieser Hinsicht ein ganz normaler Mensch, auch wenn Mandy jetzt sagen würde, dass ich mich nach spätestens drei Wochen ohne meine Löwen wie ein Bär mit Kopfschmerzen benehme.

Als ich nach dem Urlaub am Montagmorgen wieder zur Arbeit erschien, drehte ich meine Runde, um alle meine Tiere zu begrüßen. Ich kam schließlich zum Gehege von Meg und Ami, rief nach ihnen, aber sie waren nicht da.

„Wo sind die Mädels?", fragte ich Ian, den Park-Manager.

„Wir haben sie verkauft."

„Ihr habt *was*? Scheiße! Das kann nicht wahr sein. Wie könnt ihr meine Löwen verkaufen?"

„Kev", erklärte Ian geduldig, „sie sind nicht wirklich deine Löwen."

„Ihr habt meine Seelengefährten verkauft." Es stellte sich heraus, dass Meg und Ami von einem Kerl gekauft worden waren, der ein paar neue Weibchen haben wollte, damit es unter den Löwen in seinem privaten Wildreservat nicht zur Inzucht kam. Es war so, als wären zwei meiner Kinder in die Sklaverei verkauft worden.

Ich hatte eine Menge Respekt vor Ian, aber er traf geschäftliche Entscheidungen, während ich Beziehungen knüpfte. Ich war immer noch wütend. Ich wusste, dass Ian Recht hatte, dass es nicht meine Tiere waren, aber ich konnte es immer noch nicht fassen, dass jemand ausgerechnet diese beiden Löwinnen verkauft hatte, ohne vorher mit mir darüber zu sprechen. Schließlich war es nicht so, dass wir keine anderen Löwinnen gehabt hätten. Es gab im Park eine Menge anderer „wilder" Löwinnen – die nicht gezähmt oder von Menschen aufgezogen worden waren – die sich perfekt für die Bedürfnisse des Wildreservats geeignet hätten. Ich konnte mir nicht vorstellen, dass der Eigentümer des Reservats ausdrücklich zwei zahme Löwinnen hatte haben wollen.

Ich ging zu Rodney Fuhr und fragte ihn, ob wir Meg und Ami zurückholen konnten.

„Und wie stellst du dir das vor?", fragte Rodney.

Rodney war der Eigentümer des Parks – und inzwischen wie ein Vater für mich – aber ich konnte Meg und Ami nicht im Stich lassen. „Ich rufe im Reservat an. Wir geben ihnen zwei andere Löwinnen."

„In Ordnung, Kev", stimmte Rodney zu.

Ian, das sei zu seiner Ehrenrettung gesagt, rief im Reservat an, und sie erklärten sich zum Austausch bereit. Der Eigentümer des Reservats kam mit zwei Löwinnen auf der Ladefläche seines LKWs zum Park.

„Hier sind eure Löwen", sagte er und öffnete eine der Boxen. Die erste Löwin sprang heraus und schaute sich um. Sie hatte offensichtlich nicht die geringste Ahnung, wo sie sich befand.

„Das ist keine von meinen Löwinnen", erklärte ich und warf einen Blick in die zweite Box. Aber keine der beiden Löwinnen war Meg oder Ami.

„Ach, die sehen alle gleich aus. Woran willst du das erkennen?", fragte der Mann.

„Wie erkennst du deinen Hund?", fauchte ich ihn an. „Wie erkennst du deine Söhne? Genauso erkenne ich diese Löwinnen!"

Der Mann wandte sich verächtlich ab, aber wir verfrachteten die Löwinnen wieder in ihre Boxen, und ich sagte ihm, ich würde selbst kommen, um Meg und Ami abzuholen. Er zuckte mit den Schultern und kletterte in seinen Laster.

Wir packten zwei Kisten auf die Ladefläche des Toyota Pickup, und Helga begleitete mich auf der Fahrt zum Wildreservat, die uns etwa anderthalb Stunden durch Hügel und Ackerland tiefer in die Nordwest Provinz hineinführte. Ich kochte immer noch vor Wut und fuhr wie ein Henker. Ich hatte erfahren, dass man Meg und Ami in ein Rudel von fünfzehn Löwinnen gesteckt hatte, wo sie nun schon seit zwei Wochen waren. Ich wusste, ich würde sie erkennen, sobald ich sie sah, und ich war mir genauso sicher, dass sie sich an mich erinnern würden.

Als wir ins Reservat kamen, boten uns der Eigentümer und seine Frau Getränke und Muffins an, aber ich wollte vor allem meine Mädels wiedersehen. Der Mann ließ sich Zeit, während er uns zu den Löwen führte, und ich war überzeugt, dass er auf dem Weg still über mich kicherte. Die Löwen befanden sich in einem Übergangsgehege, wo sie sich zu einem Rudel zusammenfinden sollten, bevor sie ins Reservat entlassen wurden. Sie hatten keinen Schatten, nur die blanke Erde mit einem von Menschen aufgeschütteten Hügel in der Mitte des Platzes.

„Und wie willst du sie nun aus dieser Entfernung erkennen?", fragte mich der Mann. „Oder hast du vielleicht vor, zu all diesen Löwen reinzugehen?" Unverkennbar war er immer noch skeptisch.

„Ich werde sie rufen."

Er schüttelte den Kopf, als sei ich ein Spinner.

„Meg! Ami!"

Zwei Löwinnen hoben die Köpfe und standen auf. Sie sprangen zu mir an den Zaun. Die anderen Katzen ignorierten sie und die Menschen vor dem Gehege.

„Hallo, meine Mädchen!" Sie begannen, ebenfalls mit mir zu reden und sich am Zaun zu reiben.

„Mensch, Mann", staunte der Eigentümer des Reservats in seinem breiten Afrikaans-Akzent, „nicht zu fassen, dass diese Dinger

dich kennen und auf ihren Namen hören. Aber wie kriegst du sie jetzt da raus und in die Boxen? Ich musste die anderen beiden betäuben, um sie zu verladen."

„Pass auf", sagte ich.

Ich ließ die zwei Boxen herüberbringen. Dann öffnete ich das Tor gerade weit genug, dass sich eine Löwin hindurchquetschen konnte, und rief Meg. Sie kam und marschierte direkt in die Box. Nachdem ich sie geschlossen hatte und die zweite Box bereitstand, rief ich Ami, die unverzüglich dem Beispiel ihrer Schwester folgte. Wir packten sie auf die Ladefläche und fuhren alle nach Hause. Der Eigentümer des Reservats war wie vor den Kopf geschlagen.

Dieser Vorfall war einer der entscheidenden Momente meines Lebens. Es war der Augenblick, in dem mir klar wurde, dass ich nicht die geringste Kontrolle über das Leben dieser Tiere hatte. Sie konnten jederzeit verkauft werden. Musste ich meine „Lieblingskinder" besonders schützen, wenn der Park den nächsten Löwen verkaufen wollte? Ich hatte damals nicht das Geld, um alle Tiere zu kaufen, zu denen ich eine Beziehung aufgebaut hatte. Ich hatte im *Lion Park* als Besucher angefangen, dann einen Teilzeitjob bekommen und schließlich eine Vollzeit-Anstellung. Meine ursprüngliche Aufgabe bestand darin, den Tieren in meiner Obhut Anregungen zu bieten, aber welchen Sinn hatte es, ihnen Vertrauen gegenüber Menschen einzuflößen, wenn sie jederzeit verkauft werden konnten?

Die Zukunft der Tiere in meiner Obhut ist für mich bis heute ein Dilemma. Ich musste der Tatsache ins Auge sehen, dass ich einfach nicht jedes Tier behalten konnte, dem ich mich verbunden fühlte, vor allem nicht, wenn diese Tiere sich vermehrten und Junge bekamen. Platz und Geld sind nach wie vor ein Thema. Man braucht beides, wenn man Raubtiere artgerecht halten will.

Welchen Sinn hatte es, so fragte ich mich damals, Teil eines Löwenrudels zu sein, auf gleicher Stufe mit den beiden ältesten männlichen Rudelmitgliedern – meinen Brüdern – wenn ich mein Rudel nicht schützen konnte?

Kapitel 11:

Licht! Kamera! Action ... manchmal

Ich habe auf die harte Tour gelernt, warum man sich unter Schauspielern „Hals- und Beinbruch" wünscht.

Wir hatten für das Fernsehen einige Werbespots im *Lion Park* gedreht und waren in das Geschäft mit Dokumentarfilmen eingestiegen, als die französische Produktionsfirma nach Afrika kam, um Löwen, Drehorte und Tiertrainer für die Aufnahmen zu ihrem Spielfilm *Der Löwe* zu suchen.

Ich half mit, die Präsentation für den *Lion Park* zu erstellen, und mir wurde schnell klar, dass dieses Projekt ganz anders sein würde als alle unsere bisherigen Dreharbeiten. Für einen Werbespot brauchte man vielleicht ein oder zwei Löwen für einen halben Tag, aber für diesen Film würden wir vier Wochen drehen müssen, und unsere Tiere würden jeden Tag im Einsatz sein. Ich musste einen Zeitplan ausarbeiten und überlegen, ob wir genügend Löwen zur Verfügung stellen konnten, und wie wir die Einsätze zwischen ihnen aufteilen sollten. Der spannendste Teil bei der Sache war, dass meine beiden Jungs, Tau und Napoleon, die Stars sein würden, wenn wir den Zuschlag bekamen.

Am Wochenende vor Beginn der Dreharbeiten war ich in Kyalami bei einem Motorradrennen, an dem ein Freund von mir teilnahm. Nach dem Rennen zeigte mir mein Kumpel einen der neuen Big Boy 100cc Motorroller, die er in Südafrika einzuführen begonnen hatte. Das war nicht einer der kleinen Roller, mit denen man mal eben ein paar hundert Meter zurücklegt, sondern wirklich ein Big Boy.

„Dreh mal eine Runde damit, Kev", forderte mein Freund mich auf. „Der zischt ab wie eine Rakete."

Ich stieg auf, drückte den Startknopf und brachte die Maschine auf Touren. Als ich losfuhr, merkte ich, dass mein Kumpel nicht übertrieben hatte. Der Roller war fantastisch und hatte echte Power. Während ich ihn auf Herz und Nieren prüfte, scherte vor mir jemand aus einem Parkplatz aus, ohne einen Blick in den Rückspiegel zu werfen. Ich stieg in die Eisen, und als der Roller quietschend zum Stehen kam, brach er mit dem Hinterrad aus. Ich hatte ein Bein ausgestreckt, und der hintere Teil des Rollers krachte mir ins Fußgelenk. Ich fluchte und stöhnte vor Schmerzen.

„Mist, Kev, alles in Ordnung?", fragte mein Freund, der zum Unfallort gerannt kam.

„Ja, nichts passiert", versicherte ich ihm, während ich an den Straßenrand humpelte. „Das Gelenk ist bestimmt nur verstaucht."

Den Rest des Tages humpelte ich, und als ich wieder zu Hause war, versuchte ich, den Schmerz mit ein paar Bier zu betäuben, aber im Laufe des Abends wurde mir klar, dass dies die schlimmste Verstauchung war, die ich je gehabt hatte. Am nächsten Morgen war das Gelenk geschwollen wie ein Ballon, und der Schmerz ließ nicht nach. Ich bat Mandy, mich zum Arzt zu fahren.

„Löwe oder Hyäne?", fragte die Schwester in der Rezeption wie üblich, als sie mich hinken sah.

„Roller." Ich glaube, ich bin bei der Antwort etwas rot geworden.

Der Fuß wurde geröntgt, und der Arzt bestätigte, dass er gebrochen war. „Wir müssen ihn eingipsen", eröffnete er mir.

„Ausgeschlossen. Ich mache den ganzen nächsten Monat Filmaufnahmen."

„Kev, du darfst dein Fußgelenk nicht belasten. Du musst das Bein hochlegen und dich schonen."

„Doc, Sie verstehen mich nicht. Ich muss das Gelenk belasten, und ein Gips taugt dafür einfach nicht. Ich werde in den nächsten

vier Wochen mit meinen Löwen arbeiten und ständig im Dreck und Schlamm unterwegs sein."

Der Doktor schüttelte den Kopf über meine Sturheit oder Dummheit – oder beides – und beschloss dann, etwas Neues bei mir auszuprobieren, einen aufblasbaren „Moon-Boot". Er streifte das Plastikteil über meinen gebrochenen Knöchel und füllte es mit Luft. Der Druck fixierte die Knochen, und unter dem Fuß hatte ich nun eine Art Kissen, auf dem ich hoffentlich würde gehen können.

Ich verließ Sunninghill auf Krücken. Zu Hause versuchte ich es ohne, aber es tat einfach zu weh. „Mist", dachte ich. Wie sollte ich mit den Löwen im Freien und in den Studios arbeiten, wenn ich nicht laufen konnte. Was für ein Idiot war ich doch, mich in diese Situation zu bringen. Meine Filmkarriere löste sich in Nichts auf, noch bevor sie überhaupt begonnen hatte.

Als ich am Montagmorgen auf Krücken im *Lion Park* erschien, wurde ich mit Kopfschütteln und abschätzigen Bemerkungen begrüßt.

„So kannst du unmöglich ins Löwengehege gehen, Kev", meinte einer meiner Kollegen.

„Du kennst doch die alte Geschichte", warnte ein anderer. „Löwen suchen sich immer die Kranken und Lahmen aus. Deine Kumpel werden dich für Beute halten – sie werden dich fressen."

„Blödsinn", ließ ich sie alle abblitzen. Ich hatte mein halbes Leben in der Arztpraxis verbracht und während der anderen Hälfte Dinge getan, von denen mir die Leute gesagt hatten, ich könnte oder sollte sie nicht tun.

Verärgert über mich selbst und wild entschlossen, alle Lügen zu strafen, machte ich mich langsam auf den Weg zum Gehege von Tau und Napoleon. Unbeholfen auf meine Krücken gestützt, öffnete ich das Tor und schloss es hinter mir wieder, während die beiden großen Löwen durch das Gras auf mich zukamen. Sofort spürten sie, dass etwas mit mir nicht stimmte.

Sie hielten inne und starrten mich misstrauisch an, als wollten sie sagen: „Kev, was willst du mit diesen beiden Stöcken, Kumpel? Du kommst sonst nie mit Stöcken zu uns."

Schließlich kamen sie näher und ich begrüßte sie. „Hallo, meine Jungs." Ich legte die Stöcke auf den Boden und sie entspannten

sich. Ich holte tief Luft, versuchte, den Schmerz zu ignorieren und humpelte auf meinem Moon-Boot von Tau und Napoleon weg. Wenn die sogenannten Experten Recht hatten, dann würde dies der Moment sein, in dem sich meine Beziehung zu meinen Löwen veränderte – für den Rest meines kurzen Lebens.

Sie folgten mir. Als ich stehen blieb, senkten beide, zuerst Napoleon und dann Tau, ihre mächtigen Köpfe, um den Moon-Boot zu inspizieren. Sie begannen zu flehmen, wie Löwen es tun, wenn sie neue Gerüche aufnehmen wollen. Wahrscheinlich wunderten sie sich über den Krankenhausgeruch, der dem Moon-Boot immer noch anhaftete, doch es machte mir Mut, dass sie mich nicht als einen anderen Menschen wahrnahmen und mich ganz sicher nicht für eine Beute hielten. Zum Glück kamen sie auch nicht auf die Idee, in den Moon-Boot zu beißen und damit endgültig die Luft aus meiner Filmkarriere zu lassen.

Meine Löwen hatten mich akzeptiert, aber das änderte nichts daran, dass ich in den nächsten Wochen bei der Arbeit auf meinem Moon-Boot laufen musste.

„Das Geld ist mir egal, wir sagen den Dreh ab", meinte Rodney Fuhr, nachdem ich ihm erklärt hatte, was passiert war.

„Du kannst doch keinen Spielfilm absagen, Rod", widersprach ich ihm.

Die nächste Hürde bestand darin, den Mitarbeitern der französischen Produktionsfirma die Sache zu erklären. Als ich ihnen sagte, was passiert war, sahen sie mich ungläubig an, und ich bin sicher, dass sie mich für einen kompletten Idioten gehalten haben. Ich kam mir vor, als hätte ich eine große Chance für Rodney und den *Lion Park* verspielt. Also erklärte ich, ich würde es schon schaffen.

Die Arbeit mit Löwen ist körperlich anstrengend, sogar dann, wenn man in Bestform ist, und bei diesen Aufnahmen musste ich dauernd rennen und springen und die Löwen mit einem Stück Fleisch dazu bringen, das zu tun, was die Crew wollte. Ich überzeugte Rodney und das Filmteam, dass es keine Probleme geben würde. Am ersten Tag war ich vorsichtig, benutze meine Krücken, und die Löwen spielten ihre Rollen, wie man es von echten Stars erwartet. Am zweiten Tag hatte ich die Krücken weggeworfen und

hüpfte in einer Art Wechselschritt herum, um mein verletztes Fußgelenk zu schonen. Am Ende jedes Drehtags war ich hundemüde und alles tat mir weh, aber mein Fußgelenk hielt, und meine Löwen haben mich nicht gefressen.

Obwohl sie hart arbeiten mussten, machten Tau und Napoleon mir alle Ehre und waren besser, als ich je zu träumen gewagt hätte. Die Tage waren lang, begannen vor Sonnenaufgang und zogen sich bis in den Abend hinein, aber ich konnte viel Zeit mit meinen Jungs verbringen und war froh darüber. Während der Mittagshitze faulenzten und schliefen wir gemeinsam, und auf diese Weise hatten die Löwen auch Zeit, das Fleisch zu verdauen, das sie als Belohnung für ihre Leistungen bekamen. Während dieser vier Wochen müssen Tau und Napoleon zusammen rund siebzehn Pferdekadaver vertilgt haben, und an den letzten Drehtagen waren sie so satt, dass sie ihre Leckerbissen einfach verweigerten. Aber sie arbeiteten auch ohne Belohnung, und ich hatte das Gefühl, sie taten es nicht nur meinetwegen, sondern auch, weil sie es selbst wollten, und das war fantastisch.

Gemessen daran, dass er nicht von Menschen aufgezogen war, ließ sich mit Big Boy ziemlich gut arbeiten, aber ich hatte auch schon erlebt, dass er ausrastete. Sein Leben lang hatte er keinen engen Kontakt zu Menschen gehabt, und wenn er wollte, konnte er recht bösartig sein.

Das französische Filmteam wollte eine Szene mit einem Löwen, der aggressiv auf einen afrikanischen Krieger losgeht, und ich dachte, das könnte eine gute Rolle für Big Boy sein. Aus Sicherheitsgründen würden wir in dieser Szene natürlich keinen Schauspieler einsetzen, sondern Big Boy vor einer blauen Leinwand filmen und das Bildmaterial mit dem Krieger später einfügen. Die Leinwand wurde in einem der unbenutzten Gehege im *Lion Park* aufgestellt.

Der Transportkäfig für Big Boy wartetet gleich neben seinem Nachtpferch in Camp Drei, wo er damals untergebracht war, und der Löwe trottete ohne das geringste Zögern hinein. Wir luden ihn auf einen Wagen, fuhren ihn für eine Probe zum Set, und alles lief perfekt. Big Boy knurrte böse, und als ich die Tür öffnete und ihn in

das Filmgehege ließ, stürzte er los wie von der Tarantel gestochen. Zwar liefen die Kameras nicht, aber der Regisseur und die Crew standen vor dem Zaun und sahen zu, wie Big Boy bei der geringsten Bewegung, die sie machten, brüllte und knurrte und Prankenhiebe austeilte. Das war unser grimmiger Löwe in Bestform.

„Entspricht das so etwa Ihren Vorstellungen?", fragte ich den Regisseur.

„C'est magnifique! Dieser Löwe ist einsame Spitze. Großartig – genau was wir haben wollen. Morgen kommen wir mit den Kameras und filmen die Szene."

Big Boy schlief außerhalb des Sets in einem großen Käfig gleich neben dem Filmgehege, und am nächsten Morgen ließen wir die Crew herein. Nachdem sie Big Boy in Aktion gesehen hatten, waren alle geradezu paranoid auf Sicherheit bedacht. Niemand, der nicht direkt mit den Filmaufnahmen zu tun hatte, durfte näher als fünfzig Meter an Big Boy herankommen, denn der Löwe hatte jetzt den Ruf, das bösartigste Tier in der ganzen Umgebung zu sein.

„Okay, wir sind fertig", sagte der Regisseur. „Lasst den Löwen raus."

Ich öffnete den Käfig und Big Boy betrat mit großen Schritten das Filmgehege. Er drehte sich um, fixierte die Kameraleute mit seinen goldenen Augen und ließ sie zweifellos in purem Entsetzen erschauern.

Dann marschierte er in die Ecke des Geheges ... und legte sich hin. Ich versuchte alles, was ethisch vertretbar war, um ihn wieder in den großen, bösartigen Löwen zu verwandeln, den wir am Tag zuvor gesehen hatten, aber er ließ sich nicht umstimmen. Er gähnte herzhaft und tat das, was Löwen die meiste Zeit tun – er schlief.

Am Ende nahmen wir Tau für die Rolle des bösartigen Löwen, nicht weil er besonders grimmig war, sondern weil es einen bestimmten Mitarbeiter im Park gab, den er absolut nicht ausstehen konnte. Ich habe keine Ahnung, was zwischen den beiden nicht stimmte, aber sobald dieser Kerl in der Nähe von Taus Gehege auftauchte, tat der Löwe unmissverständlich seine Abneigung kund. Ich sorgte dafür, dass der Mann am nächsten Morgen am Set war, und Tau benahm sich, als wolle er ihn umbringen – sehr zur Freude des Regisseurs.

Eines Tages kam ein Mann namens Mike Rosenberg in den *Lion Park*. Er war früher Chef von Partridge Films gewesen, einer britischen Firma, die sich auf Dokumentarfilme spezialisiert hatte. Mike war ein Freund von Rodney Fuhr, und ich wurde gebeten, ihn herumzuführen. Als er sah, was ich mit den Tieren machte, staunte er.

„Ich habe Löwendompteure im Zirkus gesehen und Trainer, die andere abgerichtete Tiere vorführten, aber noch nie das, was du mit den Tieren machst", gestand er mir.

„Das sind einfach meine Freunde. Ich gehe zu ihnen ins Gehege, um Abwechslung in ihr Leben zu bringen, und davon haben wir alle was."

„Aber es sind ja nicht nur die Löwen. Du bist von einem Löwen zu einer gefleckten Hyäne gegangen, weiter zu einem Jaguar, einem Leoparden und dann zu einer braunen Hyäne, und du machst mit allen dasselbe. Wie bringst du das nur fertig?"

„Ganz einfach: Ich habe zu allen eine Beziehung."

Er fragte bei den Leuten im *Lion Park* herum: „Sind schon irgendwelche Dokumentarfilme über Kevin gedreht worden?" Natürlich unterstützen die Kollegen einen immer gerne, und so sagten sie: „Nein, warum sollte denn irgendjemand einen Film über Kevin drehen?" Besten Dank, Leute.

Der Dokumentarfilm, den Mike über mich drehen wollte, trug später den Titel *Dangerous Companions*, und wir arbeiteten zwei Jahre daran, eine lange Zeit. Heutzutage werden Dokumentarfilme in sechs Monaten gedreht. Ein Teil des Bildmaterials war ziemlich amateurhaft, und gelegentlich benutzte ich sogar einen digitalen Camcorder, weil ich nichts anderes benutzen konnte. Als ich beispielsweise Pelos Junge in ihrem Nachtpferch filmte, konnte ich keine große Kamera samt Kameramann mitnehmen – die Löwin hätte den Kameramann umgebracht. Aber am Ende waren es wohl genau die unterschiedlichen Formate und Ansätze, die *Dangerous Companions* zu einem besonderen Film machten. Die Qualität der Aufnahmen war weniger wichtig als die Szenen, die die Zuschauer zu sehen bekamen – zum ersten Mal.

Manche Dokumentarfilme haben ein Sequenzprotokoll, und wenn die Beleuchtung genau richtig ist, sagt der Regisseur: „Kevin,

lass den Löwen jetzt von links nach rechts gehen. Schnitt!" Unser Dokumentarfilm war mehr hausgemacht. Ich ging mit meinem Camcorder herum und sagte: „Oh, sieh mal, hier haben wir ein paar Löwenjunge. Hier ist die Mutter und … uups, hier kommt der Vater – der 250- Kilo-Löwe –, um zu sehen, was wir so treiben."

Die Leute sehen einzigartige Bilder, beispielsweise wie Meg zum ersten Mal ins Wasser läuft und schwimmt. An dem Tag, als ich meinen Spaziergang mit ihr unternahm, hatten wir einige Szenen für *Dangerous Companions* gedreht, und auch wenn es mir nicht um den Film ging, als ich sie aufforderte, zu mir ins Wasser zu kommen, kamen dabei großartige Aufnahmen zustande, weil sie so einzigartig waren.

Ich frage mich immer, ob die Filmemacher wirklich wissen, was die Öffentlichkeit sehen will. Sie meinen, ein Dokumentarfilm kann nur erfolgreich sein, wenn er perfekt ausgeleuchtet, gut inszeniert und meisterhaft gedreht ist. Das ist zwar alles wichtig, aber ich glaube, die Leute wollen auch unterhalten werden, neue Inhalte sehen und sich selbst als Teil der Geschichte fühlen. In der gesamten Fan-Post, die ich zu *Dangerous Companions* bekommen habe, ging es jedenfalls um meine Beziehungen zu den verschiedenen Tieren und nicht um die Art der digitalen Videoaufnahmen für den Film. Ich weiß zwar zu schätzen, wie schön die Bilder sind, aber die Leute, die mir geschrieben haben, waren offenbar vor allem darüber erstaunt, welche Bindungen es zwischen mir und meinen Freunden im *Lion Park* gab. Ich frage mich, ob es eines Tages möglich sein wird, die Aufnahmetechnik und den Inhalt eines Dokumentarfilms so zu verschmelzen, dass man außergewöhnliches Bildmaterial präsentieren kann, das zudem hervorragend aufgenommen wurde.

Ungefähr um die Zeit, als wir *Dangerous Companions* drehten, sprach mich ein Produzent von Natural History New Zealand an, einer Organisation, die eine Reihe von Dokumentarfilmen über die prägenden Jahre verschiedener Tierarten finanziert hatte, alle unter dem Titel *Growing Up*.

Nun wollten sie eine Dokumentation über heranwachsende Hyänen drehen und waren bei ihren Recherchen auf den *Lion Park*

und meine Arbeit mit den Hyänen gestoßen. Ich war begeistert über die Aussicht, bei diesem Projekt mitwirken zu können, weil ich schon immer der Meinung war, dass Hyänen nie die Anerkennung bekommen, die sie als faszinierende, intelligente Tiere verdienen. Hollywoods Dokumentarfilmer und sogar Disney haben Hyänen meist als unheimliche Aasfresser dargestellt, die anderen Tieren ihre Beute streitig machen. Aber ich weiß aus eigener Erfahrung, dass Hyänen in Wirklichkeit geschickte Jäger sind, die in gut durchorganisierten und strukturierten Rudeln leben.

Manche Leute meinen auch, sie würden sich in der Nähe von Hyänen nicht wohl fühlen, aber wenn sie dann auf die richtige Weise mit ihnen bekannt gemacht werden, verlieben sie sich augenblicklich in die Tiere. Ich habe ehrenamtliche Helfer erlebt, die in den Park kamen und ganz verrückt danach waren, mit den Löwen zu arbeiten. Aber nachdem sie die Hyänen kennengelernt hatten, wünschten sie sich stattdessen, mehr Zeit mit ihnen verbringen zu können. So geht es einem immer, wenn man gezwungen ist, sich ganz konkret mit einem Vorurteil oder einer Phobie auseinanderzusetzen. Mandy hat sich beispielsweise immer für einen Katzenmenschen gehalten, bis sie mit mir zusammengezogen ist und wir uns zwei Hunde angeschafft haben, Valentino und Dakota, die sie nun heiß und innig liebt, vor allem Valentino, den Staffie.

Anders als bei den Dreharbeiten zu *Dangerous Companions* kamen der Regisseur und die Crew für *Growing Up Hyena* mit einem Plan und einem Sequenzprotokoll. Sie wollten das Aufwachsen einer jungen Hyäne an verschiedenen Schlüsselpunkten ihres Lebens filmen, und ich hatte das perfekte Tier für ihre Geschichte. Homer war einer der beiden Welpen, die unsere oberste Rudelführerin, Uno, gerade geworfen hatte. Homer hatte eine Schwester, Marge, und wie Mutter Natur es vorgibt, begann Marge Homer zu schikanieren, sobald die beiden geboren waren. In ihrem Bestreben, ihre Dominanz als erstgeborenes Weibchen des Welpenclans zu sichern, war Marge entschlossen, Homers Leben so weit wie möglich abzukürzen. Sie biss und kratzte ihn und setzte alles daran, dass ihr Bruder nicht seinen gerechten Anteil von Unos Milch erhielt.

Ich wusste, der kleine Homer – seine Schwester war jetzt schon größer als er – würde sterben, wenn ich ihn nicht rettete. Ich dachte,

ich könnte ihn von Hand aufziehen und später, wenn er groß und stark genug war, wieder in sein Rudel integrieren, das ihn dann hoffentlich akzeptieren würde.

Homer hatte etwas an sich, das mich auf eine Weise berührte, wie ich es nur bei wenigen anderen Tieren erlebt habe. Ich habe besondere Beziehungen zu Tau, Napoleon, Meg, Ami und vielen anderen, und ich wusste vom ersten Moment, als ich Homer aufhob, dass er und ich uns großartig verstehen würden. Als der Regisseur, der aus Neuseeland kam, und die lokale Filmcrew eintrafen und mit den Dreharbeiten für *Growing Up Hyena* begannen, war auch ihnen bald klar, dass Homer ein Star sein würde.

Homer war ein liebenswerter, aber seltsamer kleiner Kerl, und eine Weile dachte ich, er würde als die erste vegetarische Hyäne in die Weltgeschichte eingehen. Ich hatte ihn mit der Flasche aufgezogen, und als es Zeit war, ihn zu entwöhnen, zeigte er nicht das geringste Interesse an Fleisch. Ich versuchte es immer wieder, legte ihm saftige Stückchen vor und bot ihm Näpfe mit verschiedenen Fleischsorten an, aber er rümpfte nur die Nase. Der verwöhnte kleine Schlingel wollte einfach nicht auf seine Milch verzichten. Meine Mutter erzählte mir, dass ich als Kind genauso gewesen war, und sehr viel länger als die meisten anderen Kinder meine Flasche bekommen hatte.

Verzweifelt beschloss ich, aus der Fütterung ein Spiel zu machen. Homer liebte es, Dinge zu jagen, und so packte ich mir eines Tages mein Mountainbike und Homer ins Auto – wie Trelli fand er Autofahrten toll – und fuhr hinaus zur Landebahn des Parks. Im Laderaum des Wagens befand sich außerdem das Bein eines Rinderkadavers, der dem Park gespendet worden war.

Dieses Bein band ich mit einem Seil an mein Fahrrad und radelte los. „Komm Homer", forderte ich ihn auf. Es war harte Arbeit, aber Homer ließ sich sofort auf das Spiel ein. Ich strampelte aus Leibeskräften, das Rinderbein wirbelte hinter mir eine kleine Staubwolke auf, und Homer, die Hyäne, sprang vergnügt hinter dem unbekannten Gegenstand her. Ich radelte die Landebahn rauf und runter, und während meine Erschöpfung zunahm, wuchs Homers Interesse an dem dreckverkrusteten Klumpen, den ich hinter mir her durch Staub und Gras zerrten. Irgendwann machte es in

Homers kleinem Gehirn *klick*, und als er sich diesmal auf das Rinderbein stürzte, schlug er seine Zähne hinein und begann zu fressen. Er war glücklich, ich war glücklich, und ich brauchte endlich nicht mehr in die Pedale zu treten.

Als Homer dann ordentlich fraß und Gewicht zulegte, begann ich mit dem Experiment, ihn in sein altes Rudel zu integrieren. Seine Schwester Marge war inzwischen schon viel größer als er und genoss ihre Stellung als Tochter der Matriarchin. Als ich Homer zum ersten Mal in ihr Gehege brachte, beäugte sie ihn misstrauisch. Aber ich ahnte nicht, welches Unheil dieser Blick verhieß.

„Kevin, komm schnell, Homer ist furchtbar krank." Rodney Nombekana hatte mich im Auto auf dem Handy erreicht, und im ersten Moment dachte ich, er würde überreagieren.

Ausgeschlossen, völlig unmöglich. Hyänen sind zäh und werden niemals krank.

„Nein", beharrte Rodney, als ich ihm das sagte. „Er ist beim Tierarzt. Du musst kommen, es ist ernst."

Ich wendete und trat das Gaspedal durch. Als ich in der Tierarztpraxis ankam, war Homer katatonisch, ohne Bewusstsein, und seine Augen waren so verdreht, dass man nur noch das Weiße darin sah.

„Ich glaube, er ist vergiftet worden", sagte der Tierarzt.

Homers Zustand verschlechterte sich weiter, und ich lief in der Praxis hin und her und zerbrach mir den Kopf darüber, was ihm passiert sein mochte. Das Filmteam von *Growing Up Hyena* war schon vor mir eingetroffen. Sie filmten meine Ankunft und meine Besorgnis. Ich konnte ihnen nicht übelnehmen, dass sie aufdringlich waren, denn es war ihr Job, alles zu filmen. Ich weinte, als Homer starb.

Die Autopsie zeigte, dass der Tierarzt richtig vermutet hatte. Homer war an der Vergiftung mit einem unbekannten Schwermetall gestorben, aber es gab nicht den geringsten Hinweis darauf, wie dieses Gift in seinen Körper gelangt war. In seinem Gehege befand sich nichts, was er gefressen oder geleckt haben könnte, und bis auf den heutigen Tag weiß ich nicht, was ihm zugestoßen ist. Ich

überlegte, ob jemand ihn vergiftet haben konnte, aber warum? Er war so ein niedlicher kleiner Botschafter der Hyänenwelt, dass ich mir nicht vorstellen konnte, warum irgendjemand ihn hätte töten wollen. Aber ich erinnerte mich schaudernd an das Gesicht von Marge, als ich ihn zu seinem Rudel zurückgebracht hatte.

Homers Tod war ein schwerer Schlag für mich und ließ mich darüber nachdenken, wie ich auf den Tod meiner anderen Lieblinge reagieren würde. Ich bin kein Narr – ich weiß, dass Tiere kommen und gehen, aber dies war eine Tragödie, und sie machte mir klar, dass ich ein Stück meines Herzens investierte, wenn ich mit meinen Tieren nicht nur „arbeitete", sondern Beziehungen zu ihnen aufbaute. Homer war wirklich das Kind, dem man das Leben genommen hatte, bevor es auf dieser Welt seine Spur hinterlassen konnte. Trotzdem hatte seine kurze Zeit hier die Vorstellungen der Menschen von Hyänen stärker geprägt als jede andere Dokumentation. Er war eine Ausnahme gewesen. Es gibt keine Hunde wie Homer, und erst recht keine Hyänen. Noch heute fühle ich mich wie ein stolzer Vater, wenn ich von Homer spreche, und mir steigen unweigerlich die Tränen in die Augen. Ihn zu verlieren, und der Gedanke an die anderen, die ich verlieren könnte, löst denselben Schmerz aus wie der Verlust eines engen Freundes oder Familienmitglieds. Das sind nicht einfach nur Tiere. Sie sind Teil meiner Familie geworden, und ich bin ein Teil ihrer Familie.

Homers Tod traf mich besonders schwer, weil er nur drei Monate alt war. Ich war in jeder Hinsicht sein Vater gewesen, hatte ihn von Hand aufgezogen und ihm sogar beigebracht zu fressen. Ich hatte diese kurzen drei Monate mit ihm gelebt, geschlafen und geatmet. Mir kam der Gedanke, wie schmerzhaft es für Menschen sein musste, ihr Kind zu verlieren. Wenn Tau und Napoleon morgen sterben müssten, wäre ich sehr, sehr traurig, aber ich wüsste, dass sie ein wunderbares Leben hatten – besser als das Leben jedes Löwen in der Wildnis. Doch Homer war vergiftet worden, als er gerade erst am Anfang dessen stand, was ein wunderbares Leben hätte sein können. Er hätte mich zum Freund gehabt, und ich ihn. Aber es hatte nicht sein sollen.

Aus ihrer professionellen Sicht war es für die Dokumentarfilmer natürlich fantastisch. Als Homer in der Tierarztpraxis starb, bekamen sie und ihr Publikum unverfälschte Emotionen zu sehen. Mir gegenüber waren sie zunächst allerdings sehr mitfühlend. „Lassen wir die Sache ruhen", sagte sie, und es hatte den Anschein, als sei dies nun das Ende von *Growing Up Hyena*. Aber später riefen sie mich an und fragten, ob ich mir vorstellen könnte, die Geschichte weiterzuführen, vielleicht mit zwei anderen Hyänenwelpen, die wir gerade gekauft hatten, Bongo und Tika. Sie hatten eigentlich nicht zum Programm gehört, wurden dann jedoch die Hauptdarsteller, als ich mich bereiterklärte, mit dem Film weiterzumachen.

Es war eine emotionale Zeit für mich, Homers Tod zu überwinden. Ursprünglich war meine Beteiligung an der Aufzucht von Bongo und Tika nicht geplant gewesen, aber wegen des Films musste ich mich nun um sie kümmern, gemeinsam mit Helga, die bisher mit ihnen gearbeitet hatte. Ich musste über Homer hinwegkommen, und auch wenn ich anfangs vielleicht noch zurückhaltend war, eroberten schließlich auch Bongo und Tika mein Herz. Wir konnten den Dokumentarfilm beenden, indem wir ihre Entwicklung zeigten, und im Laufe dieser Zeit gewann ich zwei neue Freunde. Inzwischen sind mehrere Jahre vergangen, und auch heute noch sind die beiden bei mir, und wir sind großartige Kumpel, aber Homer werde ich nie vergessen. Ich bin sonst keine Heulsuse, doch als ich *Growing Up Hyena* zum ersten Mal im Fernsehen sah, kamen mir wieder die Tränen.

Kapitel 12:

Mehr als nur die Löwen …

Ich bin wie ein Löwe. Wenn ich nicht schlafe, bin ich mit irgendetwas beschäftigt. Aber anders als ein Löwe bin ich länger als vier Stunden täglich wach und folglich ein ziemlich unruhiger Geist.

Wenn ich nicht mit meinen Löwen, Hyänen oder sonstigen Tieren beschäftigt bin, arbeite ich entweder an Dokumentationen oder anderen Filmprojekten, oder ich gehe in meiner Freizeit verschiedenen Hobbys nach. In den letzten Jahren hat der Spielfilm *Der weiße Löwe* mich eine Menge Zeit gekostet, aber wenn ich ein paar freie Stunden habe, bin ich gerne mit meinem altehrwürdigen Triumph-Motorrad unterwegs. Fliegen, wandern und Motorradrennen gehören ebenfalls zu meinen Leidenschaften.

Manche Leute sind überrascht, wenn sie mir zum ersten Mal begegnen. Ich trage weder khakifarbene Safariklamotten noch *Veldskoen* Schuhe, ich habe keinen Rauschebart und keine langen Haare, und mein Leben dreht sich nicht ausschließlich um Tiere.

Es gibt tatsächlich einen Teil meines Lebens, in dem Löwen, Hyänen, Leoparden und andere Raubtiere keine Rolle spielen. Meine Leidenschaft für Motorräder wurde vom Schwager meiner Ex-Freundin Lisa gefördert, einen Typ namens Clayton, besser bekannt als Gopher, mit dem ich auch nach meiner Trennung von Lisa gut befreundet blieb.

Gopher und ich hockten manchmal stundenlang zusammen, tranken eiskaltes Windhoek Lager und redeten über Motorräder. Als Mandy ihn kennenlernte, dachte sie zweifellos, er hätte einen schlechten Einfluss auf mein Leben, aber ich versicherte ihr, dass ich nicht mehr der Teenager war, dessen Untaten ich ihr bereits gebeichtet hatte. Gleichwohl wusste ich, dass die Samstagnachmittage, an denen Gopher und ich auf unseren Motorrädern unterwegs waren, sie mit Sorge erfüllten.

Cape Union Mart ist eine große südafrikanische Kette von Outdoor-Läden, und der große Markt von Sandton Mall hat seine eigene Kletterwand. Dort kletterten Gopher und ich samstags oft um die Wette.

Man konnte in diesem Laden buchstäblich gut abhängen, und er verfügte außerdem über eine „Klimakammer" mit extrem niedrigen Temperaturen. Hier konnten reiche Vorstädter Winterkleidung für ihren nächsten Skiurlaub anprobieren und testen, wie sich ihre Ausrüstung bei Minustemperaturen machte. Gopher und ich erkannten sofort die Möglichkeit für einen neuen Wettbewerb. Wir gingen nur mit Shorts und T-Shirt bekleidet in diese Klimakammer, um zu sehen, wer von uns es länger in der Kälte aushalten konnte, ohne sich die Nüsse abzufrieren. Beim ersten Mal machte uns die Sache so viel Spaß, dass sie zum regelmäßigen Spiel wurde. Leider ist Gopher inzwischen nach Australien ausgewandert.

„Was treibt ihr beide eigentlich, wenn du am Samstagnachmittag mit Gopher verschwindest?", fragte mich Mandy zu Beginn unserer Beziehung eines Abends misstrauisch, als ich von meinem Ausflug mit Gopher zurückkehrte.

Wir hängen im Cape Union Mart ab und testen, wer von uns es am längsten in der Kältekammer aushält", antwortete ich wahrheitsgemäß.

Kopfschüttelnd sah sie mich an. „Fällt dir dazu keine bessere Geschichte ein?"

Wenn ich im Busch unterwegs bin, stellen sich manche Leute vor, dass ich dabei so seriös wie der große BBC-Kommentator David Attenborough daherkomme. Andere meinen, ich würde wie Steve

Irwin jedes gefährliche Tier jagen, das mir über den Weg läuft. Die Wirklichkeit ist sehr viel langweiliger: Meist will ich einfach nur meinen Spaß haben. Wenn ich in einem Nationalpark oder Wildreservat unterwegs bin, suche ich nicht nach Löwen, Hyänen oder anderen Raubtieren. Ich muss in der Wildnis keinen Großkatzen begegnen oder beobachten, wie ein Raubtier seine Beute schlägt, um zu denken, dass sich der Ausflug gelohnt hat. Es macht mir einfach Spaß, im Busch zu sein und die Natur zu genießen, auch die kleinen Dinge – besonders die kleinen Dinge.

Rodney Fuhr sponsert eine Forschungsstation im Okavango Delta in Botswana, am Rand des Moremi Wildreservats. Ich bin gerne dort draußen, weil ich den Busch liebe, und wenn ich irgendwann die Zeit dazu finde, würde ich gerne einige eigene Forschungsideen verfolgen, vor allem im Hinblick auf wilde Hyänen.

Das Camp, das den Namen Squacco Heron Projects trägt, hat eine wunderbare Lage mit Blick auf ein stets gefülltes Wasserloch unweit des Gomoti-Flusses. Rodney finanziert Unterkünfte und ein Büro für die Forscher, wo sie ihre Berichte ausarbeiten können. Die meisten ständigen Mitarbeiter stammen aus der Umgebung; ihnen gehörte früher das Land. Rodney verpachtet das Gelände, auf dem sich die Forschungsstation befindet, und die Rechte an den Foto-Safari-Betrieb Moremi Tented Camp (MTC).

Es gibt in diesem Gebiet und manchmal auch im Camp jede Menge Wild wie Büffel, Elefanten, Zebras, Giraffen, Kudus und Impalas sowie alle größeren afrikanischen Raubtiere. Wenn man dort übernachtet, singen einen die gefleckten Hyänen meist in den Schlaf, und noch vor Anbruch der Morgendämmerung wird man vom leisen, klagenden Ruf eines Löwen geweckt. Ich kenne nur wenige Gegenden in Afrika, wo man am Ende der Trockenzeit so viele Tiere versammelt findet, wie in den üppigen grünen Talauen rund um den Gomoti.

Mandy und ich haben das Camp einmal für einen Kurzurlaub besucht und sind mit dem Forschungsleiter Guy Lobjoit und Rodney Fuhr hinausgefahren, um Wild zu beobachten. Getränke und *Padkos*, das heißt Essen für unterwegs, hatten wir reichlich im Wagen.

Das Delta ist wunderschön. Es gibt dort alles, von Wäldern mit hohen Bäumen, die vom Grundwasserspiegel unter dem Kalahari Sandveld gespeist werden, bis zu weiten Marschgebieten, durch die sich flache Süßwasserkanäle ziehen, denn der Okavango verläuft von Angola und Namibia nordwärts in das trockene Herz von Botswana.

Guy hielt an einem Wasserloch an, das in einem offenen, sandigen Gebiet lag, wo wir eine gute Sicht hatten. Als wir aus dem Wagen stiegen, und alles ausluden, was wir für unsere Sundowner und das Abendessen brauchten, bemerkte Guy eine Bewegung im Buschland am Rande des Wasserlochs. Ehe wir uns versahen, hatte uns ein Rudel von etwa einem Dutzend Wildhunden umzingelt.

Der afrikanische Wildhund ist das effizienteste Raubtier auf dem Kontinent. Diese hoch organisierten professionellen Killer erlegen bei ihrer Jagd prozentual mehr Beutetiere als jeder andere Räuber. Sie können eine Antilope oder ein Gnu binnen Minuten in Stücke reißen und verschlingen, aber es gibt keinen einzigen Bericht darüber, dass sie je einen Menschen in der Wildnis angegriffen hätten. Sie gehören außerdem zu den am meisten gefährdeten Säugetieren in Afrika, sodass ihr Anblick echten Seltenheitswert hat.

„Kevin, zurück in den Wagen", zischte Mandy, die sich schon in den Land- Cruiser geflüchtet hatte.

Guy und ich hielten die Stellung. Die Hunde hatten uns gesehen, und als sie einen Moment stehen blieben, drehten sie ihre großen Ohren in unsere Richtung, und ihre Nasen nahmen unsere Witterung auf. Doch sie machten nicht kehrt, um zu fliehen, nur weil sie zwei Menschen an einem Auto stehen sahen. Guy hat einen großen Teil seines Lebens im Busch verbracht und als Aufseher einen Abschnitt des privaten Umbabat Wildreservats an der Grenze zum Krüger-Nationalpark betreut. Er kennt sich gut im Busch aus, und wir sind beide Leute, die sich unter wilden Tieren manchmal wohler fühlen als unter Menschen.

Das Fell der afrikanischen Wildhunde ist gelb, weiß, braun und schwarz gefleckt. Sie sind ungefähr so groß wie ein kleiner Schäferhund und haben riesige Ohren, die ihnen helfen, Beute und Gefahren zu erkennen. Ihre langen Beine sind spindeldürr. Wie alle Hunde sind sie neugierig, und dieses Rudel machte keine Ausnahme.

„Kevin!"

Ich ignorierte die Aufforderung meiner Frau und blieb mit meinem Freund und meinem Abendessen draußen. Rodney aß im Wagen und genoss die Show. Einer nach dem anderen schlossen die Hunde zu uns auf. Ich bin immer noch so, wie ich als Kind war: Ich kann die Dinge nicht einfach nur anschauen. Ich wollte wissen, wie die Hunde auf mich reagieren würden, wenn ich draußen blieb und mich nicht in den Wagen zurückzog. Ich füttere keine wilden Tiere – niemand sollte das tun –, aber einer der Hunde wollte wissen, was ich aß. Er kam nah genug heran, um meine Finger zu beschnuppern. Mandy war einem Herzinfarkt nahe, doch ich wusste das Gesetz der Wahrscheinlichkeit auf meiner Seite. Die Hunde hatten sich gezielt dafür entschieden, sich den Menschen zu nähern, und nun überzeugten sie sich, dass wir keine Bedrohung für sie waren.

Während die Hunde weiter schnüffelten und um uns herum spielten, wurde mir wieder einmal klar, wie viel Glück ich habe, dass ich solche Erfahrungen machen und auf diesem Kontinent leben darf. Wie schon gesagt, ich suche im Busch nicht nach Begegnungen mit wilden Tieren, aber manchmal finden sie mich.

Ich fliege gerne, und als Rodney Fuhr beschloss, seine Forschungsstation in den Liuwa Plains in Sambia zu schließen und nach Botswana zu verlegen, nahm ich die Cessna 182 und flog noch einmal nach Liuwa. Ich hatte mich beim Aufbau der Station um die Logistik gekümmert, und auch wenn ich mich auf das neue Projekt in Botswana freute, war ich doch etwas traurig, dass es Liuwa bald nicht mehr geben würde.

Mein gewohntes Safari-Zelt stand immer noch im Camp, und so richtete ich mich dort wieder ein. Tagsüber half ich beim Abbau der Anlagen, und abends, nach ein paar Bier, legte ich mich zum Schlafen auf die Campingliege.

Am dritten Abend berührte ich unbeabsichtigt die Zeltleinwand und hörte ein Rascheln, gefolgt von einem tiefen, gutturalen, fast geisterhaften Laut: „Hoaaaaaarrrr." Seltsames Geräusch, dachte ich, und so schlug ich absichtlich noch einmal gegen die Wand. Daraufhin erhob sich direkt neben mir eine ausgewachsene schwarze

Kobra, ungefähr anderthalb Mal so hoch wie ich. Da ich keine Erfahrung als Schlangenbeschwörer habe, vertrieb ich sie schleunigst aus meinem Zelt.

Es ist erstaunlich, in welcher Harmonie der Mensch mit seiner natürlichen Umgebung leben kann, bis irgendetwas das Gleichgewicht stört. Diese Schlange wohnte vermutlich schon eine ganze Weile in meinem Zelt und hatte meine Gegenwart in den letzten zwei Nächten problemlos toleriert, bis ich gegen die Zeltwand stieß. Hätte ich sie nicht gestört oder erschreckt, wäre es vielleicht nie zu dieser Konfrontation gekommen.

Ich kümmere mich auch gerne um meine Maschinen und halte alle meine Autos, mein altes Triumph-Motorrad und einen Landrover, Baujahr 1957, Serie I, in tadellosem Zustand.

Rodneys Cessna 182 stand gewöhnlich am Lanseria Airport, und auch wenn das nicht weit von meinem Wohnort entfernt war, wollte ich sie doch lieber zur Landebahn im *Lion Park* verlegen, damit ich mich besser um sie kümmern konnte.

Die Landebahn ist mit 450 Metern nicht besonders lang, und ich war damals noch ein relativ unerfahrener Pilot. Aber in den technischen Anweisungen für die Cessna hatte ich gelesen, dass eine Landebahn wie unsere für sie ausreichte, wobei jedoch angemerkt wurde, nur erfahrene Piloten sollten die Landung auf einer Bahn unterhalb einer bestimmten Länge wagen. Mit meinen damals rund hundert Flugstunden war ich dreist genug, mich für einen erfahrenen Piloten zu halten.

Ich bin kein Einsiedler, aber ich fliege gerne allein und genieße es, dabei Zeit für mich zu haben. Der einzige Mensch, mit dem ich dann unterwegs reden muss, ist der Fluglotse, und den Rest der Zeit kann ich mich meinen Gedanken hingeben und es genießen, so frei wie ein Vogel in der Luft zu sein. Abgesehen von der 182 fliege ich einen Thunderbird ultraleicht Starrflügler und einen Zenair Sky Jeep. Wir benutzen die Flugzeuge in den Forschungsstationen und zur Kontrolle unserer Wildbestände im Kingdom. In meiner Freizeit treffe ich mich gelegentlich gerne mit ein paar anderen Piloten auf verschiedenen Landebahnen zum gemeinsamen Frühstück.

Von Lanseria aus war es nur eine kurze Strecke bis zum *Lion Park*. Als ich zum Landeanflug ansetzte, hatte ich das Gefühl, dass etwas nicht stimmte. Die Landebahn kam mir viel zu schnell entgegen und wirkte unglaublich kurz. Das Flugzeug schien seinen eigenen Kopf zu haben, und es wollte nicht da runter. Als ich schließlich auf dem Gras aufsetzte, hüpfte die Maschine und hüpfte noch einmal. Ich war nervös, und einige Stromleitungen, die am äußersten Ende der Landebahn durch den Busch führen, schienen auf mich zuzurasen. Ich entschloss mich, die Landung abzubrechen und startete mit Vollgas durch.

Ich spürte, wie die Maschine schneller wurde, aber irgendwie schienen die Leitungen immer noch auf mich zuzukommen. Ich versuchte abzuheben und Höhe zu gewinnen, aber dadurch verlor ich an Geschwindigkeit. Mit Hängen und Würgen schaffte ich es über die Stromleitungen, aber ich überzog die Maschine dabei, und die Cessna krachte auf eine Straße, die jenseits der Stromleitungen in offenes Gelände mündete. Inzwischen hatte ich völlig die Kontrolle verloren.

Mit einem dumpfen Knall schlug das Bugrad auf den Boden, bog sich nach vorn und streifte dabei den Propeller. Das Heck prallte auf den holprigen Boden, und die Maschine hüpfte erneut. Vor mir wurde das Gelände abschüssig. Zu meiner Verblüffung verlieh der dadurch bedingte Ruck der Cessna so viel Tempo und Höhe, dass sie plötzlich wieder flog.

Ich schaffte es, die Maschine und mein klopfendes Herz unter Kontrolle zu bekommen und kreiste nun in geringer Höhe. Ich hatte keine Ahnung, wie stark das Flugzeug beschädigt war, aber viele Instrumente waren im Cockpit aus der Konsole gefallen. Ich schob sie zurück, so gut es ging, und stellte zu meiner Verwunderung fest, dass das Funkgerät unbeschädigt war.

Ein Blick aus dem Seitenfenster zeigte mir, dass ein Teil des Hecks im Sog herumschlenkerte. Inzwischen hatte ich die Hosen gestrichen voll und fragte mich, wann das Flugzeug wohl auseinanderbrechen würde. Ich riskierte einen Blick aus dem anderen Seitenfenster und stellte fest, dass die Spitze des Flügels fehlte. Und ich wusste nicht mal, ob ich überhaupt noch ein Bugrad hatte.

Bei der Pilotenausbildung lernt man, dass es zwei Funkrufe gibt, mit denen man einen Notfall melden kann. Wenn man abzustürzen droht, meldet man: „mayday, mayday, mayday." Will man jedoch eine Notlandung versuchen, meldet man „Pan, pan ... pan, pan ... pan, pan."

Während die Maschine um mich herum zitterte und bebte, überlegte ich, ob ich pan oder mayday funken sollte. Und welche Folgen würde es haben, wenn ich mich für die falsche Meldung entschied?

Ich holte tief Luft und nahm den Funkkontakt auf: „Lanseria, hier ist Foxtrot Uniform Golf."

„Foxtrot Uniform Golf, hier ist Lanseria, bitte kommen", antwortete der Fluglotse mit ruhiger Stimme.

„Ähm ... Lanseria, hier ist Foxtrot Uniform Golf ... pan, pan, pan ... ich meine mayday, mayday ... also, es handelt sich um einen Notfall!"

Ich blubberte noch eine Weile weiter und erklärte ihm, dass ich eine Landung im *Lion Park* abgebrochen hatte. Der Park gehört zum Luftraum von Lanseria und ich hätte ihnen eigentlich längst gemeldet haben müssen, dass ich dort sicher gelandet war. Ich sagte auch, dass meine Maschine vermutlich kein Heckleitwerk mehr hatte. Ich war nur noch ein nervöses, zitterndes Wrack.

Der Fluglotse blieb völlig gelassen, und ich bin sicher, er wusste, dass ich mein Heckleitwerk nicht verloren hatte – immerhin flog die Maschine ja noch.

Foxtrot Uniform Golf, Sie sind freigegeben zur Landung auf zwo-vier rechts. Sie hatten mir die lange Landebahn von Lanseria zugewiesen. „Foxtrot Uniform Golf, handelt es sich um einen Notfall?"

„Ähm, ja, ich meine ... also, ja, tut es." Sie waren so gelassen, und ich hatte sämtliche Regeln für den Funkverkehr vergessen. Ich wollte nur noch runter. Über meinen Kopfhörer bekam ich mit, wie die Fluglotsen den gesamten anderen Luftverkehr umleiteten, von kleinen Privatflugzeugen bis zu kommerziellen Jets, um den Luftraum frei zu machen für die Landung dieses Idioten – für mich.

Ich hätte am Tower vorbeifliegen und sie bitten können nachzusehen, ob ich noch ein Bugrad hatte. Falls nicht, würde der Propel-

ler auf der Landebahn aufschlagen, sich verbiegen und den Motor zerstören. Aber in Anbetracht der anderen Maschinenteile, die da herumschlenkerten, beschloss ich, dass die Zeit dafür zu knapp war.

Ich zurrte meinen Sicherheitsgurt fest, drückte die beschädigte Cessna sachte nach unten und legte eine der besten Landungen meines Lebens hin. Als die Maschine aufsetzte und die Nase senkte, wappnete ich mich für das schrille Kreischen, das ertönen würde, wenn die Propellerflügel die Piste berührten.

Aber das Kreischen blieb aus, ich war sicher auf dem Boden angekommen, und der Propeller drehte sich immer noch, als ich dem Flughafentaxi folgte, das mich von der Landebahn zu meiner Parkposition leitete. Ich stieg aus dem Flugzeug und begann am ganzen Körper zu zittern. Als ich unsicher um die Maschine herumging, sah ich zum ersten Mal das volle Ausmaß der Schäden. Die Bugradkonstruktion war bei meinem ersten Aufsetzen nach vorne in den Brandspant gedrückt worden, und der Abstand zwischen den Spitzen der Propellerflügel und dem Boden betrug nur noch etwa einen Zentimeter.

Ich war in Motorradunfälle verwickelt, habe mich im Auto meiner Schwester überschlagen und bin von Tsavo, dem Löwen, zerfleischt worden, aber dies war das erste Mal in meinem Leben, dass ich wirklich das Gefühl hatte, um Haaresbreite dem Tod entronnen zu sein. An diesem Tag habe ich eine Menge über das Hinausschieben von Grenzen, Vertrauen in die eigenen Instinkte und die Widerstandsfähigkeit der Cessna 182 gelernt.

Kapitel 13:

Der weiße Löwe

Ian und ich hatten gerade unseren Morgenkaffee ausgetrunken und wollten uns außerhalb des *Lion Parks* einen weißen Löwen ansehen, von dem wir hofften, er würde als Darsteller für unseren geplanten Spielfilm taugen. Aber wir waren noch nicht ganz durch die Tür, als das Telefon klingelte.

„Mister Kevin, komm schnell. Sly ist bei den anderen im Gehege und bringt sie um!" Sam, einer unserer schwarzafrikanischen Mitarbeiter im Park war ganz atemlos.

„Wen bringt er um, Sam? Wo?"

„Ich weiß nicht. Du musst schnell kommen."

"Mist!" Ian und ich klemmten uns in den *Bakkie* und ich fetzte durch den Park, ohne auf irgendeins der Tiere zu achten, bei denen ich normalerweise für einen kleinen Plausch angehalten hätte. Als wir vor dem Gehege ankamen, in dem wir unsere weißen Löwen hielten, erwartete uns ein grauenvolles Bild. Ein weißer Löwe lag bewegungslos im Gras, sein wunderschönes Fell mit roten Flecken besudelt.

Sly, ein großer, wilder, brauner Löwe, war irgendwie aus seinem eigenen Gehege entkommen und dort eingedrungen, wo wir Graham, unseren sechzehn Monate alten weißen Löwen, und einige junge Löwinnen hielten. Sly hatte von Anfang an keine guten Anlagen gezeigt. Ich hatte nie eine Beziehung zu ihm aufbauen können und betrachtete ihn nicht einmal als Bekannten. Er war das typische Beispiel eines jungen Löwen, der auf dem Sprung stand, ein Rudel zu übernehmen. Doch es reichte ihm offenbar nicht aus, einfach nur seinen Konkurrenten Graham umzubringen, sondern nun hatte er seinen gewaltigen Kiefer um den Kopf einer der Löwinnen gelegt. Inzwischen waren weitere Leute an den Zaun gekommen, um zu sehen, was die ganze Aufregung sollte. Ich angelte nach meinen Schlüsseln und schloss das Tor auf.

„Kevin, was hast du vor?", fragte Ian. Ich antwortete ihm nicht, sondern öffnete das Tor, rannte ins Gehege und griff nach dem Pfefferspray, das in meinem Gürtel steckte. Sly knurrte, während er auf dem Kopf der Löwin herumkaute. Sie schlug verzweifelt um sich, hatte aber gegen seine gnadenlose Kraft keine Chance.

Graham, der getötete weiße Löwe, war ein wunderbares Tier gewesen und hatte außerdem einer der Stars unseres neuen Spielfilms *Der weiße Löwe* sein sollen. Aber als ich an ihm vorbeilief, dachte ich weder an Geld noch an irgendwelche Zeitpläne für den Film, sondern war einfach nur wütend. Was die Sache noch schlimmer machte: Ich hatte Graham nach dem Bruder meines Schwagers benannt, der an Krebs gestorben war. Kurz nach seinem Tod war der kleine weiße Löwe auf die Welt gekommen, und als ich meinem Schwager sagte, ich hätte ihn nach seinem Bruder benannt, war er sehr gerührt gewesen. Umso wütender machte es mich, dass dieser Löwe jetzt tot war.

Dieser Bastard Sly hatte meinen Kumpel umgebracht, und nun versuchte er, eins meiner Mädels zu töten. Ich rannte zu ihm hin und sprühte diesem voll ausgewachsenen Löwen das Pfefferspray ins Gesicht. Sly schnappte einen Moment nach Luft – und das war auch schon alles. Aber dieser kurze Augenblick gab der Löwin die Chance, den Angreifer abzuschütteln. Sie hatte Bissspuren am Hinterkopf und im Genick, und der enorme Druck von Slys Kiefer hatte ein Auge aus der Höhle treten lassen. Blutverschmiert schlich sie unter Schmerzen davon.

„Zurück! Komm da raus, Kevin, du bist ja verrückt!", rief Ian von der anderen Seite des Zauns.

Blind vor Wut hatte ich nicht weiter nachgedacht, sondern war einfach ins Gehege gestürzt, um es mit einem amoklaufenden Löwen aufzunehmen. Nun hielt ich inne, und in diesem kurzen Moment der Stille dachte ich: „Puh ... könnte sein, dass Ian recht hat." Ich steckte ziemlich in der Klemme.

Sly schüttelte den Kopf und schnaubte, um die beißenden Reste von Pfefferspray loszuwerden. Es hatte ausgereicht, um damals die Wissenschaftlerin vor Rains wütendem Angriff in Sicherheit zu bringen, und es hatte auch ausgereicht, um der Löwin heute eine Chance zur Flucht zu geben, aber es würde Sly wohl kaum daran hindern, mich jetzt fertigzumachen.

Er schaute mich an. Er wusste nicht, was ich getan hatte, oder warum ich es getan hatte. In diesem Moment wusste ich es selbst nicht mehr. Das Tor wurde geöffnet, und ein *Bakkie* holperte dröhnend ins Gehege. Der Wagen sorgte dafür, dass sich die Tiere zerstreuten, und wir ließen zu, dass die jungen Löwinnen in den Streifen „Niemandsland" flüchteten, der zwischen den verschiedenen Gehegen verläuft. Dieser Korridor ist an beiden Enden durch Tore gesichert, sodass die Tiere nicht aus dem Park entkommen konnten. Wir sperrten Sly in Grahams Gehege, bis der Tierarzt eintraf, um ihn zu betäuben und die verletzte Löwin zu behandeln.

Rodney Fuhr war der Meinung, ich hätte – gelinde gesagt – leichtsinnig gehandelt: „Es war nur ein Löwe, Kevin!" Er hatte recht, aber ich hatte den toten Graham und die junge Löwin gesehen, deren Kopf gerade zwischen diesen gewaltigen Kiefern zerquetscht wurde, dazu die anderen Löwinnen, die sich traumatisiert am äußersten Ende des Geheges zusammendrängten, und das hatte mich einfach wütend gemacht. „Du wirst diese Löwin nicht umbringen", hatte ich gedacht. Das war eine persönliche Geschichte gewesen. Sly lief Amok, und er hätte alle Löwinnen umgebracht, wenn ich nicht eingegriffen hätte.

Unter Stress tun Menschen seltsame Dinge, und glauben Sie mir, wenn jemand Ihnen mehrere Millionen Dollar zur Verfügung stellt und sagt: „Hier, Kev, mach einen Film für mich", dann ist das Stress pur. Und genau diesen Stress habe ich erlebt.

Der weiße Löwe

Rodney hatte schon lange von einem Spielfilm über einen weißen Löwen geträumt, der von seinem Rudel ausgestoßen wird, verschiedenen anderen Tieren begegnet und alle möglichen Abenteuer erlebt. Der junge Löwe wächst alleine auf, doch schließlich übernimmt er sein eigenes Rudel, nachdem er nur knapp der Kugel eines Trophäenjägers entgangen ist. Anfangs dachten wir, wir würden mit unseren Kameras durch die Gegend fahren und einen Löwen filmen, der in die verschiedensten Situationen gerät, um das Bildmaterial am Ende zusammenzufügen und einen Spielfilm daraus zu machen. Es war derselbe Plan, den ich ursprünglich auch für *Dangerous Companions* gehabt hatte. Aber natürlich merkten wir schon bald, dass es sehr viel komplizierter ist, statt eines Dokumentarfilms einen abendfüllenden Spielfilm zu drehen.

Wir stellten ein Team zusammen, dessen Mitglieder ich zum Teil von den Dreharbeiten kannte, an denen ich mit meinen Löwen teilgenommen hatte. Daher wusste ich, dass diese Leute es gewöhnt waren, mit Tieren zu arbeiten und einen guten Job machten.

Anfangs hat wahrscheinlich jeder, mit dem ich über das Projekt sprach, sich gefragt: „Bildet sich dieser Löwentrainer tatsächlich ein, er könnte einen mehrere Millionen teuren Spielfilm stemmen?" Manche Leute aus der Filmindustrie haben mich ausgelacht oder sich nicht mal die Mühe gemacht, mich zurückzurufen. Jedes Mal, wenn mir jemand einen Korb gab oder irgendeinen Grund anführte, warum ich einen solchen Film nicht machen konnte, wuchs meine Entschlossenheit, obwohl ich damals wirklich nicht wusste, was ich tat. Doch ich lernte schnell.

Wir sprachen mit potenziellen Drehbuchautoren und fragten sie, wie sie ein Drehbuch schreiben würden, das auf Rodneys Grundidee für die Geschichte basierte. Die Autoren, mit denen wir anschließend arbeiteten, standen unter erheblichem Stress, denn auch wenn die Grundidee für die Geschichte einfach klang, hatte Rodney doch sehr genaue Vorstellungen, was im Drehbuch stehen durfte und was nicht. Einige Autoren wollten die Geschichte übermäßig kompliziert machen und mythische Elemente einarbeiten. Beispielsweise glaubt das Volk der Shangaan, dass ein weißer Löwe geboren wird, wenn eine Sternschnuppe vom Himmel fällt, aber Rodney wollte keinen Film, der dem Publikum wie ein Märchen

vorkommen würde. Er wollte nicht das mythische, sondern das reale Afrika zeigen. Deshalb hatten die Drehbuchautoren in mancher Hinsicht zunächst nur geringe kreative Gestaltungsspielräume. Aber im Laufe der Zeit wurde Rodney flexibler und lernte einiges über die Besonderheiten beim Erzählen fesselnder Geschichten.

Die Dreharbeiten sollten ganz ähnlich wie bei einem Dokumentarfilm ablaufen, so wie bei *Dangerous Companions*: Wir würden die Löwen dazu bringen, ihre Rolle so natürlich wie möglich zu spielen, statt ihre Auftritte zu inszenieren. Allerdings musste ich dem Team klarmachen, dass die Löwen und die anderen Tiere nicht immer zum genau richtigen Zeitpunkt genau das tun würden, was wir von ihnen wollten. Schließlich war es nicht so wie bei einem Werbespot, wo der Löwe nur von rechts nach links gehen, in die Kamera schauen, seinen Kopf schütteln und sich dann entfernen sollte. Ich brauchte also Experten, die Erfahrungen in der Arbeit mit Tieren hatten.

Eine der Fragen, die mir Leute aus der Filmindustrie immer wieder stellten, lautete: „Werden deine Löwen ohne Pause über so lange Zeiträume arbeiten können, wie es für einen Spielfilm nötig ist?" Ich musste mir also Gedanken darüber machen, wie viele Löwen ich für die verschiedenen Szenen brauchen würde. Am Ende waren es dreißig weiße Löwen, die im Verlauf der Dreharbeiten, die sich nicht Monate, sondern Jahre hinzogen, den Helden der Geschichte, Letsatsi, in den verschiedenen Phasen seines Lebens darstellten. Löwen wachsen sehr schnell, und so musste ich genau planen, damit wir immer genug weiße Löwen im richtigen Alter hatten, die Letsatsi spielen konnten. Allein das war eine enorme Herausforderung.

Letsatsi, was „die Sonne" bedeutet, war der erste im *Lion Park* geborene weiße Löwe, dessen Namen wir nun für den Filmhelden benutzten. Eigentlich war geplant, dass der echte Letsatsi einen großen Teil der Hauptrolle als sein erwachsenes Selbst übernehmen sollte. Aber wie sich ein Löwe bei den Dreharbeiten verhält, stellt man immer erst fest, wenn man ihn mit einer großen Gruppe von Menschen konfrontiert.

Rodney wollte die Wildnis Afrikas als Kulisse für seinen Film, also Bilder von Löwen, die sich durch die endlosen Weiten

Afrikas bewegten. Ich dachte, das würde kein großes Problem für mich sein, weil sich meine Methoden seit jeher von denen anderer Löwentrainer unterschieden, die für Film und Fernsehen arbeiteten. Alle mir bekannten Löwentrainer wollten, dass sich ihre Tiere bei den Aufnahmen in eingezäuntem Gelände befanden – sie frei herumstreifen zu lassen, war ihnen ein zu großes Risiko. Folglich gab es bei Aufnahmen in der Totale immer einen nicht allzu weit entfernten Zaun. Ich dagegen ließ meine Löwen gerne auf riesigen Farmen im freien Gelände arbeiten. Ich machte mir keine Sorgen, dass sie sich auf die andere Seite der Farm begeben könnten. Meine Löwen waren frei mit mir unterwegs, aber die Filmcrew befand sich hinter Gittern. Es ist sehr viel einfacher und billiger, und es geht sehr viel schneller, die Menschen in einen fünf mal fünf Meter großen Käfig zu sperren, als riesige Gebiete für die Löwen einzuzäunen.

Ich war mir der Risiken durchaus bewusst, dass ein Löwe wegrennen und auf der Farm Wild jagen könnte, aber ich vertraute auf die Fähigkeiten meiner Tiere und die Beziehung, die ich zu ihnen hatte.

Eine weitere strenge Vorgabe von Rodney lautete, dass dieser Film Afrika so zeigen sollte, wie es noch nie gezeigt worden war.

„Was meinst du damit, Rodney?", hatte ich ihn anfangs gefragt.

„Ich will Afrika nicht im Winter, sondern im Sommer zeigen, wenn das Gras grün und das Buschwerk dicht und üppig ist."

Während der Dreharbeiten für den französischen Film *Der Löwe* hatte ich gelernt, dass fast alle Filme über Afrika aus gutem Grund nur hohes, gelbes, vertrocknetes Gras und Buschland in gedecktem Khaki und Braun zeigen. Es hat damit zu tun, dass die meisten Dreharbeiten während des langen, trockenen, relativ kühlen afrikanischen Winters stattfinden, und nicht während der feuchten, heißen Sommermonate. Der Winter ist ideal für Filmaufnahmen, weil man dann einen trockenen, festen Boden hat und sich darauf verlassen kann, dass sich am Himmel über Monate hinweg kein Wölkchen zeigt. Die Sonnenaufgänge und Sonnenuntergänge sind spektakulär, und die goldenen Stunden direkt nach der Morgendämmerung und vor der Abenddämmerung eignen sich perfekt zum Filmen. Die Sonne steht tiefer am Himmel, und es gibt mehr

Stunden mit guten Lichtverhältnissen. Außerdem sind die kühleren Temperaturen ideal für die Arbeit mit Tieren.

Im Sommer regnet es dagegen fast täglich. Es ist heiß und feucht, und Staub und Schmutz verwandeln sich in dicken, ekelhaften Schlamm. Sonnenaufgänge und Sonnenuntergänge werden oft durch dichte Wolkenbänke verschleiert, und bisweilen gibt es drei oder vier dunkle, schmuddelige Tage am Stück, an denen Wolken, Dunst und sogar Nebel nicht weichen wollen. Gewitter entladen sich manchmal schon am Morgen, und es gibt sie unter Garantie am Nachmittag. Wer im Sommer einen Spielfilm im südafrikanischen Highveld dreht, muss verrückt sein. Sie haben es erraten: Wir waren verrückt.

Der Dezember 2005, als wir mit den Dreharbeiten begannen, war besonders schlimm. Es regnete und regnete und regnete. Wir verlegten unsere Dreharbeiten auf die Nachtstunden, um dem Regen zu entgehen, und prompt begann es nachts zu schütten. Also drehten wir wieder tagsüber, doch der Regen war unseren Plänen immer um eine Nasenlänge voraus und brachte die Schichtwechsel der Teams, die regelmäßige Arbeitspausen brauchten, völlig durcheinander.

Alles um uns herum war üppig und grün, aber davon abgesehen lief überhaupt nichts nach Plan. Jede Woche Verspätung ließ die Löwen, mit denen wir arbeiteten, eine Woche älter werden, was Probleme im Hinblick auf die Kontinuität bedeutete. Wir konnten nicht verhindern, dass unsere weißen Löwenbabys wuchsen. Wir bekamen einfach nicht das Bildmaterial, das wir brauchten, und jeder Fortschritt während dieses ersten Drehsommers war mühsam erkämpft.

Unsere Wagen blieben im Schlamm stecken, und wir gaben Geld aus, das wir nicht eingeplant hatten, um Spezialfahrzeuge mit acht Rädern zu mieten, die unsere Laster aus dem dicken, zähen Morast zogen. Ich erinnere mich noch, dass wir eine ganze Nacht damit verbrachten, ein Fahrzeug nach dem anderen aus dem Matsch zu graben und zu ziehen, und am Ende hatten wir nicht eine einzige Sekunde Bildmaterial. In dieser Nacht hätte ich heulen können.

Viele Sets und Drehorte wurden unbrauchbar, weil Wagen und Menschen das Gras in den Schlamm gestampft hatten, und sogar wenn wir filmen konnten, wurden die Löwen schnell nass und schmutzig. Vor allem die weißen Löwen mussten regelmäßig gesäubert werden. Zweimal täglich sollte ich Rodney anrufen und über den Stand der Dinge berichten. Er saß in seinem Wohnzimmer in Johannesburg, sah den Regen gegen die Fensterscheiben klatschen und hörte mir zu, während ich seine schlimmsten Befürchtungen bestätigte, dass wir für Kosten zwischen 40000 und 120000 Rand pro Tag wieder einmal absolut nichts zustande gebracht hatten. Um allem die Krone aufzusetzen, schien der Regen immer an den Tagen über uns hereinzubrechen, an denen wir die teuerste Ausrüstung gemietet hatten.

Jetzt, da die Endfassung des Films fertig ist, sehe ich rückblickend ein, dass unsere damaligen Zeitpläne zu ehrgeizig waren. Während der schlimmsten Jahreszeit für Dreharbeiten versuchten wir, viel zu viel in einen viel zu engen Rahmen zu packen. Die ganze Sache war ein Lernprozess, zum Teil auch deshalb, weil hier zum ersten Mal jemand versuchte, einen abendfüllenden Spielfilm mit Löwen als Stars in der denkbar natürlichsten Umgebung des afrikanischen Sommers zu drehen.

Ich weiß jetzt nur zu gut, warum Disneys *König der Löwen* ein Trickfilm war. Während unserer ersten Drehsaison kam mir der Gedanke, dass es einfach nicht möglich war, einen solchen Film mit echten Löwen zu drehen, ohne dafür mehrere hundert Millionen Dollar auszugeben. Rodney begann sich wahrscheinlich auch zu fragen, auf was er sich da eingelassen hatte. Doch es gab einen Hoffnungsschimmer: Das Bildmaterial, das wir hatten, war absolut faszinierend. Es war das, was Rodney sich wünschte, Afrika, wie man es noch nie zuvor im Film gesehen hatte. Wir hatten diese wunderschönen schneeweißen Löwen auf einem smaragdgrünen Hintergrund von saftigem Gras und Buschwerk in voller Blüte. Die Bilder waren wirklich eindrucksvoll und etwas ganz Besonderes.

Schon vor Beginn der Dreharbeiten versuchte ich, Letsatsi, unseren einzigen erwachsenen männlichen weißen Löwen, darauf vorzubereiten, dass er sich selbst in einem Film spielen würde.

Zunächst musste ich ihn daran gewöhnen, dass er auf einen Wagen geladen und wieder abgeladen wurde, damit wir ihn prob-

lemlos durch den Park, zu den verschiedenen Farmen und den anderen Drehorten transportieren konnten. Wenn ein Löwe in einem Film mitwirken soll, geht es zunächst und vor allem darum, ihn stressfrei und sicher an die Drehorte zu bringen. Ein gestresster Löwe ist eine Gefahr für sich selbst und für die Menschen. Ich habe schon Löwen gesehen, die, wenn sie aufgeregt sind, mit dem Kopf schlagen, bis er blutet und ihnen die Zähne ausfallen.

Um uns die Sache zu erleichtern, zäunten wir ein neues, fünfzehn Hektar großes Gehege im hinteren Teil des *Lion Parks* ein, wo wir einen Teil unserer Geschichte drehen konnten. Außerdem nutzten wir das Gelände, das Rodney im Jahr 2000 gekauft hatte, das *Kingdom of the White Lion*. Die Panoramaaufnahmen wollten wir auf Nash's Farm drehen, die mit 22000 Hektar die wohl größte Wildfarm in der Provinz Gauteng ist. Dort gibt es Gnus, Giraffen, Impalas und anderes Wild.

„He, *Boet*, du lässt dich mit diesen Löwen auf ein ziemliches Risiko ein", meinte Hennie, der Verwalter der Farm, als ich ihm von unseren Filmplänen erzählte.

„Keine Sorge", versicherte ich ihm zuversichtlich. „Es wird alles gut laufen."

Am Ende unserer ersten verregneten Drehsaison Anfang 2006 war unsere Vorstellung von der Geschichte ausgereift genug, und wir hatten auch fast genug gutes Bildmaterial, um bei den Filmfestspielen in Cannes für unser Projekt zu werben. Was wir aber noch brauchten, war ein Promo, ein kurzer Clip für Werbezwecke, der auch Bildmaterial von unserem erwachsenen weißen Löwen enthalten und zeigen sollte, wie unser Star, der majestätische Letsatsi, im afrikanischen Sommer durch die üppig grüne weite Landschaft streifte. Ich hatte schon bei anderen Aufnahmen mit Letsatsi gearbeitet, aber er hatte noch nie sich selbst in einem Spielfilm dargestellt, dessen Star er sein würde. Sein erster Auftritt vor der Kamera und seinem zukünftigen Publikum als *der weiße Löwe* würden diese Promo-Aufnahmen sein.

Wir schafften Letsatsi zu Nash's Farm, um die Promo-Szenen zu drehen, die wir auch im Film zeigen wollten. Da wir diesen Tag außerdem nutzen wollten, um bei den lokalen Medien Werbung für unseren Film zu machen, waren auch eine Reihe von Journalisten,

Fotografen, Fernsehleuten und sogar der große Boss, Rodney Fuhr, mit von der Partie. Gemeinsam mit der Filmcrew drängelten sie sich in dem Käfig, den wir kurzfristig mitten im Veld aufgebaut hatten. Wir hatten um halb vier morgens mit den Vorbereitungen begonnen, und es hing eine Art gespannter Erwartung in der Luft, als der Wagen mit dem Hauptdarsteller auf dem dichten grünen Gras zum Stehen kam.

Sobald wir Letsatsi ins Freie gelassen hatten und ich ihm in die Augen sah, wurde mir bange ums Herz. Rodney Nombekana, Alex und Helga hatten Letsatsi begleitet, um mir bei der Arbeit mit ihm zu helfen. In einem vergeblichen Versuch, den Löwen zurück in den Wagen zu bekommen, rief ich ihnen zu: „Verladet ihn wieder, auf den Wagen mit ihm!" Aber wir hatten kein Glück. Letsatsi ließ seinen Blick über die 22000 Hektar Afrika schweifen, und dachte gar nicht daran, zum Wagen zurückzukehren. Ich hatte Hennie zwar versichert, es würde keine Probleme geben, doch Letsatsi hatte die Nase voll von der Filmwelt und von der Gefangenschaft. Er trabte los.

„Auf den Wagen mit ihm!"

Rodney Nombekana schüttelte den Kopf. „Er ist unterwegs, Kev."

Ich ging neben Letsatsi her, als würde das alles zu unserem Plan gehören, und die Kameras surrten. „Nehmt, was ihr kriegen könnt", zischte ich.

„Kev, Kev, raus aus dem Bild", rief der Kameramann mir zu. Ich blieb an Letsatsis Seite, aber meine selbstbewussten Schritte waren nur Show, denn ich hatte den Löwen längst nicht mehr unter Kontrolle und nicht den geringsten Einfluss darauf, was er tat oder welche Richtung er einschlug. Ständig musste ich mich ins Gras legen oder hinter eine Bodenwelle ducken, damit die Crew etwas – irgendetwas – von Letsatsi in Aktion aufnehmen konnte, bevor er in der Wildnis von Nash's Farm verschwand. Es hätte komisch sein können, wenn es nicht eine solche Katastrophe gewesen wäre. Ich verschwand für ein paar Sekunden im Gras, sprang dann wieder auf und rannte hektisch hinter Letatsi her, tat so, als würde ich ihn lenken, um mich gleich darauf wieder ins Gras zu ducken. Rodney und Helga erging es nicht anders. Auch sie mussten ständig rennen und sich dann wieder wegducken.

Anfangs war Letsatsi nicht aggressiv. Er wollte sich nur von niemandem aufhalten lassen, nicht von mir, nicht von Rodney, nicht von Helga und nicht von Alex. Letsatsi lebte gewöhnlich für Leckerbissen – Fleischstücke, die er als Belohnung bekam – aber an diesem Tag, vor all diesen laufenden Kameras, konnten nicht einmal die saftigen Brocken, die ich aus der Tasche zog, ihn zur Räson bringen. Zudem gefiel es ihm immer weniger, dass wir vor ihm herliefen und ihn einzukreisen versuchten, und er begann, ständig zu knurren.

Wahrscheinlich waren es einfach zu viele Leute gewesen, die Letsatsi am Drehort erwartet hatten, und ich vermute, dass ihn eine Art von Lampenfieber überfiel. Er hatte einfach keine Lust darauf, seine Rolle vor einer solchen Menschenmenge zu spielen. Wie Tsavo beim Besuch meiner Familie und wie Ricksey, der Gepard, im Beisein meiner späteren Frau Mandy, war auch Letsatsi ein Tier, das eine veränderte Atmosphäre gespürt hatte und sich deshalb in der Gegenwart Fremder anders verhielt.

Im Park war Letsatsi ein fauler Fettsack. Er lebte in einem mittelgroßen Gehege und war darin immer glücklich gewesen. Er hatte nie viel Platz beansprucht, und als echter Löwe wollte er nichts weiter als fressen, schlafen und Sex haben. Ich liebte ihn heiß und innig, aber es war eine gewaltige Belastung für unsere Beziehung, als er an diesem Tag beschloss, einfach frei durch die Gegend zu streifen. Um ehrlich zu sein: In diesem Moment ging meine fünfjährige Beziehung zu ihm den Bach runter. Er spürte unsere Sorge, sobald er vom LKW kam. Er hatte den Respekt vor mir verloren, und er sagte mir ganz schlicht und ohne jede Aggression, dass es zwischen uns aus war. Auch meine Beziehungen zu Helga, Rodney Nombekana und Alex waren an diesem Tag belastet, weil ich für Letsatsis schlechtes Benehmen verantwortlich war.

Aber es war nicht nur dieser eine Tag, der meine Beziehung zu Letsatsi zerstörte. Manche Löwen sind herausragende Filmstars. Manche sind in der Gegenwart von Touristen entspannter als andere, oder sie gehen entspannter mit mir um, wenn ich zu ihnen ins Gehege komme. Letsatsi war nicht der geborene Filmstar, und obwohl wir versuchten, uns selbst vom Gegenteil zu überzeugen, hatten Rodney Nombekana und ich schon geahnt, was uns an diesem

Tag blühen würde. Wir hatten schon vorher häufig über Letsatsi diskutiert, der es – anders als Tau und Napoleon – nie gemocht hatte, wenn er verladen und durch die Gegend gefahren wurde. Aber er war damals unser einziger ausgewachsener weißer Löwe, und deshalb konnten wir nur hoffen, dass alles gut gehen würde. Doch leider erfüllte sich unsere Hoffnung nicht.

Rodney, Helga und ich folgten dem Löwen geschlagene fünf Stunden über das Gelände von Nash's Farm. Schließlich befanden wir, die Crew könne ohne Gefahr aus ihrem Käfig herauskommen, zusammenpacken und das Gelände räumen. Uns blieb es überlassen, Letsatsi wieder in den Park zu bringen. Letsatsi war nicht wild oder von Killerinstinkten übermannt worden, aber nach einem Marsch von fünf Kilometern über offenes Gelände witterte er nun die Pferde von Farmer Hennie.

„Leute, die Sache gerät langsam außer Kontrolle", erklärte ich in einer der größten Untertreibungen meiner Laufbahn als Löwentrainer und Filmemacher. „Holt das Betäubungsgewehr."

Ich ging immer noch hinter Letsatsi her, aber jedes Mal, wenn ich näher als vier Meter zu ihm aufschloss, bleckte er die Zähne und knurrte mich an. Er signalisierte mir klar und deutlich, dass er ein sehr großer Löwe war.

Alex marschierte los und holte die Beruhigungsmittel und das Betäubungsgewehr, das wir bei Filmaufnahmen vorsichtshalber immer dabei hatten. Er kam mit dem Wagen zu uns zurück, und als er uns erreichte, folgten wir immer noch Letsatsi auf seinem Weg zu Hennies Pferden.

Und jetzt?", fragte Hennie mich. „Wird er jetzt meine verdammten Gäule fressen?"

„Keine Sorge", beruhigte ich ihn im Brustton der Überzeugung. Ich verriet Hennie nicht, dass Letsatsi im *Lion Park* oft mit Pferdefleisch gefüttert wurde, und ich betete, dass der Löwe keine Ahnung hatte, wie ein Pferd aussah, bevor es zerlegt wurde.

Einen Löwen mit dem Betäubungsgewehr zur Strecke zu bringen, ist nicht so einfach, wie es im Film aussieht. Ich arbeitete mit fliegenden Fingern, setzte das Luftgewehr unter Druck, schmierte den Lauf, montierte den Pfeil, mischte eine doppelt konzentrierte Dosis Zoletil, zog sie auf und steckte den Gummistopfen auf die

Nadel, damit die Flüssigkeit nicht auslaufen konnte. Zoletil ist ein gutes Medikament zur Betäubung von Löwen; es ist sicher, und sogar wenn die Dosierung nicht ganz stimmt, hat es keine unerwünschten Nebenwirkungen.

Ich hatte nur einen Schuss auf Letsatsi. Wenn ich ihn verfehlte oder der Pfeil nicht tief genug saß und herausfiel, würde er mit wenigen Sprüngen unter Hennies Pferden sein, bevor mir Zeit blieb, ein zweites Projektil vorzubereiten und erneut zu laden. Deshalb ging ich mit dem schussbereiten Gewehr so nah wie möglich an Letsatsi heran. Ich legte an, zielte auf seinen blütenweißen Rumpf und drückte ab. Mit einem *Pfft* verließ der Pfeil den Lauf.

Letsatsi gab ein ohrenbetäubendes Brüllen von sich. Er war stinksauer.

Er lief im Kreis herum, und einen Moment dachte ich, er würde mich jetzt angreifen. Ich blieb stehen, und Letsatsi beruhigte sich. Immer noch wütend zog er sich in den Schatten eines Baumes zurück und legte sich hin.

Wir Menschen setzten uns und warteten auf die Wirkung des Mittels. Wir standen voll unter dem Eindruck dessen, was wir alle gerade erlebt hatten. Nach ungefähr zehn Minuten schlug das Zoletil durch, und Letsatsi schlief ein. Wir waren fünf – ich, Alex, Rodney Nombekana, Helga und der besorgte Farmer Hennie – aber unsere vereinten Kräfte reichten nicht aus, um den Löwen hochzuheben. Der Boden auf Nash's Farm ist sehr felsig, und wir waren Letsatsi zu Fuß gefolgt. Alex hatte den Wagen so nah wie möglich herangefahren, aber es war ausgeschlossen, Letsatsi bis zum *Bakkie* zu tragen. Wir brauchten ungefähr zwanzig Minuten, um den Wagen die zwanzig Meter über die Felsen zu dem Platz zu bugsieren, wo der Löwe lag.

Ich gab Letsatsi unterdessen noch eine weitere Dosis Zoletil. Schließlich stand der Pickup neben ihm. Ächzend und fluchend schafften wir fünf es schließlich, den rund 270 Kilo schweren schlaffen Löwenkörper auf die Ladefläche zu hieven.

„Wir sind völlig am Ende", sagte ich zu Rodney Nombekana, während wir Letsatsi zurück in den Park brachten. Rodney nickte. Wir hatten noch jede Menge Dreharbeiten vor uns, aber unser Star hatte uns im Stich gelassen, und obwohl wir noch einen vergeb-

lichen Versuch machten, hat er nie wieder bei den Dreharbeiten mitgewirkt.

Meine Beziehung zu Letsatsi war nicht nur durch den Druck der zahlreichen Zuschauer in die Brüche gegangen, sondern auch, weil wir unter finanziellem Druck standen. In den Wochen vor seinem spektakulären Streik hatte ich dem Löwen immer mehr abverlangt, nicht weil ich der Crew und dem Publikum unbedingt beweisen wollte, dass er jedem meiner Befehle folgte, so müde er auch sein mochte, sondern weil ich auf unser Budget achten musste.

„Du solltest dich nicht dafür verantwortlich fühlen, wenn etwas schiefgeht. Es ist nicht deine Schuld", sagte mir Rodney Fuhr.

Aber ich fühlte mich verantwortlich. Ich war in jeden Aspekt dieser Filmproduktion eingebunden, von der Arbeit mit den Tieren bis zur Erstellung des Drehbuchs, von der Verpflegung bis zur künstlerischen Leitung. Jeder zerrte an mir herum, und irgendjemand musste schließlich verantwortlich sein, wenn die Dinge aus dem Ruder liefen, und das war eben gewöhnlich ich.

Die Sache wäre anders gewesen, wenn ich nur für einen bestimmten Teil des Films zuständig gewesen wäre. Wenn ich früher bei Werbespots mit Tieren gearbeitet hatte und der Meinung gewesen war, es würde zu viel für die Löwen, dann hatte ich den Teams gesagt: „Leute, ihr habt noch einen Take, und dann geht dieser Löwe ins Bett", und alle hatten sich daran gehalten. Meine Aufgabe hatte nicht nur darin bestanden, den Löwen Leistung abzuverlangen, sondern auch dafür zu sorgen, dass es ihnen gut ging. Wäre ich bei den Dreharbeiten zum *weißen Löwen* nur für die Arbeit mit den Tieren zuständig gewesen, hätte ich Letsatsi wohl gar nicht erst vom Wagen abgeladen, weil ich gespürt hätte – und meinem Gespür vertraut hätte –, dass mit diesem Löwen etwas nicht stimmte. Ich hätte es wahrscheinlich schon viel früher gespürt und schon Monate vorher die Reißleine gezogen, weil niemand übersehen konnte, dass Letsatsi nicht die richtige Besetzung war.

Aber als Tiertrainer und Produzent saß ich zwischen allen Stühlen. Wenn wir eine Szene fünfmal abgedreht hatten, forderte ich von dem Löwen vielleicht noch eine sechste Version, nur um sicher zu sein, dass wir das bestmögliche Bildmaterial beka-

men. Als Tiertrainer hätte ich nach dem vierten oder fünften Mal Schluss gemacht – das war mehr, als die Crew in dem meisten Fällen bekam –, aber als Produzent lag ich nachts schlaflos im Bett und machte mir Gedanken, dass wir am Ende vielleicht nur zweitklassige Bilder haben würden.

Ich setzte die Löwen unter Druck – alle weißen Löwen, die Letsatsi in verschiedenen Phasen seines Lebens spielten, und auch deren braune Gefährten. In den ersten beiden Sommern, in denen wir drehten, 2005-2006 und 2006-2007, lernte ich mehr als je zuvor über Löwen und ihre Grenzen. Der arme Letsatsi war zusammengebrochen, bevor die Dreharbeiten überhaupt richtig angefangen hatten.

Ich möchte aber ausdrücklich darauf hinweisen, dass ich auch bei diesem Film niemals irgendeine Art von Tierquälerei zugelassen hätte, ganz egal, wie weit wir hinter unserem Zeitplan zurücklagen. Wie überall in der Welt sind auch in Südafrika bei Dreharbeiten immer Vertreter von Tierschutzorganisationen dabei, die streng darauf achten, dass keine unangemessenen oder grausamen Praktiken angewendet werden, und dass kein Tier im Verlauf der Produktion zu Schaden kommt. Ich habe seit Jahren ein sehr gutes Verhältnis zu den Mitarbeitern der Animal Anti Cruelty League (AACL), denen ich wirklich großen Respekt zolle. Sie haben die schwierige Aufgabe, dafür zu sorgen, dass die Rechte der Tiere im stressigen Umfeld der Filmindustrie gewährleistet werden. Filmleute sind immer auf der Jagd nach dem bestmöglichen Bildmaterial, und sie bekommen für ihre Arbeit eine Menge Geld.

Einer der besonders erfahrenen Mitarbeiter der AACL, Rulof Jackson, hat eine Art, die einem speziellen Respekt abverlangt. Ich betrachte die AACL-Leute als Freunde, die mir am Set den Rücken stärken, und nicht als Gegner. Wenn es am Set mit einem Tier Probleme gibt und man zunehmend unter Druck gerät, den Zeitplan einzuhalten, dann ist es der AACL-Mitarbeiter, der einschreitet und darauf hinweist, dass die Situation gefährlich wird. Als Produzent des Films Der weiße Löwe fand ich es manchmal schwierig, mich auf dem schmalen Grat zwischen den Interessen des Filmteams und den Interessen der Tiere zu bewegen. In solchen Situationen war ich wirklich froh, Rulof am Set zu haben. Er hat großartige Arbeit geleistet, und ich kann nur sagen, dass unser Respekt voreinander im Laufe der Jahre stetig gewachsen ist.

Ich habe nie irgendwelche Vorschriften verletzt, aber ich halte es auch nicht unbedingt für schlecht, wenn man ein Tier bei der Arbeit fordert. Tiere brauchen Herausforderungen und Aktivitäten, und man muss ihr Interesse an ihrer Umgebung wecken – das durchbricht die Monotonie der Gefangenschaft –, aber tief in meinem Inneren weiß ich, dass ich ihnen manchmal zu viel abverlangt habe. Letsatsi hat mich auf Nash's Farm nicht im Stich gelassen, weil ich ihm wehgetan habe, sondern weil er von mir und den Vorbereitungen für den Film einfach die Nase voll hatte.

Der Druck, einen perfekten Film abzuliefern, wurde nicht geringer, zumal sich die Dreharbeiten über weitere zwei Jahre erstreckten. Insgesamt haben wir drei Sommer lang gedreht, von 2005 bis 2008. Aber nach dem Desaster mit Letsatsi wusste ich, dass ich mich bei der zukünftigen Arbeit mit Löwen manchmal mit Bildmaterial zufriedengeben musste, das nicht optimal, sondern „nur" gut war.

Am Ende waren die Leute, die unsere Arbeitsbedingungen kannten, trotzdem von manchen Aufnahmen beeindruckt. Wir experimentierten mit neuen Techniken und arbeiteten mit den Tieren im offenen, nicht eingezäunten Gelände. Andere Filmemacher hätten vielleicht arretierte Kameras benutzt und die Bilder des sich bewegenden Löwen später eingefügt. Wir dagegen filmten live, oft in einem einzigen Take, und dadurch waren die Leute von Aufnahmen beeindruckt, von denen ich selbst gedacht hatte, man könnte sie besser machen. Wir verfolgten die Philosophie, so viel wie möglich „reale" Aktion im Film einzufangen, um bei der Nachbearbeitung Zeit und Geld zu sparen. Natürlich brauchten auch wir für manche Szenen die Bluescreen-Technik und Mehrfachbilder, wenn – vor allem aus Sicherheitsgründen – verschiedene Menschen oder Tiere am selben Set, aber zu unterschiedlichen Zeiten gefilmt wurden.

Rodney Nombekana half mir, den Prinzipien für die Arbeit mit Löwen treu zu bleiben, an die ich mich vor dem Film gehalten und die ich auch ihm eingebläut hatte. Er wurde mein Gewissen, und er war darin sehr gut.

„Kev, ich denke, wir müssen diesem Löwen jetzt vielleicht eine Pause gönnen, wenn wir auch morgen mit ihm arbeiten wollen", mahnte er mich nach dem Desaster mit Letsatsi gelegentlich sanft. Im Grunde tat er für mich das, was ich selbst früher bei Dreharbeiten für die Produzenten getan hatte.

Der Nachteil meiner Arbeitsweise mit Löwen liegt auf der Hand: Wenn eine Beziehung in die Brüche geht, so wie meine Beziehung mit Letsatsi, dann gibt es manchmal kein Zurück mehr.

Ein Löwendompteur oder Trainer, der mit einem Elektroschocker, einem Stock oder einer Peitsche arbeitet, wird seinen Löwen wahrscheinlich immer dazu bringen, auf einen Hocker oder durch einen Reifen zu springen, ob das Tier ihn nun hasst oder akzeptiert. Aber ich konnte nicht im vollen Galopp die Pferde wechseln und meine Methoden plötzlich ändern.

Nach dem Debakel auf Nash's Farm versuchten sich die anderen Mitglieder des Produktionsteams einzureden, dass Letsatsis Streik vielleicht nur eine Ausnahme gewesen war. „Vielleicht hat ihn einfach diese weite, offene Landschaft irritiert, oder es waren ihm an diesem Tag zu viele Leute am Set", meinte einer der Mitarbeiter bei einer Besprechung. „Vielleicht sollten wir ihm noch eine Chance geben. Was denkst du, Kev?"

Ich konnte kaum sagen, nein, unser einziger ausgewachsener weißer Löwe wird nie wieder arbeiten, auch wenn ich selbst im Innersten davon überzeugt war. Also beugte ich mich erneut dem Druck und erklärte: „Okay, wir versuchen es."

Wir dachten, wenn wir Letsatsi in dem fünfzehn Hektar großen Gehege im hinteren Teil des *Lion Parks* halten würden, dann könnten wir ihn vielleicht dabei filmen, wie er sich dort ganz natürlich benahm. Es gab in diesem großen Gehege ein Rudel, das aus zwei Männchen, Jamu und Mogli, und vier Löwinnen bestand, von denen eine, Ice, trächtig war und bald werfen würde. Wir siedelten sie problemlos um, aber als wir unseren temperamentvollen Filmstar in sein neues Zuhause bringen wollten, hatten wir die Rechnung ohne den Wirt gemacht. Ihn nur auf den Wagen zu verladen und in das größere Gehege zu transportieren, war ein gewaltiger Akt, aber schließlich schafften wir es doch.

Letsatsi wurde immer aggressiver, und wie ein ungehorsames Kind lernte er schnell, dass er uns mit seinem Verhalten einschüchtern konnte und wir uns zurückzogen, wenn er uns die Zähne zeigte. Es war ein Fall von Reiz und Reaktion, und er setzte immer noch einen drauf. Sobald er mich sah, begann er zu knurren, und ich musste den anderen sagen: „Das ist nicht mehr nur ein Löwe, der nicht arbeiten will – das ist ein Löwe, der gefährlich wird."

Wir hatten Jamu und Mogli und ihre Mädels an einem Freitag umgesiedelt und Letsatsi am selben Tag in das große Gehege gebracht. Am nächsten Morgen erschien das Filmteam, und wir versuchten, mit Letsatsi zu arbeiten. Er war unmöglich. Er weigerte sich, auf Leckerbissen oder irgendwelche anderen Anreize zu reagieren, saß herum und tat absolut nichts. Sein Drang, die Gegend zu erkunden, der auf Nash's Farm so ausgeprägt gewesen war, war nicht mehr zu erkennen. Da sich die Sache als komplette Zeitverschwendung erwies, beendeten wir unsere Arbeit gegen Mittag.

„Sollen wir ihn in sein kleines Gehege zurückbringen?", fragte mich Rodney Nombekana.

Ich schüttelte den Kopf. „Es war so verdammt schwierig, ihn hier rauszubringen, da glaube ich kaum, dass wir ihn schon wieder verladen können. Schau ihn dir doch an", erwiderte ich und wies auf Letsatsi, der unter einem Baum saß und mich anstarrte. „Der lässt sich weder in einen LKW locken, noch wird er sonst irgendwas tun, was ich von ihm will. Geben wir ihm etwas Zeit und Platz, Rod, und dann schauen wir am Montag, wie es ihm geht." Rodney und ich verbrachten den Rest des Wochenendes zu Hause, und das Filmteam verließ den Drehort praktisch ohne eine einzige Aufnahme.

Ich war müde, deprimiert und frustriert, und wie üblich lud ich meinen Kummer bei Mandy ab. Sie weiß besser als jeder andere, was ich während der Dreharbeiten für *Der weiße Löwe* durchgemacht habe. Sie sah, wie meine Beziehungen zu Löwen und Menschen zunehmend brüchiger wurden, und bei ihr konnte ich immer Dampf ablassen, wenn es nötig war.

Am Montagmorgen kreuzten Rodney und ich am großen Gehege auf, um nach Letsatsi zu sehen. Ich rief ihn, aber er ließ sich nicht blicken. Wir gingen am Zaun entlang, fanden jedoch keine

Spur von ihm. Er ist ein sehr großer, sehr weißer Löwe, und das Buschwerk war um diese Jahreszeit sehr grün, so dass wir ihn normalerweise auf eine Meile Entfernung hätten erkennen müssen.

„Letsatsi!", rief ich wieder.

Rodney sah mich an und zuckte mit den Schultern. Wir beschlossen, ins Gehege hineinzugehen und dort weiter nach ihm zu suchen. Fünfzehn Hektar sind eine ziemlich große Fläche, und in diesem Gehege gab es eine Menge natürlicher Vegetation, von der wir gehofft hatten, sie würde sich im Film gut machen.

Wir begannen, das Gelände systematisch abzugehen, bewegten uns langsam von links nach rechts durch das hohe Gras und Buschwerk, riefen immer wieder seinen Namen und blieben aus Sicherheitsgründen in Sichtweite voneinander. Wir konnten ihn nicht entdecken. „Das ist verrückt. Er kann sich doch nicht in Luft aufgelöst haben", sagte ich.

„Ausgebüxt?"

Ich schüttelte den Kopf, denn ich wagte nicht einmal daran zu denken, dass dieser unleidliche Kerl von einem Löwen frei herumlaufen könnte. Es war schlimm genug gewesen, als Bonnie und Chucky, die Houdini-Hyänen, ausgebrochen waren und anderer Leute Wohnzimmermöbel angefressen hatten. So schlecht gelaunt, wie er war, hätte Letsatsi sich vielleicht nicht auf Möbel beschränkt. Um ganz sicher zu sein, prüfte ich die Zäune und suchte nach Spuren, aber es gab keine Lücken im Draht und nicht die geringsten Anzeichen dafür, dass Letsatsi durch, unter oder über einen der beiden Zäune gelangt war, die das große Gehege umgaben.

„Lass es uns noch mal mit dem Polaris versuchen", sagte ich zu Rodney. Wir sprangen in den Allrad-Geländewagen und suchten erneut. Ich hoffte, der Lärm des Motors würde den Löwen veranlassen, den Kopf zu heben oder aufzustehen, falls wir ihn doch unter einem dicken Busch übersehen hätten. „Hierher! Letsatsi!", riefen wir, während ich den Wagen durch das unebene Gelände lenkte.

„*Wa-OWWW*", hörte ich plötzlich von rechts ein schrilles Quieken.

Ich bremste scharf, stellte den Motor aus und lauschte.

„Was ist los?", wollte Rodney wissen.

„Pst. Horch mal, Rod." Ich hielt die Hand hoch und wartete, dass das Geräusch sich wiederholte.

„*Wa-OWWW*", quiekte es wieder.

„*Wa-OWWW*", ahmte ich nach. „Verflixt, das klingt nach einem Löwenbaby. Hast du das gehört?"

Rodney drehte den Kopf in die Richtung, in die ich zeigte, und horchte konzentriert. „Nein, nein, nein, Kev. Hier sind keine Löwenjungen."

Aber Rodney ist immer halb taub. Ich wusste, was ich gehört hatte. „Horch doch mal, Mann."

„*Wa-OWWW*."

„Da ist es wieder. Diesmal musst du es doch gehört haben."

Rodneys Augen weiteten sich. „Ja, jetzt habe ich es auch gehört. Was ist das? Das ist doch nicht Letsatsi."

„Mist." Wir stiegen nervös aus dem Wagen, weil wir uns jetzt fragten, ob hier im Gehege eine Löwin mit ihren Jungen war.

Während wir das Gelände absuchten, sprachen wir flüsternd über die Ereignisse vom letzten Freitag. Wir hatten Jamu, Mogli und die vier Löwinnen in den Wagen verladen. Und da wir sechs Löwen gezählt hatten, konnten wir kaum einen hier vergessen haben.

„*Wa-OWWW. Wa-OWWW.*"

Das Quieken wurde lauter und nun rannten wir darauf zu. Ich griff in einen Dornbusch und zog die Zweige zur Seite. Im Gras darunter lagen zwei winzige Löwenbabys, stark dehydriert, aber lebendig. Sie torkelten herum und riefen nach ihrer Mutter. In ihrer ersten Lebenswoche sind Löwenbabys blind und besonders gefährdet.

„Ice?", las Rodney meine Gedanken, und auf seinem Gesicht zeichnete sich eine Ahnung ab.

„Verfluchter Mist!" Wir wussten, dass Ice, eine der Löwinnen von Jamu und Mogli, um diese Zeit werfen sollte, aber beim Verladen vor drei Tagen hatte sie immer noch trächtig ausgesehen. Ich erinnerte mich auch genau daran, wie sie auf die Ladefläche gesprungen war, ohne das geringste Knurren oder ein erkennbares Zögern, die winzigen Babys zurückzulassen, die sie gerade erst zur Welt gebracht haben konnte.

Mir wurde übel. Wir hatten Letsatsi – einen nicht verwandten, missgelaunten männlichen Löwen – in das Gehege eines anderen Rudels gesteckt, in dem sich neugeborene Jungtiere befanden. Nach allen Gesetzen der Wildnis und Gefangenschaft musste Letsatsi instinktiv den Trieb verspüren, diese Jungtiere zu töten, sobald er ihnen begegnete. Doch hier waren nun zwei Babys, die auf wundersame Weise ein Wochenende mit einem Killer überlebt hatten. War es möglich, dass Letsatsi, der sich immer noch nicht blicken ließ, diese beiden übersehen hatte, oder war Letsatsi doch aus dem großen Gehege entkommen? Ich mochte mir keine dieser beängstigenden Möglichkeiten vorstellen.

„Wa-OWWW!" Diesmal kam der Schrei nicht von den beiden kleinen Schwächlingen, die Rodney und ich in den Händen hielten, sondern aus einem anderen Busch, der etwa zehn Meter entfernt stand.

„Noch mehr?", wunderte sich Rod.

Mein Herz klopfte bis zum Hals, als wir uns dem Busch näherten. Dieser Tag wurde von Sekunde zu Sekunde unheimlicher, und Letsatsi konnte immer noch hinter dem nächsten Baum lauern, bereit, die Menschen anzufallen, denen er nicht mehr vertraute. In diesem Teil des Geheges war das Buschwerk dicht, und ich schob einen Schössling zur Seite.

Dort lag Letsatsi. Er drehte seinen mächtigen weißen Kopf und schaute mich aus dem Dickicht heraus an, in dem er sich vor uns versteckt hatte. Ich erstarrte. Ein weiteres winziges Löwenbaby schnupperte Letsatsis schneeweißen Bauch ab, während ein viertes zwischen seinen riesigen Hinterbeinen saß. Letsatsi öffnete das Maul, entblößte seine bedrohlich wirkenden Zähne und rollte die lange, stachelige Zunge aus. Er leckte das Baby und schaute wieder zu mir hoch. Dann gab er einen leisen, freundlichen Begrüßungslaut von sich: „Wuh-ooow."

Hier war er, kein Killer, sondern ein Beschützer. Fürsorglich kümmerte er sich um die Babys einer Löwin, die zu einem anderen Rudel gehörte, Nachkommen eines nicht mit ihm verwandten anderen Löwen. Ich hatte gedacht, Letsatsi würde zur Gefahr, aber hier behandelte er die fremden Babys wie seine eigenen. Und sogar wenn sie seine eigenen gewesen wären, ging man doch gemeinhin davon aus, dass man den Vater während der ersten acht Lebens-wochen von seinem Nachwuchs fernhalten musste. Aber die Babys von Ice waren erst wenige Tage alt.

Die Jungtiere hatten offenkundig seit ihrer Geburt keinen einzi-gen Tropfen Milch bekommen, und Letsatsi konnte sie auch beim besten Willen nicht säugen. Also mussten Rodney und ich ihm die Kleinen jetzt wegnehmen. Es war unglaublich, doch Letsatsi zuckte mit keiner Wimper, als wir näherkamen und die beiden Jungtiere aufhoben. Wir ließen ihn dort, stiegen mit den vier Babys in den Polaris und fuhren im Eiltempo dorthin, wo Jamu, Mogli, Ice und die anderen jetzt untergebracht waren.

Einige Mitarbeiter des Parks sammelten sich um uns, schauten die Kleinen an und wollten wissen, was passiert war. Hätte Rodney nicht gesehen, was ich gesehen hatte, und alles bestätigt, dann hätte wohl niemand unserem atemlosen Bericht geglaubt. Als Menschen haben wir keine Ahnung, wie kompliziert und intelligent diese ma-jestätischen Tiere sein können. Wenn sie ihre Artgenossen töten oder sonst etwas tun, was wir grässlich finden, dann halten wir sie für blindwütig und grausam, aber es gibt für ihr Verhalten immer einen uns unbekannten Grund.

„Ice wird die Jungen jetzt bestimmt nicht mehr annehmen", sag-te jemand.

„Sie ist nicht dumm", erwiderte ich. Die landläufige Meinung galt in diesem Löwenpark nichts mehr.

Rod und ich trugen die Kleinen zum neuen Pferch, und ich rief nach Ice. Sie kam sofort mit großen Sprüngen.

„Wow! Sieh dir mal ihre Vulva an, Rod." Wir beide sahen zum ersten Mal die Blutflecke. Gedanklich gaben wir uns einen Tritt in den Hintern, weil uns das am Freitag entgangen war. Aber Ice hatte uns auch nicht den geringsten Anhaltspunkt gegeben, dass sie im großen Gehege einen Wurf hilfloser Babys zurückließ.

„*Wuh-oooh, wuh-oooh*", sagte Ice, als sie ihre Jungen sah. Ich kannte diese Laute gut und lächelte. So reden Löwinnen mit ihren Jungen, und diese Geräusche unterscheiden sich von allen anderen.

Rasch brachten wir Ice in einen eigenen Nachtpferch, getrennt von Jamu, Mogli und dem Rest des Rudels – ich wollte bei diesen Kleinen auf keinen Fall noch ein Risiko eingehen – und übergaben

ihr die winzigen dehydrierten Babys. Zehn Minuten später lagen sie zufrieden am Bauch der Mutter und saugten gierig.

Ice schaute Rodney und mich an, als wolle sie sagen: „Danke, Jungs." Ich bestreite nicht, dass es zwischen den Löwen und mir eine Verständigung ohne Worte gibt. Manchmal fragen mich die Leute, woher ich weiß, was mir ein Löwe gerade sagt. Meine Antwort lautet: „Ich weiß es einfach."

Rodney und ich fühlten uns wie zwei glückliche, frischgebackene Väter. Wir umarmten uns, klopften einander auf die Schulter und tanzten lachend herum.

Kapitel 14:

Die Show muss weitergehen

Ich habe Letsatsi immer für einen großartigen Löwen gehalten. Nachdem er sich so gut um die Babys von Ice gekümmert hatte, wussten wir alle, dass er durch das Filmdesaster nicht zu einem Monster geworden war. Doch obwohl er uns erlaubt hatte, die Kleinen zu ihrer Mutter zu bringen, weigerte er sich, seinen Platz unter dem Busch zu verlassen, wo er sich mit ihnen verkrochen hatte, und er ließ sich auch nicht auf einen LKW verladen.

Schließlich schafften wir es, ihn mit Futter in den Nachtpferch des großen Geheges zu locken, von dort dann in einen kleineren eingezäunten Bereich und am Ende in einen Käfig. Diesen Käfig mussten wir auf den LKW heben, um ihn abtransportieren zu können. Aber ich wollte Letsatsi nicht noch einmal betäuben, weil ich fand, dass er genug durchgemacht hatte. Im Gegensatz zu Ice, in deren Blick Dankbarkeit und Zufriedenheit gelegen hatte, starrte Letsatsi von der Ladefläche herunter Rodney Nombekana und mich mit einem Ausdruck an, der sagte: „Ihr seid die Typen, die mich so unglücklich gemacht haben, und unsere Beziehung wird nie wieder wie früher sein."

Wenn ich heutzutage durch das Camp fahre, begrüßen Letsatsi und ich uns flüchtig durch das Autofenster, aber das ist auch schon alles. Rodney und ich haben nicht nur unsere Beziehung zu Letsatsi verloren, sondern mussten seitdem auch den Kontakt zu den Löwinnen aufgeben, die später sein Rudel bildeten, weil es zu riskant war, den Mädels nahezukommen, die zu Letsatsi gehörten. Er schirmte sie uns gegenüber einfach zu nachdrücklich ab. Wahrscheinlich lag es daran, dass mein Selbstvertrauen erschüttert worden war, und sowohl Letsatsi als auch ich hatten darauf reagiert. Es war traurig, aber wir hatten keine Zeit, lange darüber nachzugrübeln.

Es gab noch ein anderes Problem. *Der weiße Löwe* machte mich langsam aber sicher fertig. Weder die Menschen noch die Löwen, die an dem Film beteiligt waren, verhielten sich nach Plan. Ich hatte eine Menge fantastischer Leute aus der Filmindustrie kennengelernt, darunter Mike Swan, der als unser Kameramann angefangen hatte und am Ende unser Regisseur wurde, nachdem wir die ersten beiden verloren hatten. Auch unser Kameraassistent Houston Haddon war ein großartiger Kerl, aber es gibt andere, die ich nie im Leben wiedersehen will. Abgesehen von Mike und Houston waren Rodney Nombekana, Rodney Fuhr und ich als einzige vom Anfang bis zum Ende des Films dabei. Helga war brillant wie immer, doch sie wurde während der Dreharbeiten Mutter, sonst hätte auch sie gewiss bis zum Ende durchgehalten.

Wenn ich Probleme mit Menschen habe, gleichen die Löwen das gewöhnlich aus, und sie enttäuschen mich selten, aber diesmal hatte ich damit kein Glück. Unser Filmstar, der ausgewachsene weiße Löwe Letsatsi, befand sich im Dauerstreik, und Graham, die viel versprechende zweite Besetzung, war von Sly bei seinem Amoklauf getötet worden. Ich hatte nur noch einen halbwüchsigen weißen Löwen namens Thor, der irgendwann groß genug sein würde, um den erwachsenen Letsatsi in einigen Szenen zu doubeln, aber wir brauchten einen weiteren ausgewachsenen weißen Löwen als Ersatz für den realen Letsatsi, und wir brauchten ihn schnell. Das Bewusstsein, dass Thor hinter den Kulissen heranwuchs, würde in der folgenden Drehsaison den Druck auf den Neuling verringern.

Also hängte ich mich gemeinsam mit ein paar anderen Leuten aus der Produktion ans Telefon und surfte durchs Internet, um buchstäblich die ganze Welt nach einem ausgewachsenen weißen Löwen abzusuchen. Wir sprachen mit Leuten in den Staaten, in Europa und Australien, und es sah so aus, als müssten wir auch noch

einen Trainer nach Südafrika holen, weil uns niemand einen Löwen überlassen wollte, mit dem wir selbst hätten arbeiten können. Ich konnte das sogar nachvollziehen, denn ich würde keine Beziehung zu diesem Löwen haben und war auch nicht scharf darauf, eine solche Beziehung neu aufzubauen. Aber einen Löwen samt Trainer anzuheuern und aus Übersee ins Land zu holen, würde uns ein Vermögen kosten. Ein amerikanischer Tiertrainer sagte uns, wir würden keinen brauchbaren weißen Löwen finden, erbot sich aber, einen seiner braunen Löwen für uns weiß zu färben! Meine Antwort lautete: „Nein, danke."

Im näheren Umfeld sahen wir uns andere weiße Löwen an, die wir früher im Park aufgezogen und dann verkauft hatten. Einer von ihnen war Snowy, der auf einer Farm im Eastern Cape lebte. Wir fuhren hin, hatten aber kein Glück mit ihm, denn wie es der Zufall wollte, war seine neue Gefährtin gerade brünstig. Vor die Entscheidung gestellt, ob er sich mit der Dame seines Herzens paaren oder mit zwei Menschen anfreunden sollte, die er nicht seit jeher kannte, gönnte er Rod und mir nur einen kurzen Blick und knurrte uns an. Wir verstanden die Botschaft und zogen uns diskret von Snowys Gehege zurück. Man muss mir kein zweites Mal sagen, wenn ein Löwe keine Lust hat, Filmstar zu werden.

Die Leute schickten uns per E-Mail Fotos von ihren weißen Löwen, aber es war kein einziger dabei, auf den sich ein zweiter Blick gelohnt hätte. Einige waren junge Männchen mit einer Art Irokesenfrisur, aber wir brauchten einen voll ausgewachsenen Löwen mit üppiger Mähne. Wir dachten schon, wir hätten alle Möglichkeiten ausgeschöpft, wollten aber noch einen letzten Blick in die alten Aufzeichnungen werfen, und am Ende fanden wir den einen Kandidaten, den wir bisher übersehen hatten – Sphinx.

Sphinx war vom *Lion Park* an eine andere Touristenattraktion verkauft worden, in der Nähe des gigantischen Sun City Kasino- und Hotelkomplexes nordwestlich von Johannesburg. Er musste jetzt eigentlich genau im richtigen Alter sein, um Letsatsi zu ersetzen. Ian griff zum Telefon.

Ich hatte geholfen, Sphinx aufzuziehen, und hatte ihn als einen sehr guten Löwen im Gedächtnis, aber natürlich wusste ich nicht, ob ich mit ihm würde arbeiten können. Seine neuen Eigentümer

waren bereit, uns Sphinx auszuleihen, und ich bat Rodney, ihn abzuholen. Als er losfuhr, sagt ich zu ihm: „Wenn er zu dir an den Zaun kommt und mit dir redet, dann solltest du zumindest versuchen, ob du ihn verladen kannst. Falls du es schaffst, ihn auf den LKW zu kriegen, können wir ihn vielleicht einfach herbringen, ihn in das große Gehege stecken und versuchen, ihn durch den Zaun zu filmen." Ich wollte so verzweifelt mit den Dreharbeiten weiterkommen, dass ich mich nicht traute, mein Glück mit einem Löwen zu versuchen, den ich seit Jahren nicht mehr gesehen hatte.

Als Rodney mit Sphinx zurückkehrte, war er begeistert, und sein Enthusiasmus wirkte ansteckend. Jetzt wollte ich mir Sphinx unbedingt aus der Nähe ansehen.

„Alles bestens gelaufen, Kev", berichtete Rodney, als wir uns am Gehege trafen. „Er hat meine Stimme erkannt, sobald ich ihn ansprach, und ich konnte ihn problemlos verladen."

Ich wollte meine Hoffnungen nicht zu hoch schrauben. Sphinx war ungefähr dreieinhalb Jahre alt, aber etwas kleiner, als ich erwartet hatte. Doch jetzt hatten wir Winter und das Gras war trocken und gelb. Es würde vier oder fünf Monate dauern, bis der Regen einsetzen und Mutter Natur uns erlauben würde, dort weiterzumachen, wo wir mit Letsatsi aufgehört hatten, im üppigen Grün des afrikanischen Sommers. Bis dahin würde Sphinx bestimmt die richtige Größe haben. Viel wichtiger war für mich die Frage, ob ich zu ihm ins Gehege gehen und vielleicht sogar mit ihm arbeiten konnte.

Wir luden Sphinx ab und bugsierten ihn in einen kleinen Pferch, der in das fünfzehn Hektar große Film-Gehege mündete. Er wirkte ziemlich entspannt und reagierte auf unsere Stimmen, aber selbst wenn Sphinx sich an mich erinnerte, war unsere Beziehung doch nicht mit der zu vergleichen, die ich mit Tau und Napoleon oder Meg und Ami hatte.

„Du musst nicht zu ihm reingehen", meinte Rodney Fuhr. „Du kannst ihn auch von dieser Seite des Zauns filmen."

In der Theorie klang das gut, aber obwohl ich es selbst auch schon vorgeschlagen hatte, glaubte ich doch nicht wirklich, dass wir alle Aufnahmen, die wir brauchten, von draußen machen konnten. Rodney Nombekana, Helga und ich standen vor dem Gehege, und ich rief nach Sphinx.

Er trottete an den Zaun und begrüßte uns: „*Wuh-ooow, wuh-ooow.*"
„Kommt, lasst uns reingehen", forderte ich die anderen beiden auf.
„Ich weiß nicht, Kev", zögerte Helga.

Ich schaute Rodney Nombekana an. Er zuckte nur mit den Schultern.

Ich wusste, dass wir diese Grenze überschreiten mussten, auch wenn meine beiden Freunde das vielleicht anders sahen. Ich war überzeugt, dass wir zu dritt sicher sein würden. Keiner von uns war mit einem Stock bewaffnet, weil ich nicht wollte, dass Sphinx uns für diese Art von Leuten hielt, aber wir hatten jeder eine Dose Pfefferspray am Gürtel.

„Kommt", wiederholte ich und versuchte, selbstsicherer zu klingen, als ich mich in diesem Moment vielleicht fühlte. Ich öffnete das Tor und wir gingen hinein.

Sphinx war wie ein Teddybär. Es kam mir so vor, als wären wir nie getrennt gewesen. Er rieb seinen Kopf an mir, und ich erwiderte die Begrüßung. Wir gaben ihm Wasser, kraulten und streichelten ihn und blieben ungefähr eine Stunde bei ihm. Wir hatten ihn seit zwei Jahren nicht mehr gesehen, und er war damals ziemlich jung gewesen, aber er erinnerte sich immer noch an uns drei.

Jetzt wussten wir also, dass wir einen zahmen Löwen hatten, aber würde er am Filmset auch arbeiten? Vor dem Katastrophentag, an dem wir den Promo-Clip hatten drehen wollen, hatte Letsatsi bei anderen Jobs nie Ärger gemacht. In den Monaten vor Beginn der Drehsaison machten wir alle erdenklichen Trockenübungen mit Sphinx. Er wurde auf LKWs verladen und wieder abgeladen, gewöhnte sich daran, uns überall hin zu folgen und zur Belohnung Leckerbissen aus der Hand zu fressen. Er schien die Theatralik des Verladens zu genießen und fand offenbar auch Gefallen daran, im Auto zu fahren und immer größere Gebiete zu erkunden. Er war fantastisch, und unsere Beziehung wurde immer stärker. Sphinx spielte die Rolle von Letsatsi wie ein Profi, und wir drehten mehrere Sequenzen mit ihm, bis unser eigener weißer Löwe, Thor, schließlich das richtige Alter erreicht hatte. Obwohl er wirklich nur ein Double gewesen war, fiel mir der Abschied von Sphinx doch schwer, als ich ihn am Ende zu seinen Eigentümern zurückbringen musste.

Obwohl ich oft das Gefühl hatte, bei den Dreharbeiten zu *Der weiße Löwe* würde eine Katastrophe der anderen folgen, gab es gelegentlich auch gute Zeiten, wir hatten Spaß und bewältigten einige Herausforderungen, die uns sagten, dass wir Dinge taten, die für einen Spielfilm geradezu bahnbrechend waren.

Wir wollten eine Szene drehen, in der ein Krokodil nach dem jungen Letsatsi schnappt, der daraufhin in den Fluss fällt und ans andere Ufer schwimmen muss. Während der Dreharbeiten zu *Dangerous Companions* hatte ich Meg und später auch Ami beigebracht, mit mir zu schwimmen, und sie hatten sich begeistert darauf eingelassen, aber ich wusste nicht, ob ich Gandalf, einen der fünf Löwen, die den jugendlichen Letsatsi spielten, ebenfalls dazu bringen konnte.

Im Laufe der Zeit schafften Rodney, Helga und ich es, Gandalf zum Schwimmen zu überreden, zunächst in einem Fluss, später dann auch im Stausee, wo wir die Szene drehen wollten. Doch Gandalf schwamm nicht gerne ohne Begleitung. Ihm war es lieber, wenn wir mit ihm ins Wasser gingen und er jemanden hatte, den er jagen und mit dem er spielen konnte. Das war ein Problem, denn wenn wir Menschen dabei nicht unter Wasser blieben – was niemand von uns lange schaffte –, dann waren wir auf den Bildern zu sehen. Außerdem war Gandy, anders als Meg und Ami, nicht in der Lage, seine Krallen beim Schwimmen einzuziehen, so dass ich nach jedem Bad mit ihm total zerkratzt war.

Wir lösten beide Probleme auf geniale Weise. Wir zogen ein Kabel quer über den Stausee, und ich wurde in einen dicken Taucheranzug verpackt. Darüber trug ich ein Geschirr mit einer Schnur und einer Seilrolle, die mich mit dem Kabel verbanden. Außerdem hatte ich ein langes Seil umgebunden, das auf der gegenüberliegenden Seite des Stausees von ein paar Männern gehalten wurde. Ich lief ins Wasser und lockte Gandalf mit einem Stück Fleisch ebenfalls hinein. Sobald wir beide schwammen, zogen mich die Männer am Seil durch das Wasser, vor Gandalf her, aber so, dass die Kamera mich nicht erfasste. Auf diese Weise bekamen wir das fantastische Bildmaterial, das zeigt, wie Gandalf kräftig durch das Wasser paddelt und versucht, mich einzuholen, während ich unerreichbar für ihn und unsichtbar für die Kamera vor ihm hergleite.

Ich war der menschliche Lockvogel für den schwimmenden Löwen, aber gelegentlich erwies sich Gandalf als so guter Schwimmer, dass er schneller war, als die Männer am Ufer mich ziehen konnten, und dann packte er mich und zog mich unter Wasser. Zum Glück schützte mich der dicke Taucheranzug vor den schlimmsten Verletzungen durch Gandalfs Krallen. Und auch wenn ich immer noch einige Kratzer abbekam und manche Leute mich für verrückt erklären werden, hat es mir doch eine Menge Spaß gemacht, Gandy von einem Ufer zum anderen zu locken.

So ein Löwenleben ist manchmal ziemlich langweilig. Ein Löwe kann zwanzig Stunden pro Tag schlafen, vier Stunden jagen, und dann beginnt alles wieder von vorn. Also musste der Hauptdarsteller in unserem Film einige Abenteuer erleben, sonst wäre *Der weiße Löwe* einer dieser Programmkino-Filme geworden, in denen ein Löwe zwei Stunden lang nur schläft. In unserer Geschichte wird Letsatsis Bruder, ein brauner Löwe, als Baby getötet, sodass der kleine Letsatsi allein zurückbleibt. Wir hatten beschlossen, dass der Bruder sein Leben auf tragische Weise in den Fängen einer Schlange verlieren sollte. Die böse Schlange sollte eine Kobra sein, weil sie den Ruf hat, besonders aggressiv zu sein.

Natürlich sollte in dieser Szene kein echtes Löwenjunges sterben, sondern wir hatten eine ausgestopfte Attrappe. Wir benutzten eine Kamera mit fixierter Brennweite und wollten, nachdem die Schlange sich zischend aufgerichtet und das ausgestopfte Löwenbaby angegriffen hatte, die beiden echten Löwenjungen – den kleinen Letsatsi und seinen Bruder – am selben Set mit derselben Beleuchtung aufnehmen und dann in der Nachbearbeitung alles zusammensetzen.

Der Schlangentrainer rückte mit seiner Kobra an – mit vier Kobras, um genau zu sein –, und ich deponierte das ausgestopfte braune Löwenbaby vor der Kamera. Anschließend sorgte ich dafür, dass zwischen mir und dem Schauplatz eine gesunde Entfernung lag. Wie alle anderen am Set hatte ich einen Heidenrespekt vor den Schlangen. Wir hielten Abstand und warteten gespannt darauf, dass die erste Kobra aus ihrer Tasche glitt. Aber sie war nichts weiter als ein grau-brauner Faulpelz. Sie wollte sich weder aufrichten

noch zuschlagen, und ganz gewiss wollte sie nichts und niemanden umbringen. Der Schlangentrainer stieß sie ein wenig mit seinem Schlangenhaken an, einem Golfschläger, dessen Schlägerkopf durch einen Haken ersetzt worden war, aber diese angeblich so aggressive Schlange interessierte sich nicht im Geringsten für das ausgestopfte Löwenbaby.

Ich ging näher heran. „Komm schon, bring es um!", forderte ich die Kobra auf, aber sie lag einfach nur da.

Schließlich ließ der Schlangentrainer sie in Ruhe und versuchte es mit einer anderen. Dasselbe Bild – die Schlange zeigte keine Anzeichen von Aggression oder auch nur Aktivität. Und genauso war es mit der dritten Kandidatin. Es hätte komisch sein können, wäre es nicht so frustrierend gewesen. Kobra Nummer vier wurde am Ende wenigsten ärgerlich genug, um dem schon lange toten Löwenjungen einen halbherzigen Hieb zu verpassen. Toll.

Die echten Löwenbabys machten kaum weniger Probleme als die schlappen Schlangen. Sie benahmen sich so, wie sich Löwenbabys eben benehmen, das heißt, sie tapsten herum und riefen - „wa-OWWW" – nach der Milchflasche. Wir gaben einem von ihnen zu trinken und begannen anschließend zu filmen, mussten aber gleich wieder abbrechen, um dem Kleinen die Milch vom Mäulchen zu wischen. Danach wollten die Babys sich herumrollen und spielen, oder sie schliefen ein, statt vor laufender Kamera ihren dramatischen Tod zu inszenieren. Natürlich finde ich Löwenbabys so entzückend wie jedermann, und das alles war ungemein niedlich, aber es brachte uns nicht weiter. Nach Stunden erfolgloser Bemühungen, zahlloser Tricks und einer ganzen Nacht am Set hatten wir endlich eine dramatische, realistische Szene, in der Letsatsis Bruder einen herzzerreißenden Tod stirbt. In Wirklichkeit war es nichts weiter als ein einziger Take von einer sehr gelangweilten Kobra und einige geschickt bearbeitete Aufnahmen von spielenden Löwenjungen. Zum Glück war das Ergebnis gut genug – gerade eben.

Im Verlauf von vier Sommern haben wir insgesamt etwa 150 Tage für *Der weiße Löwe* gedreht. Es war nicht ungewöhnlich, dass aus dem Material von drei Drehtagen gerade fünf Sekunden für die Endfassung übrig blieben. Aus den brauchbaren Bildern ein zusammenhängendes Ganzes zu machen, erwies sich auch deshalb als

Alptraum, weil sich die Sets, an denen wir filmten, von Jahr zu Jahr veränderten. In manchen Jahren hatte es Buschfeuer gegeben, bevor der Regen einsetzte, und dadurch war das Gras in einigen Szenen kürzer, in anderen länger. Weil wir so viele verschiedene Löwen einsetzten, mussten wir auch sorgfältig darauf achten, dass die zahlreichen Letsatsis im jeweiligen Alter in der Endfassung des Films gleich aussahen. In den drehfreien Wintermonaten verbrachten wir Hunderte von Stunden mit der Nachbearbeitung des Materials.

Letsatsi trifft bei seinen Filmabenteuern nicht nur auf ein Warzenschwein, ein Stachelschwein, Geparde, Hyänen und sogar Hühner, sondern er kämpft auch mit einem voll ausgewachsenen braunen Löwen. Natürlich konnte ich Thor oder Sphinx nicht mit Tau oder Napoleon in ein Gehege sperren und sie gegeneinander kämpfen lassen – womöglich auf Leben und Tod –, und deshalb ließen wir ein Animatronic herstellen. Das war eine teure Sache, sodass wir uns nur einen Roboterlöwen leisten konnten.

Für manche Szenen hatten wir einen realen braunen Löwen, der mit einem weißen Animatronic kämpfte, in anderen Situationen war es umgekehrt. Es gab zwei Felle – ein braunes und ein weißes – die wir dem Roboterlöwen jeweils über Kopf, Beine und Körper zogen. Ein Problem bestand darin, dass es in Südafrika kaum weiße Löwenfelle gibt. Braune Löwenfelle bekommt man reichlich, aber wir fanden kein einziges weißes, weil weiße Löwen so selten sind. Also beschlossen wir, ein braunes Fell weiß zu färben. Dabei stellte sich jedoch heraus, dass ein mit Peroxid gefärbtes braunes Löwenfell am Ende gelb und nicht weiß wird. Es musste immer wieder nachgefärbt werden, bis wir endlich unser weißes Löwenfell hatten.

Noch lächerlicher als ein gelblicher Roboterlöwe, der eigentlich weiß sein soll, war nur die Situation, als ein riesiges pinkfarbenes Huhn seinen Auftritt am Set hatte.

Zur Vorbereitung der Kampfszene zwischen dem weißen und dem braunen Löwen brauchten wir Bildmaterial von dem braunen Löwen – in diesem Fall Napoleon – wie er seinen ahnungslosen Rivalen durch den Busch verfolgt und ihn schließlich angreift. Wenn ich vor Napoleon durch das Gras kroch, jagte er mich natürlich nicht, sondern hielt das Ganze für ein Spiel. Er schaute mir lediglich zu und dachte: „Oh,

da ist mein Kumpel Kev, warum kriechst du denn da rum, Bruder?" Ich musste auf irgendeine Weise seine Neugier wecken.

Um die gewünschte Reaktion auszulösen, besorgten wir uns bei einem Kostümverleih ein pinkfarbenes Hühnerkostüm. Der Produktionsassistent holte es ab, sagte den Leuten aber nicht, was wir damit vorhatten – sonst hätten sie es wahrscheinlich nicht rausgerückt. Ich zog mir das Kostüm über, ignorierte das Grinsen und die Bemerkungen der restlichen Crew und hielt mich bereit.

Das Filmteam befand sich in einem drei mal drei Meter großen Käfig: Mike Swan, unser Kameramann, ein Kameraassistent und zwei Produktionsassistenten – Schwarzafrikaner, die kein Geheimnis daraus machten, dass sie jedes Mal vor Angst schlotterten, wenn sie in der Nähe von Löwen arbeiten mussten, mochten die Tiere auch noch so zahm sein. Napoleon sprang in etwa hundert Meter Entfernung von der Ladefläche eines Lasters.

„Okay, Kamera läuft", sagte Mike.

Ich hatte mich bis dahin in den Käfig geduckt, damit Napoleon mich nicht sehen konnte, nun aber öffnete ich die Käfigtür, sprang heraus, hüpfte auf und ab und schlug mit meinen pinkfarbenen Flügeln.

„*Tuck, tuck, tuck*", gackerte ich in den höchsten Tönen, während ich davonhüpfte und die Flügel bewegte, als würde ich gleich abheben.

Napoleon sah nichts weiter als ein riesiges pinkfarbenes Huhn – er konnte mich nicht erkennen – und reagierte augenblicklich. Er machte ein paar Schritte und startete dann durch, denn sein Urinstinkt befahl ihm, das erste pinkfarbene Riesenhuhn seines Lebens anzugreifen und zu erlegen.

Als Napoleon mir schon ziemlich nahgekommen war, hechtete ich zurück in den Käfig und schlug das Tor zu. Zurück blieb ein verwirrter Löwe, der vor dem Käfig auf- und ablief.

„Super", freute sich Mike.

Der Trick hatte gut funktioniert, und wir hatten nun tolles Bildmaterial von Napoleon, wie er auf sein Opfer zujagte. Zur Sicherheit drehten wir noch zwei weitere Takes, und jedes Mal fiel Napoleon auf den Trick herein und ich konnte mich rechtzeitig in den Käfig flüchten, wo das Filmteam inzwischen etwas entspannter war.

„Noch einen letzten Take, Kev, nur zur Sicherheit?", fragte Mike.

Die Arbeit war ermüdend. Zwischen den einzelnen Takes musste ich das Kostüm ausziehen, Napoleon wieder auf die Ladefläche des LKW packen, zu unserem Käfig zurückkehren und mich erneut als Huhn verkleiden. Aber wie Mike wollte auch ich sicher sein, dass wir die bestmöglichen Bilder bekamen.

„Klar, warum nicht?" Die Sache machte mir schließlich auch Spaß, und Napoleon ebenso.

Sobald wir alle bereit waren, wurde Napoleon vom LKW freigelassen. Ich öffnete das Tor des Filmkäfigs. Als ich mich zeigte, brauchte ich gar nicht mehr zu gackern, denn Napoleon rannte schon los, entschlossen, sich das riesige Federvieh diesmal garantiert zu schnappen.

Aber als ich den Käfig verlassen wollte, verfingen sich meine Federn in irgendetwas. Die Käfigtür schwang nicht auf, sondern stattdessen kippte die gesamte drei Meter lange Vorderseite des Käfigs nach vorn und fiel ins Gras, so dass ich samt Mike, dem Kameraassistenten und den beiden Produktionsassistenten im Freien stand, wo wir ungeschützt einem Löwen in vollem Lauf ausgesetzt waren. Bevor ich auch nur den Mund aufmachen konnte, um den anderen zu sagen, sie sollten sich nicht bewegen und Ruhe bewahren, hatte Napoleon uns schon erreicht. Er hielt vor der offenen Käfigfront an, während ich mir hastig so viel wie möglich von dem Hühnerkostüm vom Leib riss. Wenn Napoleon mich nicht erkannte, konnte unsere Lage heikel werden, nachdem sich unser Sicherheitskäfig unversehens in eine dreiseitige Hühnerfalle verwandelt hatte.

„Napoleon! Ich bin's, mein Junge. Es ist Kev, entspann dich!" Napoleon sah enttäuscht aus.

Ich drehte mich nach dem Rest der Crew um. Mike und der Kameraassistent saßen völlig schockiert mit offenem Mund und Stielaugen da, aber ihre beiden afrikanischen Assistenten hingen wie die Klammeraffen ganz oben an der schwankenden Käfigwand hinter uns.

Wie schon erwähnt, gehört Napoleon zu den wenigen männlichen Löwen, die sich mir gegenüber auch in Gegenwart einer brünstigen Löwin normal verhalten. Das erleichtert nicht nur die

Arbeit mit ihm, sondern macht es auch sehr angenehm, ihn ständig um sich zu haben. Normalerweise – und das ist jetzt die größte Untertreibung des Jahres – sollte man sich während der Paarungszeit von einem männlichen Löwen lieber fernhalten, sonst wird er einem wahrscheinlich den Kopf abreißen.

Für den Film wollten wir Aufnahmen von Napoleon, wie er mit einem angespannten Gesichtsausdruck auf die Kamera zugeht. Ich wusste, er würde angespannt wirken, sobald wir seine derzeitige Herzensdame Tabby von ihm trennten. Napoleon hatte nichts dagegen, wenn ich mich mit ihm und Tabby im Gehege aufhielt, aber wenn ich sie während der Paarungszeit auf einen LKW verlud, sah er ihr mit einem sehr angespannten Ausdruck hinterher. Indem wir nun also Tabby statt des riesigen pinkfarbenen Huhns als Lockvogel benutzten, konnten wir Napoleon mit einem anderen Gesichtsausdruck filmen. Wir fuhren Tabby an das entfernte Ende der Landebahn, und Napoleon rannte dann in großen Sprüngen auf sie zu – und manchmal bekam er seine Belohnung, obwohl sie auf der Ladefläche blieb.

Als wir den Trick zum ersten Mal ausprobierten, funktionierte er wunderbar. Sobald Napoleon sich seiner Freundin näherte, schaute er sich um und sog flehmend ihren Duft ein. Das bescherte uns weitere traumhafte Bilder für den Film.

Einige Monate später wollten wir die Technik erneut anwenden. Wir verluden Tabby und Napoleon und fuhren mit ihnen zum aktuellen Set. „Das funktioniert wie ein Zauber", sagte ich im Brustton der Überzeugung.

Wir luden Napoleon ab und fuhren mit Tabby weiter. Als Napoleon Tabby nachsetzte, schlug er nicht genau die Route ein, die wir für die Kameras geplant hatten. Deshalb beschlossen wir, ihn noch einmal zu verladen, zum Ausgangspunkt zurückzufahren und den gesamten Take zu wiederholen.

An diesem Tag war Rodney Fuhr mit seinem Bruder und ein paar anderen Leuten zum Set gekommen, um sich die Dreharbeiten anzusehen. Ich ging mit Napoleon zum Laster hinüber, und als ich die Tür des Käfigs auf der Ladefläche öffnete, um ihn hineinzulassen, drängelte sich Tabby an uns vorbei und sprang hinunter ins Gras.

Vor aller Augen streifte nun ein Löwenpaar draußen frei herum, und schlimmer noch, die Löwin war brünstig. Es war die Geschichte

meines Lebens und eine Lektion, die ich offenbar immer noch nicht gelernt hatte: Wenn Besucher da sind, spielen die Löwen verrückt. Tabby schlug die Richtung zum Grenzzaun der Farm ein, und Napoleon folgte ihr.

„Schnell, lass uns Napoleon verladen, bevor wir sie beide verlieren", sagte ich zu Rodney, während wir den Ausreißern mit dem Wagen folgten. Zum Glück interessierte sich Napoleon an diesem Tag mehr für eine Handvoll Fleisch als für seine Freundin, und so konnte ich ihn verladen. Aber Tabby kam weder auf meinen Zuruf, noch war sie bereit, für ein saftiges Stück Fleisch auch nur die Richtung zu ändern. Mir blieb nichts anderes übrig, als ihr geduldig auf ihrem Weg zum fernen Zaun zu folgen. Um die Sache noch schlimmer und noch peinlicher zu machen, setzte sie sich alle zweihundert Meter hin und legte eine kleine Pause ein. Wenn ich dann ein Stück Fleisch vor sie hinlegte, fraß sie es, aber sie ließ sich nicht überreden, irgendeine andere Richtung außer ihrer selbst gewählten einzuschlagen.

So gingen wir, mit regelmäßigen Unterbrechungen, über drei Stunden, bis es längst dunkel geworden war. Irgendwann am späten Nachmittag änderte Tabby ihren Kurs und schlug den langen Rückweg zu ihrem Gehege ein. Sie folgte dabei der Felsnase, die sich durch Rodneys Gelände zog. Sie war nicht aggressiv oder wütend, sondern einfach entschlossen, ihren eigenen Weg zu gehen, und wenn sie mir gelegentlich einen Blick zuwarf, hätte ich schwören können, dass sie über mich kicherte. Hier fand wieder diese wortlose Kommunikation statt, und diesmal sagte sie mir, sie würde in ihrem eigenen Tempo nach Hause zurückkehren.

„Mist, wir haben einen kompletten Drehnachmittag verloren, und das ausgerechnet, als der Chef da war. Ein echtes Desaster!", sagte ich zu Rodney Nombekana, als wir endlich das Tor zu Tabbys Gehege schließen konnten. Ich dachte laut darüber nach, ob Tabby sich wohl so verhalten hatte, weil sie wütend auf mich war.

„Nein", erwiderte Rodney. „Ich denke, sie hat einfach den Stress gespürt, unter dem du gestanden hast, und wollte dir eine Drehpause gönnen. Sie hat erkannt, dass du dich entspannen und einen Nachmittag mit Nichtstun verbringen musstest."

Vielleicht hatte er recht.

In einer Filmszene wird Letsatsi von einem Rudel Hyänen bedrängt. Eine der Hyänen, die ich für den Film auswählte, war Chucky, der damals mit Bonnie aus dem Park ausgerissen war. Chucky war inzwischen erwachsen geworden.

Wir drehten im *Kingdom of the White Lion*, wo ich jetzt mit Mandy und meinen Tieren lebe, aber Chucky befand sich im *Lion Park* in Muldersdrift, mit dem Auto ungefähr anderthalb Stunden entfernt. Man fährt über die R 512, die von Johannesburg über den Flughafen Lanseria nach Hartbeespoort Dam führt und eine berüchtigte Staustrecke ist. Immer mehr Familien waren in die Nähe der Talsperre gezogen, um der Kriminalität in Johannesburg zu entkommen, und so war aus der ehemals ruhigen Landstraße eine beliebte Pendlerroute geworden. Wenn ich gefragt wurde, ob ich mir jemals Sorgen machte, weil ich im Park mit sogenannten „gefährlichen" Tieren arbeitete, pflegte ich zu antworten, das größte Risiko meines Lebens bestehe darin, jeden Tag über die R 512 zur Arbeit fahren zu müssen.

Normalerweise transportierten wir die Tiere in einem speziellen LKW, auf dessen Ladefläche sich ein Käfig befand, aber weil der an diesem Tag gerade anderswo gebraucht wurde, holten Helga und ich Chucky mit einem normalen *Bakkie* ab, einem Pickup, dessen Ladefläche eine Überdachung aus Glasfaser hat. Trotz seiner früheren Eskapaden mit Bonnie war Chucky zu einer wohlerzogenen zahmen Hyäne herangewachsen, und wie viele seiner Artgenossen fuhr er gerne Auto.

„Du fährst, Helga", sagte ich, nachdem wir den gehorsamen Chucky mühelos ins Auto geladen und die Heckklappe sicher verschlossen hatten. „Ich werde unseren Passagier im Auge behalten."

Wir hatten den Park gerade erst verlassen, da meinte Chucky, dass die Gummidichtung, die eins der hinteren Fenster umgab, nach einem echten Leckerbissen aussah. Er begann, daran herumzukauen.

„Lass das, Chucky, du ruinierst den *Bakkie*." Zu allem Überfluss hatten wir das Auto nur gemietet.

Aber Chucky kaute ungerührt weiter. Und dann – peng! Das Fenster löste sich während der Fahrt aus dem Rahmen und krachte auf die Straße.

„Helga, stop!"

Helga bremste ab und warf einen Blick über die Schulter, aber obwohl der Wagen immer noch rollte, sprang Cucky durch das gähnende Fensterloch auf die R 512, direkt hinter dem Abzweig zur Schnellstraße N 14, einer großen Verkehrsader.

„Steig in die Eisen, Helga!"

Helga zog den Wagen zum Straßenrand, und ich sprang heraus, noch bevor er wirklich stand. Vor meinem geistigen Auge sah ich schon die Schlagzeilen über eine Hyäne, die in der Nähe des Flughafens frei herumlief, oder, für mich noch schlimmer, eine überfahrene Hyäne.

Chucky sprang auf der Straße herum, und ich hetzte ihm hinterher wie ein Sprinter, immer über die durchbrochene weiße Mittellinie, die beide Fahrbahnen voneinander trennte.

„Chucky!"

Ein Wagen schlingerte und verfehlte mich nur knapp, während zwei andere mit quietschenden Reifen zum Stehen kamen. Ich holte Chucky ein und warf mich mit einem Hechtsprung auf ihn. Mitten auf der Straße rollten wir über den heißen Asphalt, während immer mehr Autos um uns herum ins Schleudern gerieten.

Helga fuhr den *Bakkie* bis zu der Stelle, wo wir uns befanden, und ich stand auf, nahm Chucky auf den Arm und schimpfte ihn aus. Hinter mir ertönte ein Hupkonzert, und viele Leute saßen mit offenem Mund in ihren Autos und konnten kaum glauben, was sie gerade mit eigenen Augen gesehen hatten.

„Mist, hinten kann er jetzt nicht mehr bleiben", keuchte ich, immer noch atemlos von der wilden Hatz. Wenn wir verhindern wollten, dass Chucky sich noch einmal selbstständig machte, mussten wir ihn zwischen uns auf die vordere Sitzbank nehmen. Chucky grinste von einem Ohr zum anderen, während er von seinem Logenplatz zwischen Helga und mir durch die Windschutzscheibe spähte. Gott weiß, was die Leute in den entgegenkommenden Autos dachten, aber Chucky tat so, als würde er wie jeden Tag über die R 512 zur Arbeit fahren.

Der Rest von Chuckys Tag verlief ziemlich ereignislos, aber als Mandy, die damals auf der Abendschule Marketing studierte, nach Hause kam, erzählte sie eine Geschichte, die sie von ihren Kommilitonen gehört hatte.

„Dieser Typ im Kurs sagte: ‚Mandy, du wirst nicht glauben, was mir heute passiert ist. Ich fuhr auf der R 512 hinter diesem *Bakkie*, und plötzlich springt da eine Hyäne raus. Dann rennt ein Typ hinterher, wirft sich auf das Tier, fängt es wieder ein und setzt sich mit ihm auf den Beifahrersitz.‘“

„Und was war dein Kommentar zu der Geschichte?“

„Der Typ ist mein Lebensgefährte.“

Mein Handy klingelte. „Kev, der Produktionswagen ist gekapert und gestohlen worden.“

Ich fluchte und machte mich auf schlimme Nachrichten gefasst. Zum Glück war bei dem Überfall niemand verletzt worden, aber im Auto hatten sich Bänder mit Bildmaterial für unseren Film befunden, und die fehlten jetzt. Die Ironie bei der Geschichte: Die Bänder waren auf dem Weg zum Produktionshaus gewesen, um sie dort sicher zu lagern. Der Fahrer hatte vor dem Gebäude, wo er die Bänder abliefern sollte, angehalten und gehupt, damit ihm die Wachen das Tor öffneten. Als niemand auftauchte, verließ er den Wagen und ging hinein, um nach den Wachen zu suchen. Als er zwei Minuten später zurückkehrte, wurde sein Auto gerade weggefahren. Er versuchte noch, sich den Dieben in den Weg zu stellen, aber sie waren zu schnell für ihn.

Kriminalität gibt es leider überall auf der Welt, aber in Johannesburg ist sie besonders schlimm. Unser Fahrer hatte noch Glück, denn oft werden hier Menschen umgebracht, um an ihre Autos zu kommen. „Wie viele Bänder fehlen?“, fragte ich. Vielleicht war es ja nicht so schlimm, wie ich befürchtete.

„Zweiunddreißig.“

Jetzt geriet ich in Panik. Aber eigentlich bin ich jemand, der das Glas immer als halb voll betrachtet, und so ließ ich die Bandregister prüfen, damit wir feststellen konnten, was genau fehlte. Es war übel.

Uns fehlten Stunden von Bildmaterial über den Kampf zwischen dem weißen und dem braunen Löwen; Luftbilder von dem weit offenen Gelände auf Nash's Farm, die uns ein Vermögen gekostet hatten; und es fehlten uns Stunden um Stunden von Bildmaterial über das Verhalten eines Löwenrudels, das wir im Inneren eines Geheges aufgezeichnet hatten. Alles weg.

Wir versuchten es auf den üblichen Wegen, schalteten die Polizei ein, die örtlichen Rundfunksender und Zeitungen, und wir boten eine Belohnung für die Rückgabe der gestohlenen Bänder an. Das Auto war uns egal, wir wollten nur das Bildmaterial. Wir erhielten einen Hinweis, der uns zu zwei fehlenden Bändern führte. Die Diebe hatten sich offenbar nur für das Auto interessiert und die Ladung weggeworfen, aber von den restlichen dreißig Bändern gab es keine Spur.

Was die Sache noch schlimmer machte: Ausgerechnet auf den beiden Bändern, die wir zurückbekamen, befand sich kein brauchbares Bildmaterial. Eigentlich waren wir zu diesem Zeitpunkt mit den Dreharbeiten fertig, aber nun musste ich doch noch eine weitere Drehsaison organisieren. Als der Diebstahl passierte, hatten wir gerade die Sommermonate hinter uns, und das Gras auf dem Highveld wurde langsam trocken und gelb, sodass wir bis zum nächsten Sommer 2007-2008 warten mussten, und es gab natürlich keine Garantie dafür, dass wir die wunderbaren Szenen, die wir auf den gestohlenen Bändern eingefangen hatten, genauso würden reproduzieren können.

Welche Schätze wir verloren hatten, konnten wir uns genau ansehen, denn die gestohlenen Originalbänder waren auf ein Videoformat mit geringerer Auflösung kopiert worden. Die ersten Bearbeitungen nahmen wir gewöhnlich auf diesen Kopien vor, um sie dann später auf den Originalbändern nachzuvollziehen, aber die Qualität die Kopien war nicht gut genug, um sie als Ersatz für die Originalbänder zu benutzen. Es war schmerzlich, alle diese Aufnahmen und die damit verbundene Arbeit zu verlieren, aber was mich in vieler Hinsicht am schlimmsten traf, war die Tatsache, dass ich nun noch mehr Zeit mit dem Film und allem, was dazugehörte, verbrachte, statt mit meinen Tieren.

Wir mussten die Szenen mit dem Roboterlöwen in seinem weißen oder braunen Fell neu drehen. Sie waren schon beim ersten Mal nicht einfach gewesen, und auch der zweite Durchgang verlangte eine Menge Planung und Vorbereitung.

Die Pranken und Beine, der Kiefer, das Genick und der Rumpf des Löwen wurden hydraulisch bewegt und elektrisch gesteuert.

Den Strom dafür erzeugte ein Generator. Es gab eine Menge Kabel, die vergraben werden mussten, und die gesamte Vorrichtung musste fest auf dem Boden stehen, damit der echte Löwe die Attrappe beim Kampf nicht völlig zerstörte. Sicherheit war ebenfalls ein wichtiges Thema, weil der echte Löwe seinen Roboter-Rivalen möglichst für real halten sollte. Wir wollten am Set wirkliche Aggression sehen, und deshalb musste die Crew sicher in einem Käfig aus Draht und Stahlplatten untergebracht werden. Ich würde natürlich draußen bei dem Löwen sein und mein Bestes tun, die Situation unter Kontrolle zu halten.

Geplant war, dass zunächst der braune Löwe mit dem Roboterlöwen im weißen Fell kämpfen sollte, und dann umgekehrt. Anschließend würden wir das Bildmaterial zusammenfügen und bearbeiten. Es ging darum, in der Endfassung des Films möglichst viel von den echten Löwen – gleich welcher Farbe – und möglichst wenig von der Attrappe zu zeigen.

Löwen reagieren unterschiedlich auf bestimmte Reize, aber im Allgemeinen geben sie ihr Futter nicht freiwillig her, sondern verteidigen es. Deshalb wollten wir dem echten Löwen Futter zeigen und, sobald sein Interesse daran geweckt war, den Roboterlöwen enthüllen und starten.

Während die Crew sicher in ihrem Käfig steckte, ging ich mit Napoleon zum Set und zeigte ihm sein Fleisch, für das er sich sehr interessierte. Als ich daraufhin den Roboterlöwen abdeckte, knurrte er ihn an, schlug nach ihm und senkte seine Fänge in das Genick des vermeintlichen Konkurrenten. Aber noch im selben Moment erkannte Napoleon als kluger Löwe, dass es sich um eine Attrappe handelte. Er ließ los, setzte sich hin und fraß in aller Ruhe sein Fleisch.

Die Animatronics-Leute hatten mich ausdrücklich darauf hingewiesen, dass ihr mechanischer Löwe meinen echten womöglich verletzen könnte. Wahrscheinlich wollten sie sich einfach vor eventuellen Regressforderungen schützen.

„Dieses Ding funktioniert hydraulisch und ist extrem stark. Wenn es deinen Löwen zu packen kriegt, kann es ihn schwer verletzten – ihm sogar das Rückgrat brechen", warnte mich einer der Mitarbeiter.

„Mann, hast du eine Ahnung, wie stark ein *echter* Löwe ist?", konterte ich. „Diese Dinger sind dazu geschaffen, Büffel und Giraffen zu erlegen."

Wir debattierten darüber, wer wohl stärker war, ein echter Löwe oder ein Roboterlöwe, und obwohl ich große Töne spuckte, machten mich die Warnungen des Designers doch nachdenklich. Vielleicht irrte ich mich ja.

Wir waren wohl alle ziemlich erleichtert über Napoleons Reaktion auf den Roboterlöwen, aber wir brauchten mehr Aktivität, und deshalb beschlossen wir, es mit Thunder zu versuchen, dem Löwen, der bei unserem misslungenen Spaziergang mit Rain im *Lion Park* das Gnu erlegt hatte.

Ich setzte große Hoffnungen auf Thunder. Er ist zwar nicht der größte Löwe, den ich je gesehen habe, aber bei der Fütterung wurde er oft aggressiv. Und tatsächlich, als wir ihn losließen und den Roboterlöwen einschalteten, stürzte er sich wie ein Besessener darauf. Anders als Napoleon erkannte er ihn nicht als mechanische Attrappe. Er packte ihn und begann, ihn mit seinen Pranken in Stücke zu reißen.

„Hoch mit ihm, heb ihn hoch!", rief ich dem Kerl an der Steuerung zu.

„Das versuch ich ja, aber es geht nicht", erwiderte er und knipste hektisch an seinen Schaltern herum.

Thunder hatte den vermeintlichen Konkurrenten zu Boden geworfen und lag so auf ihm, dass sein Gewicht und seine brutale Kraft die Hydraulik nicht mehr funktionieren ließen. Unser echter Löwe war so außer sich, dass er dem Roboter die Metall-Wirbelsäule an drei Stellen brach und ihm den Kiefer und die Vorderbeine zerschmetterte. Er zerbiss das geschweißte Metall, und die Animatroncs-Leute brauchten anderthalb Tage, um ihren Löwen zu reparieren.

„Ich fass es nicht", sagte mir einer von ihnen nach dem Angriff. „Im Umgang mit dir wirken diese Löwen wie sanfte Riesen."

Ich nickte. „Und jetzt verstehst du sicher, welche Kraft sie im Vergleich zu uns mickrigen Menschlein haben."

Wir bekamen fantastisches Bildmaterial von Thunder, wie er den Roboterlöwen fertigmachte. Er war ein Star, unglaublich agil

und blitzschnell, und er hatte offensichtlich Spaß daran, seinen Gegner zu vernichten. Unsere Ansprüche waren gestiegen, und als die weißen Löwen an die Reihe kamen, gab es wieder ganz unterschiedliche Reaktionen. Ich versuchte es mit Bravo und einigen jüngeren weißen Löwen, und sie waren ziemlich gut, aber im Grunde brauchten wir für diese Szenen unseren großen weißen Löwen Thor, einen der Darsteller des ausgewachsenen Letsatsi.

Nach den Vorbereitungen, die inzwischen schon zur Routine geworden waren, stürzte sich Thor auf den braunen Roboterlöwen und nahm dessen Hals zwischen seine Kiefer. Aber dann stand er einfach da und hielt die Attrappe fest – das war alles. Er hielt es offenbar nicht für nötig, weiter mit seinem Gegner zu kämpfen. Aber ich wollte unbedingt, dass Thor mehr Aggression zeigte.

„Lasst es uns noch mal versuchen", schlug ich vor. Wir schalteten die Maschine aus und fingen von vorne an.

Thor machte dasselbe wie beim ersten Durchgang, und dann wieder und wieder. Er tat nichts weiter, als den Roboterlöwen mit seinem Maul zu packen und ihn festzuhalten.

„Ich versuche mal, das Fleisch zu bewegen, während er die Attrappe im Maul hält", sagte ich der Crew. „Vielleicht macht ihn das wütender."

Letztlich versuchte ich also wieder einmal, meinem Löwen ein Verhalten zu entlocken, zu dem er keine Lust hatte, und ich hätte wissen sollen, dass das böse enden würde. Ich nahm einen Stock, und während Thor den Roboterlöwen gepackt hielt, schlenkerte ich das Fleisch hin und her.

Thor ließ die Attrappe los und griff mich an. Er nahm meinen Arm ins Maul und drückte mich gegen den Käfig, in dem sich die Crew befand. Ich behauptete mich gegen ihn, so gut es ging, und starrte ihn an. Thor starrte zurück, schlug mit dem Schwanz und ließ meinen Arm los. Er drehte sich um und ging wieder zu seinem Fleisch, das sich jetzt definitiv nicht mehr bewegte.

„Nichts passiert", versicherte ich dem erschrockenen Kamerateam. Auf meinem Arm gab es nicht die geringsten Zahnspuren, aber Thor hatte mich fest gegen die Käfigwand gedrückt.

„Genug ist genug, Kev!", hatte er mir mit dieser einen blitzschnellen Reaktion gesagt.

Das lehrte mich einmal mehr, dass ich wohl daran erinnert werden musste, dass ein Löwe keine Maschine ist. Er hat keinen Schalter im Gehirn, den man einfach anknipsen kann, um aus einem zahmen Tier augenblicklich einen wilden Killer zu machen. Wie Tsavo hatte Thor mir eine Botschaft übermittelt. Wahrscheinlich hatte er mir vorher schon einiges signalisiert, was ich aber entweder übersehen oder ignoriert hatte, doch indem er meinen Arm packte, erklärte er mir unmissverständlich, dass er unter keinen Umständen tun wollte, was ich von ihm forderte, und dass er sich über mein Verhalten ärgerte.

Ich beendete die Filmaufnahmen von Thor und dem Roboterlöwen, weil Thor seine Grenzen gezogen hatte, an die ich nicht weiter rühren wollte. Ich konnte es mir nicht leisten, Thors Freundschaft zu verlieren, nicht im Interesse des Films und auch nicht in meinem eigenen Interesse, und ich wollte auch keinen Verletzten am Set – vor allem wollte ich nicht selbst das Opfer sein. Gemessen an den üblichen Standards war unser Bildmaterial brillant, aber mein Streben nach Perfektion hatte mich wieder einmal in Schwierigkeiten gebracht. Perfektionismus scheint eins meiner Laster zu sein.

Zum Glück verzeihen Löwen schneller als Menschen, und nach ein oder zwei Tagen konnten wir andere Szenen mit Thor drehen. Wie viele menschliche Schauspieler war er unter Druck ausgerastet, aber der Unterschied bestand darin, dass er nicht vom Set gestürmt war.

Bei den Dreharbeiten hatte ich meine beiden Regeln für den Umgang mit meinen Tieren immer wieder gebrochen. Um eine bestimmte Aufnahme zu bekommen, hatte ich oft meinen sechsten Sinn ignoriert, und ich hatte mich auch dem Druck meiner Umgebung gebeugt. Ich kann Gott nur dafür danken, dass die Tiere verständnisvoll waren. Ich hatte Glück gehabt, dass Thor mich nur freundschaftlich gewarnt hatte, statt mich umzubringen.

Die nächsten Aufnahmen mit Thor machten wir auf Nash's Farm, wo mit Letsatsi alles schiefgelaufen war, was nur schieflaufen konnte.

Wieder wollten wir Bilder von einem erwachsenen weißen Löwen, der durch ein weites, offenes Gebiet streift, diesmal aus der

Luft. Wir mieteten für diesen Tag einen Hubschrauber, und mein Plan sah so aus, dass ich Rodney Nombekana mit Thor unten lassen und selbst von der Luft aus ein Auge auf die Dinge haben würde. Wir wollten so wenig Menschen wie möglich in der Nähe haben, weil jeder später aus dem Film wegretuschiert werden musste. Rodney trug einen Tarnumhang, unter dem er sich zwischendurch immer wieder verbergen konnte, um mit dem Gras zu verschmelzen. Ich hatte volles Vertrauen zu Rodney, und außerdem wollte ich unbedingt im Hubschrauber fliegen. Aber wir hatten kaum begonnen, da funkte Rod mich an und bat mich, zu ihnen nach unten zu kommen. Vielleicht hatte er, wie ich, immer noch Alpträume von Letsatsis Alleingang bei den Promo-Aufnahmen.

So sehr ich den Hubschrauberflug auch genoss, tippte ich nun doch dem Piloten auf den Arm und bat ihn, mich abzusetzen. Ich plauderte mit Rodney und Thor, und alles schien in Ordnung zu sein. Wir setzten Thor in Marsch, und er trottete gehorsam und in aller Ruhe über das Veld. Ich hatte ebenfalls einen Tarnumhang, sodass ich mich für die Kameras unsichtbar machen konnte. Als Mike Swan, der vom Hubschrauber aus filmte, genug Bildmaterial hatte, drehte der Hubschrauber ab. Ich blieb bei Rodney Nombekana, um ihm beim Verladen von Thor zu helfen und dann mit beiden zurückzufahren.

Der LKW befand sich ungefähr drei Kilometer entfernt, um die Filmaufnahmen aus der Luft nicht zu stören. Und wie immer während der sommerlichen Drehsaison war der Morast unser ständiger Begleiter.

„Kev, ich fürchte der Wagen steckt im Schlamm fest", meldete mir der Fahrer über Funk.

Verärgert raufte ich mir die Haare. „Wir können mit dem Löwen nicht noch drei Kilometer durch die Gegend traben. Er ist den ganzen Tag herumgelaufen und rechtschaffen müde. Wir warten, bis du den Wagen wieder flottgemacht hast."

Wir hatten im goldenen Licht der Nachmittagssonne gedreht, und nun kündigte sich die Dämmerung an. Es gab sonst nichts zu tun, und so blieben Thor, Rodney und ich stehen und genossen den Ausblick. Ich beobachtete, wie die prächtige afrikanische Landschaft allmählich ihre Farben veränderte, und mein Ärger verflog.

Ich schüttelte den Kopf. Wo sonst in der Welt konnte man mit einem ausgewachsenen Löwen ungehindert durch eine traumhaft schöne Landschaft spazieren und am Horizont einen herrlichen Sonnenuntergang bewundern? Vor uns lag eine Postkartenidylle, sanfte Hügel, die in Berge übergingen, und weit und breit war kein Mensch zu sehen. Thor machte es sich im Gras bequem, und Rodney hockte auf einem Felsbrocken neben ihm. Ich ließ mich auf Thor plumpsen und setzte mich, wie er es liebt, auf seinem Rumpf.

Bei all dem Stress und Mist, den ich um die Ohren gehabt hatte, war mir gar nicht mehr bewusst gewesen, welch ein gutes Leben ich eigentlich führte. Ich lebte eine Geschichte, die jeder später mit Stolz seinen Kindern und Enkeln erzählen würde.

„Jetzt brauchen wir eigentlich nur noch einen netten Sundowner", bemerkte ich zu Rod hinüber. Er lachte, und dann saßen wir schweigend da, und es störte uns überhaupt nicht, dass wir noch eine Weile auf den Wagen warten mussten.

Wir saßen allein in dieser unglaublichen afrikanischen Landschaft, drei Freunde, die den Augenblick genossen. Ein schwarzer Mann, ein weißer Mann und ein Löwe. Es war perfekt.

Epilog:

Ein eigenes Rudel

Ungefähr eine Stunde später war der Wagen wieder flott und fuhr über die nächstgelegene Straße auf uns zu. Als Thor das Motorgeräusch hörte, stand er auf und führte uns hinüber. Er brauchte keine Aufforderung und auch kein Stück Fleisch als Lockmittel, sondern wusste einfach, dass es Zeit zur Heimkehr war.

„Wie geht es deiner Frau und dem Kleinen, Rod?", fragte ich, während wir durch die Dunkelheit stapften und uns von Thors weißem Fell führen ließen.

„Gut, Kev. Und dir? Wie kommst du klar mit all den Scherereien um diesen Film?"

Wir plauderten entspannt, und als wir den Wagen erreichten, sprang Thor mit der größten Selbstverständlichkeit auf die Ladefläche, legte sich in den Käfig und wir fuhren alle heim. Seitdem unternehmen Rodney und ich oft lange Spaziergänge mit Thor durch den Busch, wenn wir Geschäftliches zu besprechen haben. Andere Leute diskutieren die Tagesordnung am runden Tisch mit Laptops vor sich, aber Rod und ich gehen mit unserem Löwen spazieren.

Ich lebe und arbeite mittlerweile in einem anderen Park, im *Kingdom of the White Lion*. Rodney Fuhr war besorgt, dass der *Lion Park* zu nah an Johannesburg liegen könnte. Die Stadt hatte sich ausgedehnt und war immer weiter ins Umland hineingewachsen, sodass unser Reservat nun praktisch mit den Vororten verschmolz.

Ich war an Rodneys Suche nach einem neuen Gelände beteiligt, und es gab eine lange Liste von Kriterien, die erfüllt sein mussten. Das neue Reservat sollte weiter von Johannesburg entfernt sein, aber immer noch nah genug für einen Tagesausflug, es sollte ausreichend Buschwerk haben, um den Löwen Schatten und einen artgerechten Lebensraum zu bieten, aber doch offen und gut zugänglich sein.

Schließlich fanden wir das richtige Gelände. Es ist eine wunderbare Mischung aus offenem Grasland und felsigen Hügeln und Tälern am Ufer des Crocodile River. Wir beschlossen, einen Teil des Films *Der weiße Löwe* dort zu drehen, sodass ich ein großes Gehege entwerfen und anlegen konnte, das ideal für die Dreharbeiten war. Aus meinen Erfahrungen im *Lion Park* hatte ich gelernt, was funktioniert und was nicht, und es war gut, ganz von vorne anfangen zu können.

Im Kingdom werden die Tiere nach einem Rotationssystem immer wieder in andere Gehege verlegt, sodass sie ständig neue Anregungen bekommen. Wenn die Löwen in ein Gehege umgesiedelt werden, in dem vorher Hyänen untergebracht waren, schnüffeln sie überall herum und setzen ihre Duftmarken, und die Hyänen machen es umgekehrt genauso. Wir haben so viel natürliches Buschwerk wie möglich erhalten, und durch das Gehege, in dem die Hyänen jetzt leben, fließt sogar ein Bach. Sie lieben es, darin zu baden, und sie haben immer frisches Wasser.

Der Umzug vom *Lion Park* in das neue Reservat ist mir schwer gefallen. Ich konnte zwar viele meiner Tierfreunde mitnehmen, aber längst nicht alle. Obwohl das alles ein teurer Spaß war, habe ich jetzt wenigstens die Kontrolle über das Schicksal der Tiere.

Rodney Nombekana und Helga sind mit mir in den neuen Park umgezogen. Freiwillige aus dem *Lion Park* verbringen einige Zeit mit mir im *Kingdom of the White Lion* und lernen hier manche Tiere kennen, die sie schon im Fernsehen bewundert haben. Nachdem wir die Filmarbeiten nun beendet haben, besuchen uns auch Schulklassen, was ich für enorm wichtig halte, damit die nächste Generation etwas über Raubtiere lernt und einige der Mythen und

falschen Vorstellungen über wilde Tiere in Afrika hinter sich lassen kann. Ich hoffe, dass wir das Kingdom eines Tages auch generell für Besucher öffnen können.

Ich bin dabei, eine gemeinnützige Organisation zu gründen, die das zukünftige Wohlergehen der Tiere in meiner Obhut sichern soll. Ich habe viele Menschen angesprochen, die *Dangerous Companions*, *Growing Up Hyena* und *Black Leopard* gesehen haben und bereit sind, Geld für den Schutz der Raubtiere und für die Raubtierforschung zu spenden. Ich würde gerne zur Finanzierung der wertvollen Arbeit beitragen, die Wissenschaftler in Rodney Fuhrs Forschungs-Camp in Botswana leisten, damit diese Projekte fortgesetzt werden können. Und ich möchte sicherstellen, dass für meine Löwen und die anderen Tiere gesorgt wird, falls mir etwas zustoßen sollte.

Es sind weitere Dokumentarfilme geplant, aber ob ich mich noch einmal auf einen Spielfilm einlasse, wird davon abhängen, wie erfolgreich *Der weiße Löwe* ist.

Ich will mit Tieren in Spielfilmen nicht mehr so arbeiten, wie ich es bei diesem Film getan habe. Falls *Der Weiße Löwe* ein großer Erfolg wird, und falls wir dann beispielsweise Gelegenheit zu einer Fortsetzung *Der Weiße Löwe II* bekommen sollten, würde ich gerne dabei sein, aber nicht mehr in einer Doppelfunktion. Ich will nicht mehr einerseits für das Wohlergehen und die Leistung der Löwen verantwortlich sein und gleichzeitig als Produzent so unter Druck stehen, dass ich ihnen bis zur Erschöpfung einen Take nach dem anderen abverlangen muss, um „perfekte" Bilder zu bekommen. Das will ich mir selbst und meinen Tieren nicht mehr antun. Ich würde es mir sehr gut überlegen, ob ich überhaupt bereit wäre, meine eigenen Tiere noch einmal in einem Spielfilm dieser Länge einzusetzen.

Ich habe für den Film einige Dinge nur deshalb gemacht, weil ich wusste, dass sie sonst niemand machen würde. Dazu gehörten beispielsweise aus nächster Nähe aufgenommene O-Töne von den Löwen. Ich kann zu Napoleon gehen, und ihm, wenn er brüllt, ein kleines digitales Aufnahmegerät ganz nah ans Maul halten, was für den Tontechniker einfach nicht möglich ist. Wenn er mit seinem großen Mikrophon und dem flauschigen Windschutz darüber ankäme, würde der Löwe entweder das Mikrophon oder ihn fressen. Rodney Fuhr hatte sehr viel mehr Vertrauen in meine Fähigkeiten

als ich selbst, was dazu führte, das ich in alles einbezogen war, was mit diesem Film zu tun hatte, vom Drehbuch bis zur Musik. In diese Lage will ich nicht mehr kommen.

Während der Arbeit am Film sind einige meiner Beziehungen in die Brüche gegangen, aber andere sind stärker geworden. Dazu gehören die Beziehungen zu Tau, Napoleon und Thor, weil wir so viel Zeit gemeinsam am Set verbracht haben, und weil ich aus den Erfahrungen mit Letsatsi etwas für meine Arbeit mit ihnen gelernt habe. Mandy und ich hatten immer eine enge Partnerschaft, aber sie hat während der harten Zeit fest zu mir gehalten, und unsere Liebe ist in den Jahren, in denen ich an dem Film gearbeitet habe, noch stärker geworden.

Mandy war eine Märtyrerin, die mit dem ganzen Mist zurechtkommen musste, den ich am Ende eines jeden Tages bei ihr abgeladen habe. Wir haben während der letzten Drehsaison geheiratet, und nein, weder bei der Zeremonie noch bei der anschließenden Feier waren irgendwelche Löwen dabei.

Ich habe meine Arbeit im *Lion Park* aufgegeben, sobald wir mit dem Filmen anfingen, aber obwohl ich viel um die Ohren hatte, wollte ich meine Beziehungen zu den Tieren dort – und zu meiner Frau – nicht aufs Spiel setzen, und ich habe viel dafür getan. Die Vorbereitungen für die Dreharbeiten begannen frühmorgens vor Sonnenaufgang, damit wir dann in den goldenen Stunden bereit waren, und nach Sonnenuntergang dauerte es noch lange, bis wir alles wieder zusammengepackt hatten. Ich hatte mir zu viel aufgeladen, und dass ich nicht den Verstand wie auch die Liebe und Freundschaft meiner Frau und meiner Tiere verloren habe, verdanke ich nur deren Loyalität.

Auch wenn der Film jetzt fertig ist, führe ich weiterhin ein sehr aktives Leben. Aber ich nehme mir trotzdem die Zeit, auf der Treppe zu unserem Haus zu sitzen, meinen Blick über den Crocodile River schweifen zu lassen und darüber nachzudenken, wie viel Glück ich in meinem Leben bisher hatte.

Meine Beziehungen zu den Löwen und den anderen Tieren haben sich im Laufe der Jahre verändert und sind gewachsen. Es hat kleine Einbrüche gegeben, aber wir sind uns nähergekommen und haben voneinander gelernt. In vieler Hinsicht gilt das auch für meine Beziehung zu Mandy. Am Anfang gab es diesen Wow-Faktor,

die Verliebtheit und den Reiz des Neuen. Dann kam die Zeit des gegenseitigen Kennenlernens, was wir mochten und was nicht, was uns gefiel, was uns störte. Und das geht natürlich weiter, denn in Beziehungen gibt es keinen Stillstand.

Bei Löwen gibt es die gelegentlichen Adrenalinstöße, wie beispielsweise Maditaus Angriffe, als ich Tabbys Baby vor ihr retten wollte. Wie gesagt, ich glaube, dass Tau und Napoleon mich wie einen Bruder behandeln, aber doch wissen, dass ich kein Löwe bin, und sich deshalb bei unseren Spielen etwas zurückhalten. Meg und Ami halten mich für einen Löwen und behandeln mich deshalb genauso rücksichtslos wie ihresgleichen. Maditau, die mich als erste der Löwinnen ins Rudel aufgenommen hat, denkt jetzt vielleicht, dass sie mich wie jeden anderen Löwen behandeln kann, der etwas haben will, was sie für sich beansprucht. Teil des Rudels zu sein, bedeutet vermutlich, dessen Regeln zu respektieren und sich daran zu halten.

In Südafrika und jetzt – dank Internet und durch die Dokumentationen und den Film – weltweit gibt es wahrscheinlich immer noch viele Leute, die den Kopf darüber schütteln, wie ich mit den Löwen umgehe. Sie meinen entweder, dass ein Trick dabei ist, oder dass es keine Beziehung zwischen den Tieren und mir gibt. Das sind die Leute, die mir sagen, eines Tages würde eins meiner Tiere „zuschnappen" und mich töten.

Aber ich bleibe dabei: Würde ich bei einem solchen Angriff sterben, und Gott würde mir eine zweite Chance geben – die Uhr um zehn Jahre zurückdrehen und mir sagen, ich könnte etwas anderes mit meinem Leben anfangen – ich würde alles noch einmal genauso machen. Tiere waren immer ein wichtiger Teil meines Lebens, seit mein Vater das erste winzige Kätzchen aus dem Müll gerettet hat. Sie haben mir geholfen, persönlich reifer zu werden, und von ihnen habe ich so viel über das Leben und wie man es führen sollte gelernt, dass sie mein Leben wohl genauso bereichert haben wie ich das ihre.

Nachdem ich so viele Löwen- und Hyänenbabys aufgezogen und mit so großer Freude beobachtet habe, wie Maditau, Tabby und Pelo ihren Nachwuchs in die Welt begleiten, und nachdem ich Tau, Napoleon, Meg und Ami und viele andere Tiere in meiner Obhut habe wachsen und reifen sehen, möchte ich nun möglichst bald mein eigenes Rudel gründen. Mandy ist einverstanden.

Amy Lansky

UNHEILBAR?

Das faszinierende Heilpotenzial der Homöopathie

280 Seiten, geb., € 39,-

„UNHEILBAR?" ist eines der beliebtesten Einführungsbücher in die Homöopathie. Wie kein anderes Werk vermag es alle wichtigen Aspekte dieser faszinierenden Heilmethode äußerst lebendig und leicht verständlich zu vermitteln.

Amy Lansky hatte eine Karriere bei der NASA vor sich, als bei ihrem Sohn Autismus festgestellt wurde. Verzweifelt suchte sie nach einer Möglichkeit der Heilung – bei einer Erkrankung, die oft als „unheilbar" abgestempelt wird. Dabei stieß sie auf die Homöopathie. Die Ergebnisse dieser Behandlung und die Heilung ihres Sohnes machten sie selbst von einer Skeptikerin zur glühenden Verfechterin dieser Methode. Amy Lansky begann, selbst Homöopathie zu studieren und diese leidenschaftlich zu verbreiten.

Das Buch enthält eine umfassende Einführung in die homöopathische Geschichte und Philosophie und erläutert u. a. wie Hahnemann die Homöopathie entwickelte, die Ähnlichkeitsregel, Mittelprüfungen, das Problem der Unterdrückung und die individuelle Behandlung. Auch Impfungen werden angesprochen – besonders im Hinblick auf deren mögliche Beziehung zu Autismus und anderen Krankheiten.

Christa Gebhardt und Jürgen Hansel

Glücksfälle?

Erstaunliche Heilungsgeschichten mit Homöopathie

376 Seiten, geb., € 14.80

Eine bezaubernde Einführung in die Homöopathie, wie es sie so bisher nicht gab: 13 ausgewählte „Fälle" von weltbekannten homöopathischen Ärzten wie Rajan Sankaran oder Jan Scholten wurden unabhängig überprüft. Die Autoren waren dabei so engagiert, dass sie um die ganze Welt reisten, um sich nicht allein auf die Schilderung der Therapeuten verlassen zu müssen. Sie suchten alle geheilten Patienten zu Hause auf und ließen sie in ihrer eigenen Umgebung selbst zu Wort kommen. Damit ist eine Authentizität gegeben, die es in der homöopathischen Literatur so bisher nicht gab. Das Buch schildert die ganze Bandbreite der modernen Homöopathie auf neuestem Stand und ist daher hochaktuell. Auch der versierte Therapeut wird neue Arzneimittelbilder kennenlernen. Ein hochinteressantes Werk, das der Homöopathie viele neue Freunde gewinnen wird.